새로운 성 경

한국어로 내려온
New Bible

제52권 4부 | 총10부

하얀마음

하나님 말씀 중에서

1. 사랑의 하나님

- 세상을 창조하신 하나님은 모두를 사랑하신다. 인간만 특별히 더 사랑하지 않고, 우주 만물을 다 똑같이 사랑하신다. 그러니 하나님이 창조하신 천지 만물과 화친하고, 미물까지도 소중히 대하라.

- 하나님은 특정 종파나 민족만을 더 사랑하지 않으신다. 자기 자신만 구원받겠다는 욕심을 버리고, 자기 종파만 구원받는다는 편협한 교리에서 벗어나야 한다. 종파를 초월해서, 모두를 사랑하라.

- 원수까지 사랑하라 했으니, 이 세상에 사랑하지 못할 자가 누가 있겠는가? 종파가 다르다고 해서 부모 형제와 원수처럼 지내는 자는 인간의 근본을 모르는 자다. 가장 가까운 가족부터 사랑할 때 남도 진심으로 사랑할 수 있다.

- 한 사람을 원수같이 생각하던 마음에서 사랑하는 마음으로 돌리면, 자기 자신의 마음이 가장 기쁘고 행복하다. 하나님께서는 인간의 마음속에 무거움이 없이 기쁘고 행복한 삶을 살기를 바라신다.

- 이웃을 "내 몸처럼" 사랑하라 했으니, 마지막 한 장 남은 천국의 티켓도 이웃에게 양보하라. 자기 중심적인 신앙에서 벗어나서 남을 위해 살아야 한다.

- 독초도, 약초도, 이단도 사탄도 천사도 다 필요하기에 존재한다. 독초일지라도 극소량을 사용해서 생명을 살릴 수 있고, 약초라 하더라도 남용하면 생명을 잃을 수 있다.

- 세상 모든 것을 명약으로 활용하는 것은 인간의 지혜에 달렸다. 어떤 것이든 어떤 사람이든 적재적소에 꼭 필요한 명약으로 승화시키라.

- 사탄도 이단도 천사도 모두 하나님의 주관하에 존재한다. 진정한 하나님의 백성은 사탄과 마귀까지도 감화시켜서 천사로 거듭나게 한다.

2. 기도

- 하나님은 인간의 생각까지 모두를 다 알고 계신다. 우리의 소원도 이미 알고 계시기에, 소원의 기도를 할 필요가 없다. 우리가 받을 자격이 되면 내려 주신다.

- 죄를 짓고 아무리 회개를 해도 용서받지 못한다. 도둑질한 자는 용서해 달라고 기도하고, 도둑맞은 자는 도둑을 잡게 해 달라고 기도하면, 공의의 하나님은 누구의 편에 서시겠는가?

- 자기가 잘못한 것은 그 사람에게 직접 갚고 용서를 구하라. 그가 용서하면 하나님도 용서하신다. 땅에서 매면 하늘에서도 매이고, 땅에서 풀리면 하늘에서도 풀리는 이치다.

- "회당에서 기도하지 말고 골방에서 기도하라" 했다. 눈에 보이는 골방이 아니라, 골방과 같이 고요한 마음이다. 잡념을 버리고 하나님을 향해 마음을 집중하며, 사랑하고 용서하는 아름다운 생각만 나오도록 하라.

- "두드리면 열릴 것이다." 하는 것은 육의 소원을 위해 두드리라는 것이 아니라, 진리의 깨달음을 얻기 위해 두드리라는 것이다.

- 기도하는 방법: 생활 속에서 수시로 기도하는 삶을 살아야 한다.

- "저의 죄를 용서하여 주옵소서." 하는 회개의 기도를 하라.
- 범사에 "하나님! 감사합니다." 하라. 현재 가진 것에 감사하며, 과욕하지 말라. 자기 노력 이상의 것을 더 갖고자 기도하는 것은 도둑놈심보다. 공의의 하나님은 각자 노력한 만큼 주신다.
- "하나님 뜻대로 살아가겠나이다." 하며 마음의 각오를 다지라.

- 기도는 하나님의 말씀을 받아서 "행하는 것"이다. 하나님이 계심을 굳건히 믿고, 하늘을 향하여 한 점 부끄럼 없이 사는 삶 자체가 가장 위대한 기도이며, 삶이 곧 예배다.

3. 지도자

- 똑같이 사랑한다는 말을 해도, 순수하게 하는 말은 천사의 말이지만, 사기 쳐서 재산을 가로채려고 하는 말은 사탄의 말이다.

- 종교 지도자가 아무리 훌륭한 설교를 해도, 신도의 재물을 거둬서 더 큰 교회를 짓고 자기의 부귀영화를 바라며 설교하면 사탄의 가르침이 된다.

- "저희 교회는 만원사례요, 믿음은 다 같으니 이웃의 개척 교회에 가서 예배를 드리시오." 하며, 이웃 교회의 부흥을 먼저 생각하여 제 신도를 보내는 종교 지도자가 있다면 그를 따르라. 그가 하나님의 사랑을 실천하는 자다.

- "부자가 천국에 들어가는 것은 낙타가 바늘구멍을 통과하는 것보다 더 힘들다" 하였거늘, 지금의 교회에서는 부자가 되기만을 기도하고 소원하니, 이는 곧 천국을 포기하고 지옥 행 열차의 티켓을 사는 것과 같다.

- 예수는 빈손이었다. 종교 지도자가 예수보다 더 호화롭고 편안하게 살아간다면 잘못된 것이다. 부귀영화와 명예를 바라는 자는 절대로 갈 수 없는 좁고 협착한 길이 종교 지도자의 길이다.

- 종교 지도자는 유리로 비춰 봐 한 점의 부끄러움이 없이 살아야 한다. 의식주도 직접 일해서 해결하고, 예수의 가르침과 행함을 그대로 따라야 한다.

- 종말은 없다. 지금의 잘못 가는 종교 집단에게만 종말이 있다. 보이지 않는 하나님은 보이는 육의 종말은 관여하지 않으신다. 환경 파괴로 인간이 스스로 멸망을 자초하는 것이다. 종파끼리 싸우기 전에, 무너진 인성을 바로잡고 지구의 몸살을 해결하는 데 뜻을 모으는 게 급선무다.

4. 성전이란

- 이 세상 자체가 하나님께서 만드신 성전이다. 자연보다 더 아름다운 성전이 있는가? 보이는 건물이 성전이 아니라, 성스러운 마음가짐이 성전이다.

- 반석 위에 교회를 지으라 했다. 지상의 단단한 돌은 인간이 쪼갤 수 있으나, 마음속의 굳은 결의는 세상 무엇으로도 쪼갤 수 없다. 바르고 굳건한 믿음으로 성경의 가르침을 실천하는 것이 마음의 반석 위에 교회를 짓는 것이다.

- 손으로 지은 건물의 교회에 모여서 복음을 전하는 것이 아니라, 교회를 개인과 가정에 심어 주어야 한다. 무너지고 부서지는 건물을 짓지 말고, 마음속에 영원히 불변하는 참진리의 교회를 지으라.

5. 십계명

- 십계명은 인간이 죽어서 반드시 통과해야만 하는 열 개의 관문이다.

- 부모를 공경하지 아니한 자는 “네 부모를 공경하라.” 하는 제5계명의 관문이 열리지 않으니 구원받을 수 없다.
- 살인, 간음, 거짓, 우상 등의 나머지 계명도 마찬가지다.

- 십계명은 하나님의 친필이다. 모기소리만 한 하나님의 음성이라도 들어 보겠다고 여기저기 찾아 헤매지 말고, 십계명부터 암송하고 지키라.

- 십계명은 영혼을 구원하는 양식이며, 십계명을 지키는 것이 구원을 받는 길이다. 인간이기에 지키고자 노력하고 또 노력한다면 지킬 수 있다.

- 십계명을 지키고 천사처럼 아름답게 살아가는 그 마음 하나면 세상에 이루어지지 않는 것이 없다.

6. 보물

- 하나님은 재물이 아니라 우리의 마음을 받으신다. 사랑을 실천하며 천사처럼 변하는 마음이 하나님께 바치는 보물이다.

- 보이지 않는 하나님께 재물을 바치려 하지 말고, 너희를 길러 준 부모에게 용돈 드리고, 찾아뵙고, 효성을 다하라. 그것이 하나님께 효도하는 것이다.

- 하늘에는 선과 악의 창고가 있다. 자기 창고에 선이 많으면 천국으로 구원을 받고, 악이 많으면 심판받아 지옥으로 간다. 그것이 바로 “선한 일을 행한 자는 생명의 부활로, 악한 일을 행한 자는 심판의 부활로” 나오는 것이다.

- “선악과를 따먹지 말라”는 것은 양심을 지키라는 것이다. 선과 악을 구분할 수 있는 양심을 최초에 인간에게 주셨다. 선한 열매는 취하고, 악한 열매는 버리며, 양심에 비추어 부끄럼 없는 삶을 살아가라.

- 가장 작은 거짓말을 하지 않고, 가장 작은 죄를 짓지 않으며, 가장 작은 선행을 하고, 가장 작은 악행을 멀리하는 것이 율법의 일점 일획도 빠뜨리지 말고 다 지키는 삶을 사는 것이다.

7. 우상

- 박물관에 있는 불상은 하나의 예술품이다. 그 조각품에 대고 제 소원을 빌 때 우상숭배가 된다. 십자가라 하여도 그 앞에서 소원을 빈다면 우상숭배하는 것이며, 하나님께 소원을 빈다면 하나님을 우상으로 전락시키는 것이다.

- 지금 기복신앙에 젖어 있는 모든 사람이 우상 앞에 절을 하고 있다. 조각품을 우상이라며 파괴하지 말고, 네 마음속에 있는 욕심의 우상을 무너트리라.

- 생수를 약초가 먹으면 약을 만들고 독사가 먹으면 독을 만든다. 같은 성경을 봐도 선한 지도자는 신도를 천사로 만드는 데 활용한다. 그러나 욕심이 가득한 지도자는 재물을 거두어들여 제가 부귀영화를 누리는 데 악용한다. 그가 바로 성경을 우상숭배의 도구로 전락시키는 거짓 선지자다.

- 성경을 한 획도 빼거나 더하지 말라는 것은, 그 가르침을 빠트리지 말고 온전히 지키라는 것이다. 성경 속에서 자기에게 유리한 구절만 보는 것은, 자기에게 불리한 구절들을 빼 버리는 것이다. 믿음이 제일이요, 행함은 구원과는 관계없다는 것은 자신에게 유리한 쪽으로 성경을 악용하는 것이다.

- 진정한 종교 지도자는 종파에 관계없이 어떤 종파든 어떤 책이든 접하고 보고 깨우쳐 견문을 넓히도록 인도한다. 참진리를 모르고 자신이 없는 자가 남을 이단이라며 배척하고, 신도들의 눈과 귀를 가린다.

8. 예수

- 예수의 재림은 없다. 예수가 다시 온다 해도, 과연 누가 그를 예수라고 믿겠는가? 예수와 같은 삶의 행함이 곧 예수의 재림이다. 각자 모두가 "재림 예수"가 되는, 차원 높은 믿음으로 가야 한다.

- 예수는 "주여 주여 하지 말고, 아버지의 뜻대로 행하라"고 했다. 예수가 전한 하나님의 뜻이 곧 "길이요, 진리요, 생명"이며, 그 가르침이 예수의 보혈처럼 소중한 것이다. 예수를 믿는 것은, 예수의 가르침을 믿고 따르는 것이다.

- 예수는 낮은 자로서 만백성을 섬기고자 했다. 만나는 모든 사람을 다 하나님이라 생각하라. 돈을 벌수록 겸손하고, 높은 지위를 얻을수록 낮아지라.

- 예수는 종파를 만들지 않았다. 인간이 만든 종교와 인간의 교리를 따르지 말고, 예수를 통해 전한 하나님의 참진리를 연구하고 따르라.

- 예수가 2천 년 전에 만백성을 위해 죽었으니, 지금 이 땅에는 예수의 가르침대로 사는 천사만 존재해야 한다. 예수가 죽어 가면서 바란 것은 만백성이 천사가 되어 예수의 자리를 채워 주는 것이지, 지금과 같이 재물을 바치면서 중언부언 제 소원만을 비는 백성들을 바란 것이 아니다.

9. 구원

- 천사가 사는 천국에는 천사만 갈 수 있으니, 천사 같은 마음을 길러야 한다.

- "천국 열쇠를 네게 주리니 땅에서 무엇이든지 매면 하늘에서도 매일 것이라" 했다. 땅에서 천사같이 사는 자가 하늘에서도 천사가 되어 천국에 들어간다. 모든 사람에게 천사같다는 말을 듣는 삶을 살아야 한다.

- 천사의 곱고 아름다운 마음은 부모를 공경하고 어른을 어른으로 대접하는 데에서 출발한다. 효도하는 자는 형제와 화목하게 지내기에 가정이 화목해지고, 이웃과 화목해지고, 국가가 화목해지고, 온 인류가 화목해진다.

- 그러므로 지상의 아름다운 소왕국은 가정에서부터 이루어야 한다.

- 선택된 14만 명만 구원받는 것이 아니라, 천사처럼 변하고자 하는 14만 명을 기초로 온 인류가 천사처럼 거듭나는 영적인 개혁이 시작되는 것이다.

- 천 년에 걸쳐서 하늘에서 이루어진 것같이 이 세상을 낙원으로 만들어, 만백성이 지상의 천국에서 살다가 죽어서 그대로 하늘의 천국으로 들어가는, 영원한 지상 낙원을 건설하는 것이 하나님의 계획이다.

- **이것이 구약과 신약에 이어 "새로운 성경"으로 역사하시는 하나님의 창조의 완성이다.**

- 지금의 믿음으로 구원받을 수 있다면 그 길을 가라. 그러나 자신이 없다면 하나님께서 직접 내리신 160권의 "새로운 성경"을 읽고 구원의 길을 보라!

하나님 머리말씀

이 새로운 성경을 읽는 너희 모두는
이 율법에 따라 행하면 영원히 구원받을 것이니라.

너희 인간이 수년, 수십 년, 평생
성서를 공부하고 기도하는 것은
하늘나라 나의 곁으로 오고 싶은 소망일진대,

몇천 년 전의 너희 인성과 생각이
지금의 너희와는 판이하게 다르니,

꺾여 가고 병들어 가는 너희를 고칠 수 있는 길은,
오늘 내가 선지자에게 내리는 새로운 성경과 같이
너희가 변화되는 것뿐이니라.

나의 예수가 태어난 것처럼
내가 아들 선지자를 선택하여
나의 새로운 성경을 온 세계에 전하고자 하니,

묵은 것은 버리고 새로운 것은 취하여,
너희 모두는
'여호와 하나님! 저의 죄를 용서하여 주옵소서.'
하는 기도문으로 기도하고, 죄를 뉘우치라.

이 새로운 성경은
수천 년간 내려온 성서를 요약한 것이니,
너희는 이 책을 정독하여 쉽게 깨달음을 얻고,
이대로 실천하여 하늘에 오르라.

대역자 머리말

■ 하나님의 율법을 지키는 선지자로 선택을 받도다.

저는 남들처럼 그저 열심히 살아온 평범한 사람이었습니다. 그러나 50대 중반에 사업에 실패하여 많은 부채에 시달렸으며, 건강도 악화되어 눈이 잘 안 보이고, 걷기도 어렵고, 두통이 심해서 잠을 이룰 수 없는 고통의 나날을 보냈습니다. 그때 제가 선택할 수 있는 것은 육의 삶을 끝내는 길뿐이었습니다.

죽기 직전에 그동안에 죄를 지은 이들에게 용서를 빌고 인생을 끝내기로 작정하였습니다. 어려서부터 지은 죄를 빌고 빌다 보니 끝이 없었고, 죽음으로도 그 많은 죄를 용서받을 길이 없다는 생각에 하염없이 눈물이 흘렀습니다. 그 순간 '재래식 화장실의 구더기는 죄를 짓지 않는데, 나는 인간으로서 구더기만도 못한 삶을 살았구나.' 하는 생각이 들면서 괴로움에 몸부림칠 때, 갑자기 하나님의 음성이 들렸습니다.

"나는 여호와 하나님이니라. 너는 십계명을 암송하고 내가 내려 주는 메시지를 받아 책으로 만들어 만백성을 구하라." 하시며, 제 눈을 손으로 문지르게 하시고, 아픈 머리와 다리를 손으로 두드리게 하셨습니다. 그러고 나니 눈도 잘 보이고 걸을 수 있었으며 머리의 통증도 말끔히 낫게 되었습니다. 그때부터 십계명을 암송하고 나면 들려주시는 말씀을 기록하였고, 1999년 8월부터 2004년 7월까지 권당 288쪽, 총 160권을 받아서 "새로운 성경"이라는 책으로 펴내게 되었습니다.

그러한 저에게 죽기보다도 힘든 길이 시작되었습니다. 모든 교인들이 저에게 사탄이요, 이단이요, 악마요, 마지막 시대에 온 거짓 선지자라 하면서 공격하였고, 저를 짐승을 보듯이 대하는가 하면, 편협한 종교 지도자들의 선동으로 신도들이 이 책을 직접 읽어보고 평가할 기회마저 막아 버렸습니다. 그래서 하나님의 말씀을 세상에 내는 데 많은 어려움을 겪으며, 피를 토하는 심정으로 책을 전하고 있습니다.

그러나 아무리 인간의 힘으로 막으려 해도, 하나님의 뜻이 세상에 전해지는 위대한 역사는 계속될 것입니다. 책으로 전해지는 "하나님의 말씀"은 세상 끝날까지 항상 우리와 함께하실 것입니다. 사람은 죽어도, 책에 기록된 말씀은 영원히 남으니까요.

■ 따뜻한 실천

하나님께서는 어려운 사람들에게 삶의 터전을 마련해 주고, 미래를 열어 주는 것을 기뻐하십니다. 어려운 이웃이 스스로 자립할 수 있도록 이끌어 주는 것이 진정으로 이웃을 돕는 것이라고 말씀하셨습니다. 그래서 일자리가 없는 제자들에게 작은 사업장을 만들어 주는 "달란트 사업"을 하고 있습니다. 식당, 반찬 가게 등을 차려 주고, 기존의 어려운 사업장이 자립할 수 있도록 돕고 있습니다(커피숍, 미용실, 의상실 등).

하나님께서는 교회에 나와서 모든 시간과 재물을 쏟기를 원하지 않으시고, 그 시간과 재물을 교육에 투자하여 스스로 미래를 열어 가기를 원하십니다. 그래서 제때 공부하지 못한 제자들에게 학업을 이어 가도록 하였습니다. 중화요리 주방장을 하며 초등학교 검정고시부터 공부하여 2012년에 방통대를 졸업한 36세 남성, 만학도들의 2년제 중학교에 입학해서 2007년에 명지대학을 졸업한 38세 여성, 중학교 검정고시를 시작으로 숭의여자대학을 졸업한 47세 여성 등이 있습니다. 그밖에도 많은 제자들에게 나이를 초월하여 배우고 깨우쳐서 사회 속의 당당한 일원이 되도록 인도하고 있습니다.

학자금 대출로 힘겨워하는 젊은이들을 위해 "따뜻한 바람 장학회"를 발족하여(2016년 12월) 대출받은 학자금 전액을 매월 갚아 주고 있습니다. 또한, 다문화 가정을 위해 "다문화 가족 랜드"를 조성하여, 각종 시설을 무료로 활용하도록 하고 있습니다.

이러한 따뜻한 실천이 아직은 미약합니다. 그러나 책의 수입이 늘고, 저와 뜻을 같이하는 분들이 늘어나면 계속 확대할 것입니다. 지도자로서 신도의 재물을 헌금으로 거둬들여 착복하는 것이 아니라, 하나님께서 기뻐하시는 일에 사용하도록 중매 역할만 하며 살아가고자 합니다. 이런 제가 과연 사탄이고 이단인가요? 하나님께서 기뻐하시는 일이라면, 저에게 사탄이라 하든 거짓 선지자라 하든 굽히지 않고 실천해 나갈 것입니다.

끝으로, 일상의 삶 속에서 "지금 내가 하는 행동이 과연 하나님께서 기뻐하실까, 슬퍼하실까?" 생각하고, 매사에 하나님께서 기뻐하시는 길을 택하기 바랍니다. 교회에 모여서 집단적으로 예배 드리는 것이 아니라, 개인이나 가정 단위로 새로운 성경을 읽어 스스로 깨우치고 그대로 행하면 충분합니다. 그것이 마음속에 성전을 짓고, 신령과 진정으로 예배 드리는 길입니다. 그러면 천국의 문에 들어서게 됩니다.

2017. 2. 1.

하나님 말씀 대역자 김용철

차 례

십 계 명

이 책은 십계명을 암송하고 나면 내려 주시는 "하나님의 음성"을 듣고 그대로 받아쓴 기록입니다. 하나님께서 십계명을 모세에게 내려 주셨지만, 그것은 만백성에게 내려 주신 것입니다. 마찬가지로 이 책의 모든 말씀도 저에게 내려 주셨지만, 만백성 각자에게 들려주시는 말씀입니다. 여러분도 이 책을 접할 때마다 십계명을 암송하고 나서 정독해 주시기 바랍니다.

제일은, 너는 나 외에는 다른 신들을 네게 있게 말지니라.
제이는, 너를 위하여 새긴 우상을 만들지 말고, 또 위로 하늘에 있는 것이나, 아래로 땅에 있는 것이나, 땅 아래 물 속에 있는 것의 아무 형상이든지 만들지 말며, 그것들에게 절하지 말며, 그것들을 섬기지 말라.
제삼은, 너는 너의 하나님 여호와의 이름을 망령되이 일컫지 말라.
제사는, 안식일을 기억하여 거룩히 지키라.
제오는, 네 부모를 공경하라.
제육은, 살인하지 말지니라.
제칠은, 간음하지 말지니라.
제팔은, 도적질하지 말지니라.
제구는, 네 이웃에 대하여 거짓 증거하지 말지니라.
제십은, 네 이웃의 집을 탐내지 말지니라.

나 여호와가 존재함을 믿는 그 자체가 구원의 길에 들어서는 기본이요, 근본이며, 나의 새로운 성경을 가슴에 안고 정독하는 자, 반석 위에 서서 하늘에 오르는 찬란한 빛을 보게 되는 영광을 얻게 됨이니라. 진정 나를 따르고 믿는 자는 감히 사탄이나 마귀도 근접하지 못하느니라.

〈하나님 말씀〉

2002년 10월

3,761 번째 하나님 말씀

2002년 10월 23일 21시 30분

1 사랑하는 나의 아들아!
2 "네, 아버님! 말씀하옵소서."
3 내가 너희들에게 깨우쳐 이르기를, 너희들이 살아 있는 육신의 부모요, 너희들을 낳아 주고 길러 준 그 부모에게 너희들이 어찌하느냐에 따라서 그 행동이 곧 나 여호와에게 하는 행위라 내가 너희들에게 말하였음이니라.
4 너희들이 살아가면서 너희 형제들에게 하는 행위요, 이웃에게 하는 행위요, 너희들이 모든 백성들에게 대하는 그 행위는 모두가 직접 나에게 하는 것이며, 나를 위해서 너희들이 하는 행위라 그리 깨우치고 살아가야 될 것이니라.
5 너희들이 어려운 자에게, 배고픈 자에게 한 끼의 식사요, 밥 한 그릇을 대접하는 그것이 바로 무엇이더냐?
6 나 여호와에게 너희들이 대접함이니라.
7 그와 같은 마음으로써 너희들이 살아가야 함을 내가 오늘 나의 아들을 통하여 너희들에게 명함이니, 이 뜻을 깊이 심어 너희 것으로 만들어 행해야 될 것을 잊지 말라.
8 너희들이 거짓 하는 것, 도적질하는 것, 간음하는 것, 이웃을 속이는 것, 남에게 피해를 입히는 것, 그 모두가 다 너희들이 하는 행위는 그 사람에게 하는 것이 아니라 나 여호와에게 하는 행위라는 것을 잊어서는 아니 될 것이니라.
9 너희들이 미워하는 것, 질투하는 것, 시기하는 것, 그 모두가 다 너희 스스로 인간에게 하는 것이 아니요, 나 여호와에게 직접 하는 행동임을 알아야 될 것이니라.
10 이와 같이 너희들이 움직이고 행하는 것이 모두 나에게 하는 것이라면, 너희들의 자세가 어찌 서야 될 것이며 너희들이 어찌 살아가야 될 것인가를 너희들 스스로 깨달음이 있을 것이니라.
11 너희들은 정녕 이와 같은 마음이요, 이와 같은 자세로 이 어렵고 힘든 길을 갈 수 없을 것이며 가지 못할 것이라 그리 생각할 것이니라.
12 그러나 너희들은 알아야 될 것이니라.
13 너희들은 나의 아들을 따르며 나의 법전을 받아 기록하며 만백성에게 전하는 대업을 이룸이니, 너희들은 모두가 다 순교자의 길을 가는 마음으로써 살아가야 함을 잊지 말라.
14 이제 내가 하늘의 뜻을 너희들에게 깨우쳐 줌이니, 너희들이 하는 모든 행위는 다 너희들이 나에게 하는 행위임을 알아야 할 것이니라.
15 너희들이 선하고 아름다운 사랑을 베푸는 것도 나를 위해서 하는 것이며, 너희들이 남에게 사악한 짓을 하는 것도 나에게 하는 행위라는 것을 잊지

말라.
16 오늘 내가 이 깊은 밤, 나의 아들을 통
하여 하늘의 이치를 너희들에게 깨우
쳐 줌이니,
17 이를 너희들이 가슴에 깊이 심어 생활
하는 데 이를 적용하여 잠시도 지우는
법이 없으며 잊어버리는 그와 같은 마
음을 갖지 아니하고 살아가도록 그리
해야 될 것이니, 이를 깊이 새겨 명심
하도록 그리하라.

3,762 번째 하나님 말씀

2002년 10월 24일 07시 54분

1 사랑하는 나의 아들아!
2 "네, 아버님! 말씀하옵소서."
3 네가 나로부터 역사했던 지난날의 삶
을 네가 만백성에게 전하라, 네가 오
늘에 단순히 단시간 내에 선택된 나의
아들이요, 나의 목자가 아님을.
4 "네, 아버님! 모든 지난날 아버님께서
저에게 깨달음을 주시며 역사하셨음
을 오늘 이 법전에 감히 기록하여 만
백성에게 전하는 그 영광을 얻겠사옵
나이다.
5 저는 충청남도 부여군 초촌면이라는
곳에서 초등학교를 다녔습니다.
6 초등학교 3학년 때 멀리 교회에서 들
려오는 찬송 소리를 들으며 그때 하나
님께서 저에게 깨달음을 주신 것은,
이제 생각하니 그 모두는 아버님께서
저에게 미리 오늘을 대비하여 제 마음
속에 그 꿈과 희망을, 그리고 이 역사
를 이룰 수 있는 것을 심어 주신 것이
라 깨닫고 있사옵나이다.
7 제가 지금 59살이오니, 44~5년 전에
멀리 교회에서 들려오는 그 찬송가 소
리를 들으며, 저 많은 찬송가를 제가
작곡 작사만 따로 할 수 있다면 이 세
상의 모든 믿음의 길을 가는 사람들을
제가 다 이끌어 갈 수 있겠다는 생각
이 들었사오며, 그리할 것이라는 생각
을 단 한 번 하였사옵나이다.
8 열 살의 초년에 그와 같은 꿈과 그와
같은 욕망을 한 번 가졌던 것은 아버
님께서 저에게 역사해 주신 것임을 이
제 알겠사오며, 제 인생의 목표가, 제
가 살아가는 길이 그것이라는 것을 이
제 깨달았사옵나이다.
9 그리하여 제가 생활을 하고 살아가면
서 많은 세월이 흘러오면서도 저에게
는 그와 같은 역사가 수시로 이루어졌
음을, 저는 이제야 그 뜻이 여호와 하
나님이 주관하셨음을 알겠사옵나이
다.
10 제가 성장을 하여 가정을 가지며 살아
갈 때, 어렵고 힘든 사업의 환경에서
도 그 고비고비를 넘긴 것을 이제 알
겠사옵나이다.
11 제가 자금이 필요할 때 꿈으로 보여
줘 누구를 만나라 그리 꿈에 보였던
것도 다 아버님이 역사하시며 인도하
셨다는 것을 이제야 깨닫고 있습니다.
12 제가 충청남도 서산에서 '서부시장'이
라는 그 재래시장을 폐지하며 상설시
장을 만드는, 있을 수도 없으며 할 수
도 없는 그 사업을 남들의 꼬임에 의
하여 시작하여 그 이룰 수 없는 고비
요, 그 하나하나의 과정은 제 얼굴에
열꽃이 필 정도로 그와 같이 고통스러

운 역경들을 딛고 나가야 할 때였습니
다.
13 저는 저의 어머니가 충청남도 부여에
서 작은 교회를 다니시며 권사라는 직
함을 가지고 계시며, 아버님은 건축부
장이시며, 저의 모든 식구는 교회라는
곳에 나가 나름대로 직분을 가지고 있
는 그러한 가정이었으나, 저 하나만
교회라는 곳에 가지 아니하며 성서를
접하지 아니하였습니다.
14 그때 '서부시장'이라는 것을 허가 내
는 것은, 5일에 한 번씩 서는 장을 폐
지하고 상설시장을 만든다는 것인데,
많은 주민들의 뜻을 반영하지 아니하
면 이룰 수 없기에, 그것은 만들 수 없
는 것이며 어렵고 힘들다는 것을 몰랐
기 때문에 제가 대들어 그를 이룬다고
그 사업을 할 때,
15 저의 어머니는 수없이 새벽기도를 하
시며 저를 위해 기도를 드리고 그 사
업이 역사하기를 눈물로써 기도를 드
렸다고 합니다.
16 그런데 어느 날 저에게 꿈으로 또 보
여 주셨습니다.
17 제가 세상에 다시없는 백마를 타고 달
려가야 되는데 그 말을 태우기 위해서
어머니가 저를 밀어올려 말에 태우려
하나 어머니는 저를 태울 수가 없었습
니다.
18 그래서 저는 그때 깨달았습니다.
19 지금의 어머니가 기도하는 방법으로
써는 저를 구원할 수 없으며 저에게
도움이 되지 않는다 그리 제가 감히
어머님께 말씀을 드렸습니다.
20 '저를 위하여 기도하지 마십시오.
21 어머니가 하시는 그 기도는 제가 백마
를 타고 달려가는 그 길을 역사할 수
없음이니, 어머니께서는 기도를 하지
마십시오.' 그리 제가 부탁을 간곡히
드렸습니다.
22 그리고 또 하나님께서 보여 주시고 저
를 깨워 주시며 저를 관장하시는 역사
가 그다음에 이루기 시작하셨습니다.
23 제가 많은 백성들을 이끌고, 제 뒤를
따르는 끝없이 많은 백성들이요, 검고
희고 노란 각 인종이요, 모든 백성들
이 저를 따라 한없이 가는데 강을 만
나게 되었습니다.
24 그들을 인도하여 그 강을 건너려 하였
으나, 제가 건너려 하면 멀쩡하던 그
다리가 썩어서 무너지고 또 무너지며,
좋은 배들이 와서 저를 건네 주려 하
나, 제가 돈을 주고 그 배를 임대하여
건너려 하면 그 배가 썩어 버려 제가
발을 댈 수가 없었습니다.
25 그와 같은 와중에 강 한가운데 하얀
옷을 입고 서 있는 50대가 넘은 남자
한 사람이 무너진 교각 위에서 무엇을
부수고 있기에 제가 감히 '어찌하여
이 다리를 바로 세워서 사람들이 건너
가게 하지는 못할망정 하얀 옷을 입은
사람이 이 다리를 건너지 못하도록 저
리 부수고 있을까?' 그리 제가 원망을
하니,
26 하얀 옷을 입었던 사람의 그 부근의
교각에서 십자가가 강 속에서 올라오
며 그 십자가가 다리를 놔 주어 제가
그를 밟고 건너가는 그와 같은 역사를
이루었습니다.
27 그 모두도 하나님께서 저에게 역사해

주신 것임을 그때는 몰랐으나 이제는
그 모두를 알고 있습니다.
28 십자가를 놔 주어 제가 그 다리를 건
넜음이니, 제가 이제는 그렇게도 어렵
고 힘든 그 서산에 서부시장이라는 것
을 이룰 수 있을 것이라고 깨달았으
며, 어머니께서 저를 태우려 하는 것
은 되지 않는 것이기에 기도를 드려서
는 안 된다는 것을 그때 알았습니다.
29 저는 지금도 그 올라왔던 십자가의 위
치를 역력히 알고 있습니다.
30 그리하여 그다음에 서부시장의 그 사
업을 하는 역사를 이룰 수 있는 사람
이 저를 찾아왔습니다.
31 몇십억 원의 공사로서 몇십억의 금액
을 들여야만 그 일을 이루기 때문에,
허가를 제가 받아 놓는다 해도 그 사
업을 이루기는 너무나 막연하였으며,
그를 이루는 데 들어가는 기초 자금이
너무나도 많아 저는 충당하기 어려웠
습니다.
32 그때 평택이라는 곳에 사는 '김락명'
이라는 분이 저를 우연히 만나 그 사
업을 도와주겠다 하여 그다음 날 새벽
6시에 그와 만나기로 약속하였습니다.
33 너무나 어렵고 힘들고 자금을 끌어들
이기 힘들어 제 얼굴에는 열꽃이 피어
그와 같은 고통 속에 헤맬 때 그분은
구세주와 같이 저에게는 소중한 사람
이었습니다.
34 그다음 날 6시에 그분을 만나기로 하
였으나, 제가 그 시련과 고통 속에 있
다가 그 마음이 풀어짐으로 인하여 6
시에 약속을 지킬 수 없을 정도로 깊
은 잠이 들었던 것이었습니다.
35 그때 밖에서 저를 부르는 소리가 들렸
습니다.
36 '용철아, 용철아! 일어나거라.' 하며
누가 소리 지르는데 그 음성이 너무나
도 인자하였습니다.
37 그래서 저는 잠자다 말고 밖에 뛰어나
가 보니, 부른 사람은 아무도 없었습
니다.
38 그러고 나서 생각하니 제가 6시에 약
속한 것이 떠올라 그 장소에 달려가니
1분 전에 도착할 수 있었고, 그분이
그때 막 오셔서 그분과 약속을 지킴으
로써 그 사업을 역사하기 시작하였습
니다.
39 그리하여 그 사업이 허가가 나며 이루
어지기 시작하였습니다.
40 그러나 허가를 받아 그 사업을 하고자
하였으나, 또 몇십억의 자금을 도저히
만들 수가 없었습니다.
41 30억이라는 자금을 갖고 그 공사를
해야만 하기에 30억을 투자할 자본주
를 찾아야 했지만, 30억이라는 자금을
갖고 그 서부시장을 개발한다는 것에
이해관계를 따져서 아무도 그 사업을
하고자 하는 사람이 없었습니다.
42 그러던 어느 날 저에게 꿈으로써 보여
주었습니다.
43 '네가 스스로 할 것이니라.
44 네 이름과 같은 자가 너를 도울 것이
니라.' 그리 말씀하셨습니다.
45 저는 그래서 그때 제 이름을 가진 자
를 찾고자 하였습니다.
46 그 당시 온양의 제일관광호텔을 인수
한 사람이 제 이름과 한 자의 획도 틀
리지 않는 '김용철'이라는, 대전에 사

는 분이었습니다.

47 저는 제 이름과 똑같은 그분이 호텔을 인수했다는 소리를 듣고 그분을 찾아가서 사업을 설명하였고, 그분은 쾌히 승낙을 하셨습니다.

48 그리하여 그 사업은 진행되며 그 역사는 이루어졌습니다.

49 저에게 이와 같이 하나하나 보여 주었던 것이 아버님이 보여 주신 역사라는 것을 이제야 알고 있습니다.

50 어느 날 제가 깊은 잠을 잘 때, 갑자기 산에서 불이 나는 그 무서운 동굴 속에서 그 불이 막 저를 향하여 뻗어 오며 그 불 속에서 예수님이 나오시는 것을 보았습니다.

51 예수님이 나와 그 불 속에서 팔을 벌리고 돌면서 저를 깨웠습니다.

52 그때는 가장 추운 겨울에 새벽 5시 정도가 되었을 것이라 생각됩니다.

53 겨울에 새벽 5시면 깜깜합니다.

54 예수님께서 너무나도 선명하게 불 속에서 나와서 저에게 보여 주시기에, 저는 교회를 가라는 것이라 그리 생각했습니다.

55 그리하여 저는 천안에 중앙감리교회라는, 역전에서 바라다보면 언덕 위에 있는 큰 교회를 새벽에 무조건 갔습니다.

56 가서 새벽 기도라는 것을 하려고 했습니다.

57 가 보니 교회 안에서 사람들이 웅성거리며 기도하는 사람들이 수없이 있었습니다.

58 그러나 제가 거기를 들어가고자 하나 문이 없었습니다.

59 사람들은 성서 책을 들고 남녀가 한두 사람씩 짝을 지어 계속 그리 들어갔습니다.

60 그리하여 그 사람들을 따라가려고 바짝 붙어 가 봐도 그 사람들이 들어간 다음에는 문이 없었습니다.

61 제가 아래를 찾고 위를 찾아봐도, 아무리 봐도 어떻게 된 것인지 저에게는 그 문이 안 보였습니다.

62 지금 제가 기억하기에는 그곳이 반지하였으며,

63 1층은 좁은 계단으로 올라가는 것 같았으나 아무리 제가 그곳을 들어가려 해도 그 문이 안 보였습니다.

64 들어가는 사람들은 있는데 그들을 따라가려 해도 문이 없었습니다.

65 그리하여 저는 한 30여 분 동안 들어가려 하다가 들어가지 못하고 그대로 집으로 왔습니다.

66 저는 지금 그때의 상황을 생각합니다.

67 저에게 그 감리교회라는 곳의 문을 열어 주셔서 제가 그곳을 들어갔다면 아마 저는 손으로 지은 그 성전에 가서 십일조요, 감사헌금을 바치며 지금 여러분들이 하늘에 오르는 길이라며 가는 그 길을 갔을 것입니다.

68 그 문을 열어 주지 아니하신 것을, 지금에서야 그 뜻을 알며, 제 스스로 아버님의 말씀을 들어 법전이라는 것을 가지고 세상의 만백성을 구하는 그와 같은 역사의 이 대명을 지금 맡고 있습니다.

69 어려서 찬송가를 내가 지을 수만 있다면 내가 세상 모든 사람들을, 교인들을 이끌어 가겠다는 그 한 번 생각했

던 것이,
70 지금에 와서 찬송가는 인간이 만든 것
이기에 그것은 광란으로 사람을 자극
하는 것으로서, 하나님의 말씀을 듣는
데는 그 찬송가는 필요 없이 그저 하
나님의 진리만을 가르치면 되는 것을
깨닫고, 이제 저는 그와 같이 가고 있
습니다.
71 또한 저는 천안이라는 곳에서 사업을
했으며 남부럽지 않게 삶을 살았습니
다.
72 신문사도 운영하였으며 국민생활체
육협의회라는 조직의 초대 사무총장
으로서 그를 제가 만들었으며, 그 당
시에는 중앙회 부회장이요, 충남 회장
으로서 저 나름대로 많은 사람들과 교
류를 맺고 갔으나, 저는 사업에서 실
패를 했습니다.
73 그리해서 저는 그 사업으로써 오갈 데
가 없는 그와 같은 형국에 이르렀습니
다.
74 저는 도대체 그 당시의 환경이 정치적
인 노선이요, 제가 추구하는 당과 충
남에서 끌고 가는 당과 대적하는 관계
때문에 저는 도의 지역 유지로서 사업
을 유지할 수 없는 곤경에 빠졌으며,
75 저를 돕는 자가 없어 저는 스스로 그
모두의 사업의 문을 닫는 그와 같은
형국이 되어 실패의 구렁으로 떨어지
기 시작하였습니다.
76 바로 그때 하나님께서 저에게 말씀을
주셨습니다.
77 '나는 여호와 창조주이니라. 너는 내
가 너에게 내리는 글을 받아쓰라.' 그
리 말씀하셨습니다.
78 저는 '내가 사업에 미쳐 정신이 나갔
기 때문에 들리는 헛소리라.' 그리 생
각하였습니다.
79 저는 미리 이야기했듯이 그때 사업에
실패하고 눈도 잘 보이지 아니하였으
며, 계단을 올라다닐 수도 없었으며,
머리가 아파 누구와 대화도 할 수 없
는 그와 같은 형국이었습니다.
80 그리하여 저는 그를 받아쓰지 아니하
려 하였으나, 자꾸 그와 같은 말씀을
주며, 스스로 제 몸으로, 제 손으로써
치료하는 방법을 가르쳐 주시며 제가
하나하나 스스로 제 몸을 고칠 수 있
는 그와 같은 역사를 하나님께서 하셨
습니다.
81 그리고 말씀을 하셨습니다.
82 저의 어려운 고비를 풀어 주는 그와
같은 사람을 지명하여 그를 만나면 제
가 숨통을 틀 수 있는 그와 같은 도움
이 되는 사람을 명하며 보여 주시기에
저는 어쩔 수 없이 또 기도를 하기 시
작하였습니다.
83 그리고 어느 날 '십계명을 외우고 네
가 나의 뜻을 받아 기록하라.' 하여 저
는 처음에는 몇 장의 말씀을 주실 줄
알았으나, 이 많은 160권의 법전을 써
내며 만백성을 구하는 그 역사의 시작
이라는 것을 그때는 몰랐습니다.
84 저는 160권의 하나님의 말씀을 받아
써 내고 제가 하나님의 뜻을 거역하지
아니한다면 명해 주신 92살이라는 나
이를 살며,
85 제가 160권의 법전을 만들어 낸 다음
에는 아름다운 천사들의 세계에 그들
이 살아가는 법도를, 그리고 천 년 후

에 하늘에서 이루어진 것같이 지상에 서 낙원이 이루어져 그 속에서 사는 후손들에게 그들이 살아가는 법도와 그들이 살아가는 방법을 시적인 방법으로 기록하여 전하는 역사를 할 것이라 했습니다.

86 저는 어려서부터 과격한 성격이며, 급한 성격이며, 동적인 사람이고, 편지 한 장, 글 한 줄을 쓰지도 못하는 그와 같은 성격의 사람이었습니다.

87 그러나 저에게 주옥같은 말씀을 주셔서 책을 만들도록 그리하셨습니다.

88 저는 다 쓰러져 가 도대체 일어설 수 없는 환경이었으며 자식들은 자식 대로 뿔뿔이 헤어지며 또 아내는 아내대로 저는 저대로 그리 헤어지는 그와 같은 형국에 다다랐습니다.

89 그리하여 도저히 벗어날 수가 없는 그와 같은 저의 환경에 처해 있었습니다.

90 그리하여 저는 하나님께서 주신 그 말씀을 기록하라고 해서 거기에 모두를 매달려 기록하기 위하여 주시는 대로 받아썼습니다.

91 지금은 녹음기에 녹음하여 그 녹음테이프를 듣고 책을 만드나, 그 당시에는 녹음기에다 기록하는 것도 몰랐으며 거기에 생각이 미치지 못하여 그저 저의 아내가 제가 불러 주는 대로 그저 빼 먹으며 잊어버리며 그리 그것을 기록하였습니다.

92 그리하자 하나님께서 한 권의 책을 먼저 세상에 내라 그리 말씀을 하셨습니다.

93 저는 경제적인 여유가 없고 그 책을 만들 수도 없었습니다만, '너는 걱정하지 말라.' 그리 말씀하셨습니다.

94 그리하여 하나님께서 서산에 사는 '조한태'라는 사람을 만나면 그가 도울 것이라 말하였습니다.

95 그리하여 그가 저에게 책을 만들어 낼 수 있는 자금을 주어 500권이라는 적은 책을 동네 인쇄소에서 만들었습니다.

96 그리하여 그것을 직접 제가 들고 서울에 어떤 큰 문고에, 지금 생각하니 '교보문고'였던 것 같습니다.

97 그쪽을 통하여 거기다 몇 권의 책을 놓은 적이 있습니다.

98 그 몇 권의 책을 놓은 것을 서울에 있는, 지금 제가 실장이라 부르는 '김미향' 씨가 그 한 권의 책을 읽고, 그 책이 하나님의 말씀이며, 그분의 말씀으로는 책표지가 너무 엉성하며 내용이 너무 엉성하며 만들어진 사진이 너무 엉성하나 그 속에 한마디씩 던지는 것은 정녕 하나님의 가르침일 것이라 하여, 그는 밤 12시에 서울에서 천안으로 내려왔습니다.

99 그래서 그를 만나기 시작하였습니다.

100 그리고 저는 믿음을 모르기에, 그는 제가 이사 갈 곳이 없으며 집을 비워 주어야 되는 그와 같은 어려운 환경이라는 것을 알고는 저에게 큰 깨달음을 주었습니다.

101 '당신이 정녕 선지자요, 또 하나님으로부터 선택된 백성이라면 이사 가는 것이 무엇이 그리 두려우며 걱정이냐?' 그리 말하였습니다.

102 저는 사업에 실패하여 제 집이 경매로 넘어갔기에, 3일 후에는 그 집을 비워

주어야만 했습니다.

103 저는 사회적인 체면 때문에, 돈이 문제가 아니라, 그들에게 그 집을 너무 싸게 샀으니 이사비를 달라든지 며칠 연기를 해 달라든지 그와 같은 행패를 부릴 수 있는 처지는 아니었습니다.

104 제 자존심이 또 그리 용납하지 못했습니다.

105 저는 거리로 나앉더라도 그 집을 내줘야 되는 그와 같은 그 시기의 제 환경이었습니다.

106 그런데 저는 거기에서, 믿는 자는, 하나님께서 선택한 자는 다 이루어 주신다는 그런 무서운 이야기를 듣고 깨우쳤습니다.

107 '그래, 내가 정녕 선지자로 선택되었으며 하나님의 종이라 하였으면 하나님이 이루어 주시겠지.' 하고 저는 마음을 놓기로 했습니다.

108 그것이 아마 제가 하나님을 최초로 믿은 마음이며, 그전까지는 하나님을 믿는 자, 하나님께 선택된 선지자는 다 이루어 줄 것이라 했던 그분이 말한 대로 하나님은 모든 걸 다 만들 수 있는 분인지, 그리고 모든 걸 다 만들어 주는 분인지, 정녕 하나님의 선택된 백성이 무엇인 줄을 몰랐습니다.

109 선지자가 무엇이며 또 믿음의 길을 가는 자가 무엇이며 종교 지도자가 살아가는 방법이 무엇이며 성서는 무엇인지 그것도 모르는 저였습니다.

110 그리하여 저는 그날 그분이 해 주는 말을 듣고 그때 한번 크게 깨달았습니다.

111 '아! 하나님으로부터 선택된 자는 다 주시는구나, 그리고 이루어지는 것이 하나님으로부터 선택된 자구나, 그리고 하나님께서는 다 주시는 분이구나!

112 그러면 정녕 나를 종이라 부르셨으며 선지자라 부르셨으며 책을 받아쓰라 하셨으니, 내가 갈 곳을 만들어 주시겠다.' 하는 그런 말씀, 그것을 저는 믿어 버렸습니다.

113 그때 그 믿음만큼도 지금은 못한 것 같습니다.

114 52권이라는 법전을 받아쓰고 있는 지금에도 그때 김미향 씨가 던진, '하나님은 다 주시며 하나님께 선택된 것은 안 되는 것이 없으며 죽은 자도 살리는 것인데 무엇을 걱정하느냐'고 할 때, '아! 하나님은 다 주시는 분이구나!' 하고 믿었던 그 믿음이, 지금은 그와 같이 순수하고 아름다운 믿음이 아닌 것 같습니다.

115 저는 그 믿음만이 하나님께 축복을 받을 수 있는 믿음이라 생각하며, 저는 그때 느꼈던 그 믿음을 지금도 갖고자 합니다.

116 그리하고 그분이 서울로 올라가신 밤이었습니다.

117 하나님께서 저에게 꿈으로써 보여 주셨습니다.

118 그러나 그때는 하나님께서 주신 것인지를 몰랐습니다.

119 지금에야 하나님께서 꿈으로 선몽해 주신 것을 알았습니다.

120 저는 그 당시 98평의 집에서 살고 있었습니다.

121 그리고 짐도 고급스러운 것이 많았습니다.

122 그와 같이 호화롭게 살았습니다.

123 그러니 그 짐을 갖다 놓을 데도 없었습니다.

124 하나님께서는 말씀하셨습니다.

125 '2층에 있는 짐은 누구를 주며, 어떠한 짐은 누구를 주며, 내가 너에게 명한 대로 네가 소중하다고 소장한 그 짐들을 남에게 주면 내가 너의 갈 곳을 가르쳐 준다'고 하셨습니다.

126 그래서 저는 그때 김미향씨가 말한 대로 하나님은 다 주신다, 그리고 이루어 주신다고 믿었기에, 그것이 하나님께서 명하는 것이라 생각하며 꿈속에서 정해 준 대로 그 뜻을 따라야 된다고 생각했습니다.

127 지금처럼 그는 하나님이 주신 하나님의 음성이요, 하나님의 가르침이라는 것을 굳게는 믿지 못했지만, 그래도 그 당시 그와 같은 길을 가지 아니하면 어찌할 수가 없었습니다.

128 그저 믿어 보았습니다.

129 그리하여 다음 날 그 짐을 주라는 사람에게 주었고 다 옮겼습니다.

130 그런데 그다음 날, 여러분들은 기적이라고 말씀하시겠지만, 저는 그때 기적이 무엇인지도 몰랐습니다, 아무것도 몰랐습니다.

131 제 밑에서 근무하던 '강숙연'이라는 분이 저를 찾아왔습니다.

132 제가 이사할 수 있는 비용과 집 한 채를 얻을 수 있는 4천만 원을 그가 은행에서 돈을 빌려서 저에게 줄 것이니, 우선 집을 알아보고 옮기라 그리 말하였습니다.

133 저는 거기서 정말 놀랐습니다.

134 그분은 제가 경제적으로 어려워 경제적인 약속을 지키지 못하며 경제적으로 버틸 수 없는 사람이라는 것을 잘 알고 있었습니다.

135 저는 그분이 저에게 그리해 줄 것이라고는 생각도 안 했으며 꿈에도 감히 생각을 못 했습니다.

136 그에게 그와 같은 부탁을 하지도 못했습니다.

137 그런데 그분이 와서 그것을 해결해 주었습니다.

138 그리하여 저는 또 맥이 풀렸습니다.

139 제가 비닐하우스 속에, 남의 온실 속에 짐을 옮겨 놓을까 그리 고민하고 가족은 뿔뿔이 헤어지려 할 때, 그분이 집 한 칸을 마련할 수 있는 자금을 서슴없이 준다 하니, 그걸 누가 믿겠습니까?

140 저는 긴장이 풀어져 낮 3시에 잠이 들었습니다.

141 잠자는 중에 또 음성이 들렸습니다.

142 제가 6시에 누구와 약속해서 그 약속을 지킬 수 있도록 했던 그분의 음성이었습니다.

143 자상하고 부드러운 목소리로 '용철아! 용철아!' 불렀습니다. 그리고 '일어나라.' 하셨습니다.

144 그리하여 저는 일어나, 그때는 무릎을 꿇고 앉았습니다. 그때 말씀을 주셨습니다.

145 제가 이사 갈 집을 보여 주시고, 그 장소를 보여 주셨습니다. 그리고 그 집의 구조를 보여 주시고, 그 집으로 이사 갔을 때 가재도구를 놓는 방법까지 말씀하셨습니다.

146 저는 그리하여 그때 하루 만에 백석동 이라는 곳에 1309호인가 그 집을, 제가 알고 있는 같이 계모임 하는 사람이 집을 사서 이사 가면서 갑자기 내놓게 된 것을 알았습니다.

147 마침 4천만 원이라는 그 돈을 가지고 그곳에 전세로 이사 갈 수 있었습니다.

148 그리 하나님께서 그 집을 미리 보여 주셨으며, 짐을 옮기는 것도 다 미리 보여 주셨습니다.

149 밝은 낮 3시에 제가 하나님께서 주시는 말씀을 받는 것을 저의 아내에게 기록하라 하셨습니다.

150 장롱은 어찌 놓으며, 돌침대는 어찌 놓으며, 앞에는 아들 방을 만들며 뒤에는 딸들의 방을 놓으며,

151 그리고 '네가 그 집으로 이사 갈 때 십계명과 내가 너에게 내린 법전, 그것을 제일 먼저 하루 전에 갖다 놓으라' 하셨습니다.

152 저는 들어가 보지도 않은 그 집의 방의 구조와 그 살림의 구조와 살림을 놓을 곳을 하나님으로부터 그 말씀을 다 들었습니다.

153 그리하여 저희들이 이사 갈 때 저는 가 보지도 아니하였습니다. 저의 아내에게 기록하여 준 대로 그대로 놓으라 하였습니다.

154 그런데 거기에 단 한 뼘의 차이도 없이 그 모두가 그 자리에 맞도록 준비되어 있었습니다.

155 예를 들어 하나를 말씀드리면, 그 집의 구조상 에어컨이라는 것은 베란다에서 좌측에 놓도록 되어 있었습니다. 그러나 하나님께서는 우측에 놓으라 하셨습니다.

156 과연 그대로 저희들은 순종했더니, 13층이라는 그곳의 아파트에는 에어컨이 필요가 없었습니다.

157 그리하여 에어컨을 옮겨 놓고 거기에 장식을 맞추기 때문에 그게 너무나도 딱 맞는, 그와 같이 상세하고 자상하게 가르쳐 주시고 깨우쳐 주신 것입니다.

158 그것이 저는 하나님 뜻이라 믿습니다. 지금에 와서야 하나님이 그리해 주셨다는 것을 확신합니다.

159 물론 그때도 어렴풋이 이는 하나님의 뜻이라 그리 믿기 전에, 다급하고 급하기에 그저 꿈에 보여 주시는 대로 행하는 마음이 더 깊었을 것입니다.

160 여러분은 믿지 않으실 것입니다.

161 제가 적은 자금이 필요할 때 하나님께서는 저에게 그를 보여 주셨습니다.

162 그리고 저는 그곳에서 이사할 수 있었고, 3일 만에 이사하였습니다.

163 제가 그 당시의 배경을 조금 설명을 드리겠습니다.

164 저는 부채가 수십억이 되었습니다.

165 여러분도 아실 것입니다. 저는 천안시 풍세면에 임대주택을 300세대를 짓기 위하여 그 땅을 구매하여 사업을 시작하였습니다.

166 그러나 그 사업은 인허가를 받기도 너무나 어려웠습니다. 상수도 보호 지역이라는 것을 모르고 제가 땅을 샀기 때문에, 거기에서 허가를 낸다는 것은 너무나도 어렵고 힘든 일이었습니다.

167 그리하여 그것을 한 3년에 걸쳐서 허가를 냈습니다. 제가 그 땅을 평당 15

만 원씩 샀으나, 3년 동안 부대끼고 투자된 그 돈의 금액으로써 그 땅의 부지는 평당 100만 원이 넘는 그와 같은 엄청난 경비를 쓰고 허가를 내는 그와 같은 형국이 되었습니다. 그래서 저는 많은 부채를 지게 되었습니다.

168 여러분은 믿지 않으실 것입니다. 그 부채요, 제가 기도하는 데 전화벨이 울려 기도하지 못할 정도로 저를 압박하는 사람들에게 종이 한 장으로써 모두를 다 갚아 주셨다면 여러분은 믿겠습니까?

169 저는 부채 때문에 헤어날 수가 없는 그런 사람이었습니다.

170 평생 저는 빚투성이에서 얽매여 헤매야 했습니다.

171 풍세면의 공사장을 남에게 다 넘기려 해도 투자된 금액이 많아서 누구도 그 사업을 할 수가 없었습니다.

172 저는 거기에서 13억이라는 돈을 추리지 아니하면 그를 넘겨서 부채를 정리할 수가 없었습니다.

173 그러나 15만 원밖에 안 가는 그 땅을 허가를 냈다고 해도 그것을 13억에 살 사람은 아무도 없었습니다.

174 그리하여 제가 은행에서 받은 부채요, 남으로부터 얻은 그 부채의 이자는 수 없이 늘어 가며, 그 땅값은 역으로 서서히 더 올라가야만 됐습니다.

175 13억에 넘겨야 했던 것을 이제는 더 많은 돈을 받고 넘기지 아니하면 제가 부채를 정리할 수 없는 그와 같은 곤경에 빠졌으며, 개인들에게 받아들인 돈 또한 그 이자요, 그 쪼들림은 말할 수가 없었습니다.

176 사람들은 쓰러져 가는 사람을 돕는 것이 아닙니다. 넘어져 가고 쓰러지는 것을 그들은 잘 압니다.

177 그리고 인간사에 살아가는 것이 나보다 남들이 우리집의 형편을 더 잘 안다는 것을 그때 깨달았습니다.

178 누구도 도와줄 사람이 없으며 그리 친하던 사람들도 돈을 받아 가기에 바빴으며 저를 조르기에 바빴습니다.

179 저는 여기서 무서운 역사를 보았습니다.

180 저는 도대체 그 땅을 넘길 수도 없어 그 부채를 안고 발버둥치며 수없이 늘어 가는 은행의 이자며, 여러분도 아실 것입니다.

181 은행을 제대로 거래하지 못했을 때 그들은 무엇을 합니까?

182 그 이자는 말할 수 없이 높아집니다.

183 그리하여 저는 그를 모두 포기하고 이제는 회생할 수 없는 그와 같은 단계였습니다.

184 그러나 제가 십계명을 외우고 말씀을 받을 때, '너는 염려치 말라. 오로지 십계명을 외우고 기도만 하여 너는 받아써서 정리하라. 그러면 내가 너에게 모두를 다 정리해 준다.' 하셨습니다.

185 그리고 제가 3배로 갚아야 할 착하고 아름다운 사람들의 것만을 남기고 나머지는 다 정리해 주신다고 하셨습니다.

186 이것을 여러분은 믿겠습니까? 저는 그래도 믿었습니다.

187 그래서 제가 고달프고 힘든 그 순간에 기도를 받으며 십계명을 외워 하나님의 말씀을 받는 그것으로써 모두를 견

디고 살아갔습니다.
188 여러분, 제가 지금 이렇게 기록하면, 이는 사기꾼이요, 이는 말도 안 되는 소리를 한다 할 것입니다.
189 그러나 여러분은 믿으셔야 됩니다. 다 그 주소가 현실이며, 그 사업이 현실입니다.
190 그때 하나님께서 그리 말씀하셨습니다.
191 '이제 내가 서울 마포라는 곳에 조그마한 자리를 하나 만들어 줄 것이니, 너는 그리 서울로 옮길 것이라' 하셨습니다.
192 머지않아 김미향이라는 분이 책을 전하고 전하여 그 책을 보신 사람을 통해서 마포구 아현동에 '고려아카데미텔'이라는 곳에 하나의 조그마한 방을 얻어 주셨습니다.
193 그리하여 저는 서울에 와 있으면서 기도에만 매진하였습니다. 그러나 부채의 꼬리는 저를 더 압박했습니다.
194 그리하여 제가 서울에 와서 1년 동안 기도하고 책을 만들어 받아쓰는 동안에, 여러분, 그 풍세면의 아파트의 현장이 정리되는 기적이 이루어졌습니다.
195 허가를 내 놓은 그 땅이 방치된 것을 보고 아무 관계도 없는 사람이 건설회사에 찾아가서, 그것을 자기가 허가 낸 것이며 자기 땅이라 그리 말하며, 그곳에 공사를 해서 이익을 나누자고 그리 말한 것 같습니다.
196 그 사람이 자기 땅이라고 하는 것을 믿지 않을 사람이 없었으며, 버젓이 허가 낸 것이 자기 땅이라 하니, 그 건설회사에서는 그 사람을 믿었습니다.
197 그리하여 그 건설 회사는 그를 믿고 허가 낸 땅 위에 옹벽을 치고 공사를 무조건 시작했습니다.
198 그리하여 그들이 거기에다 몇십억 원의 돈을 투자한 상태에서 서울에 있는 저에게 연락이 왔습니다.
199 '당신이 허가 낸 그 땅에 지금 공사를 하고 있는데 어찌하여 내 돈을 갚지 않느냐?' 하는 것입니다.
200 '나는 그러한 사실이 없다.' 하니, 내려와 보라 해서 내려가 보니, 과연 엉뚱한 회사의 이름을 걸고 현장 사무실을 차려 놓고 공사를 하고 있었습니다.
201 저는 너무나도 어처구니가 없었습니다. 그리하여 제가 자초지종을 그 회사에다 말을 하니, 그쪽에서 어쩔 수 없이 제가 진 부채와 은행부채 그 모두를 그들이 떠안고 넘어가는 그와 같은 형국으로써 그곳에서 13억이 넘는 부채 모두를 정리할 수 있도록 하나님께 해 주셨습니다.
202 저는 남들에게 돈을 빌리고 갚지 못하는 것이 있었습니다.
203 남씨라고 하는 분인데, 그 사람은 존재합니다. 제가 아주 아끼고 사랑하는 후배였습니다.
204 그는 제가 오랫동안 그 부채를 갚지 못하니 그 부채를 받아 주는 전문 업체에다 그를 넘겼습니다. 그 금액이 또한 8천여만 원이었습니다.
205 그들은 그 부채를 인수받아 그 채권들로 저에게 고통을 이루 말할 수 없이 주었습니다.
206 그런데 여기서 기적이 일어났습니다.

207 그 부채를 거둬들이는 책임을 맡은 사람이 알고 보니 그 사람이 어렵고 힘들 때 제가 조금 그를 기억해 주고 사랑했던 사람이었습니다.

208 그 사람은 그 돈을 대신 갚아 주었으며, 제가 쓴 그 모든 차용증을 회수하여 저에게 갖다 주셨습니다. 여러분 믿겠습니까?

209 또 어떤 사람은 저에게 4천5백만 원을 빌려 주었습니다.

210 그런데 어느 날 기도에서 5백만 원을 더 빌려 주라 하셨습니다. '그 돈을 빌려 줌으로 인하여 너희 가족이 어려울 때 큰 힘이 될 것이다.' 그리 말씀하셨습니다.

211 그러나 그분은 저에게 4천5백만 원을 주고 제가 사업에 실패하자 그것을 회수하기 바빴으며, 그는 저에게 너무나도 많은 압박을 주었습니다.

212 그리하여 저는 '당신이 하나님을 믿든 안 믿든, 당신이 5백만 원을 나에게 더 주어야 된다, 이것이 하늘의 뜻이다.' 그리 말했습니다.

213 그러자 그는 버럭 화를 냈습니다. 저에게 도둑놈이요, 사기꾼이라 말했습니다.

214 제가 그래서 말했습니다. '당신이 쓰러집니다. 당신이 쓰러지지 않기 위해서 그것을 하나님께서 역사하는 것인데, 4천5백만 원을 주고 5백만 원이라는 것 때문에 당신이 불행한 일을 당하지 마시오.' 그리했습니다.

215 그러나 그는 화를 내고 갔습니다.

216 그는 대기업의 간부였으며 탄탄대로를 가는 사람이었으며, 그는 1년에 한 두 번씩 꼭 정기 검진을 받는 사람이었습니다. 그는 병이 있을 수 없었습니다.

217 그런데 그는, 저는 잘 모르겠습니다만, 급성 암에 걸렸습니다.

218 그분이 죽기 직전에 거기서 그것을 깨달았습니다.

219 그리하여 그 부인에게 그분은 말씀을 남겼습니다. 저에게 빌려 준 돈을 받지 말라 하였습니다.

220 그뿐이 아닙니다. 제가 고통을 당한 사람들을 그리 다 정리해 주셨습니다.

221 저는 그분들이 조금 어려울 때 이 법전이 세상을 덮을 것이며 하나님이 역사하실 때 그분들에게 3배로 주라 하셨습니다. 이것은 예를 든 것입니다.

222 여러분, 이것이 하나님의 기적이 아니고 역사가 아닐까요?

223 저는 하나님의 역사요, 기적이라 믿습니다.

224 그리 하나님이 저를 보호해 주셨습니다. 그리고 사랑해 주셨습니다. 그리고 하나님께서는 저를 과연 실제로 서울에 옮겨 놓으셨습니다.

225 그리하여 저는 고통스러운 그 크나큰 부채들을 몇 곳을 갚았습니다.

226 제가 이 지면에 나열하는 것이 너무나도 과장 된 것 같아 지금 존재하고 살아 있는 분들의 몇 가지만 예를 들어서 말씀을 드렸습니다.

227 이 책을 읽는 여러분은 이것이 하나님의 역사이고 기적이 아닌가 하는 것은 여러분 스스로 판단해 주시기 바랍니다.

228 이는 지금 하나님의 역사입니다.

229 그리하여 저는 작은 골방에서 그저 말씀을 받는 대로 열심히 썼습니다. 그리고 책을 만들어 내는 그와 같은 단계가 왔습니다.
230 저는 거기서 책의 160권의 분량인 288쪽의 한 권의 책을 160권을 만드는 그 역사를 그 당시에는 받지 않았습니다.
231 그러나 지금은 160권을 써 내야 됩니다. 그 당시에는 160권의 10분의 1인 16권의 책을 썼습니다.
232 그 책을 받아서 기록해 나갈 때, 그 책을 세상에 전하라 하셨습니다.
233 저는 그를 만들 자금이 없었습니다. 여기에서 또 하나의 기적이 이룹니다.
234 제게 하나님께서 말씀을 하셨습니다.
235 '하얀 눈이 세상을 덮을 때 너의 성전을 옮겨 줄 것이며, 너에게 이 책을 만들어 준다.' 하셨습니다. 이 대목은 어딘가에 기록되어 있을 것입니다.
236 하나님께서 사람을 보내셨습니다.
237 한 사람의 남편이 아파 곧 죽는다는 진단을 받았습니다.
238 그는 자신이 다니던 교회를 신축하는데 몇억 원을 내놓기 위하여 돈을 열심히 모으고 있는 사람이었습니다.
239 남편이 사형선고를 받은 그는 교회의 모든 신도요, 목사님이요, 또는 스님이요, 신부님이요, 그저 능력 있는 사람이라면 누구나 다 모셔다 기도를 했습니다.
240 그런데 그분이 저의 이야기를 들었습니다. 조그만 골방에서 기도하는 자가 역사가 있다 하는 말을 듣고 저를 찾아왔습니다.
241 저는 하나님께서 가라 하셔서 그분의 남편에게 갔습니다.
242 저는 그 환자 앞에 손을 얹어 놓았습니다. 저는 그 남편이 사형선고를 받은 것을 정말 몰랐습니다.
243 그 가슴에 손을 얹자 그 몸에 있는 모든 고름 같은 것들이 다 제 손에 모여졌습니다. 그리하여 그 몸에 있는 고름이 제 손안에 다 모이기에 저는 그 손으로 그냥 뽑아냈습니다.
244 여러분들이 볼 때는 환상일지 모르지만 저는 틀림없이 그 고름을 꺼내서 쓰레기통에 담았습니다.
245 그리고 열흘 후에 살아서 나갈 것이라 말했습니다. 그 말을 들은 부인은 제가 나가고 난 후 저에게 미친 자라 말했답니다.
246 '일반실로 옮기는 것도 영광인데, 어찌하여 10일 만에 살아난다 하는가? 내가 미친 자를 갖다 놓고 정신이 나가서 이런 짓을 했다.'고 했답니다.
247 여기서 기적이 일어났습니다. 그분은 10일 만에 걸어서 그 병실을 나갔습니다.
248 그리해서 그분은 교회를 신축할 때 바칠 돈을 저의 책을 만들어 내는 데 모두 다 주셨습니다. 그래서 열여섯 권의 법전이 세상에 나왔습니다.
249 그리고 하나님께서 말씀하셨습니다.
250 이제 이 법전이 세상을 덮어 나간다 그리했습니다.
251 눈이 세상을 덮듯이 이 세상을 덮어 가며, 여기서 하나 더 무서운 것은, 하나의 믿음으로 가는 것이 하늘에 오르는 길이기에, 동양의 이 작은 나라의

언어요, 이 글자가 세상을 통일한다 하셨습니다.
252 세상의 통일어가 된다 하였으며, 공통어가 된다 말씀하셨습니다.
253 그리고 적대 관계가 없어진다 말씀하셨습니다.
254 그리하여 3부인 48권까지는 세상에 각국의 언어로써 그들이 깨우치며, 4부부터 나머지 백 권이 넘는 그 모두의 7부는 우리나라 동양의 글로써만 나갑니다. 그리하여 공통어가 이루어집니다.
255 그리고 천 년에 걸쳐서 하늘에서 이루어진 것같이 이 땅에서 낙원이 이루어집니다. 그리고 거기에서 살 자들만이 존재한다고 말씀하셨습니다.
256 그리해서 저는 160권을 지금 쓰고 있습니다. 거의 6일에 한 권씩인 288쪽의 책을 써내고, 말씀을 받아서 책으로 만들어 내고 있습니다.
257 하나님께서는 말씀하셨습니다, 너희들의 작고 큰 도시에 저희들이 법전을 갖다 놓는 성전을 만들어 주신다 하셨습니다.
258 그리고 또 이 책을 만들어 그리 전할 수 있는 사람을 보내 주신다 하셨습니다.
259 저는 그 말씀을 믿기에 지금 열심히 법전을 만들며 그분이 오기를 기다립니다.
260 어느 분이 되실지는 모르겠습니다만, 저를 도와 모두를 새로이 역사를 이룰 분이 오신다 하였습니다. 그분은 하나님께 선택된 자입니다.
261 하나님께서 이 한 권의 법전을 접하는 것은 여러분에게 말씀드렸듯이, 쉬지 않고 쏟아지는 그 소낙비 속에 하나님이 황금의 빗방울을 하나 내려보내는 것을 네 손으로 받는 영광보다도 더 위대한 것이 한 권의 법전을 읽는 것이라 했습니다.
262 그리하여 '만리동'이라는 곳에 큰 성전을 만들어 주셨으며, 지금은 5달란트라는 그 역사를 이루는 사업을 하도록 하나님께서 만들어 주셨습니다.
263 제가 지금의 오늘에까지 하나님으로부터 터치받았으며 은혜를 입었으며 역사했던 것을 기록하여 전합니다.
264 이와 같은 것이 제가 하나님께 미리 선택된 백성이라는 것을 여러분들이 믿음을 가질 수 있다면,
265 하나님의 아들로서, 목자로서 미리 준비된 자의 기적이라 하면, 여러분 중에 믿을 수 있는 자가 있어 깨우침을 얻는 자가 있을까 하여 긴 시간 긴 내용을 이렇게 기록하여 전합니다."

3,763 번째 하나님 말씀

2002년 10월 24일 12시 21분

(강론을 마치며)

1 사랑하는 나의 아들아!
2 "네, 아버님! 말씀하옵소서."
3 이 세상에 많은 인종이 살아가고 있으며, 피부색이 다르며 생활 방식이 다르며 또한 그들이 살아가는 모습이 다 다름이니라.
4 그리고 천태만상의 형태를 가졌듯이 그들의 생각 또한 다 다름이니라.
5 지금 이 지상이 어찌 가고 있는가?

6 그 모두가 더불어 하나가 되어 아름다
운 하늘에서 이루어진 것같이 지상에
낙원을 이루는 것이 아니라,
7 지금 이 지구를 썩게 만들었으며 이
지구가 다 썩어져 가고 있으며, 너희
들의 생활의 삶이 다 썩어져 가는 형
국이니라.
8 그리하여 이 썩어져 가는 것을 바로잡
는 것이 얼마나 힘들고 어려운 길인가
를 알아야 될 것이니라.
9 이 썩어져 가는 곳에서 너희들 한두
사람만이 썩지 않으려고 발버둥칠 때
너희들은 정녕 그 속에 견딜 수가 없
으며 지탱할 수 없는 그와 같은 환경
에 처하게 됨이니, 스스로 너희들이
쓰러지게 됨이니라.
10 그리하여 그 모두를 다스릴 수 있는
것은 나의 성령이요, 나의 가르침밖에
는 없음을 알아야 될 것이니라.
11 어떠한 인간의 집단도, 어떠한 인간의
형태로도 지금의 너희들의 썩어져 가
는 그 마음을 바로잡을 수가 없음을
알라.
12 썩는 곳에 너희들이 길들여져 있으며,
썩어져 가는 곳에 너희들이 그곳의 즐
거움을 알며 그 속에서 낙을 알며 그
속에서 너희들이 생활을 찾아가는 그
와 같은 형국에 젖어 있어서 너희들이
지금 어찌 흘러가는지 그 자체의 판단
력까지도 잃고 살아가는 그와 같은 형
국이니라.
13 그리하여 아무리 큰 집단이 너희들을
정화시키고 바로잡아 썩어져 가는 이
지구 속에서 너희들을 구원하고자 해
도 구원할 수 없으며 구제할 수 없는
것이 지금의 형국이니라.
14 오로지 나의 성령이요, 나의 법전이
세상에 나가 그들이 이를 접하면서 그
들을 깨우칠 수 있는 그 역사가 이루
어지는 것이며,
15 내가 천 년이라는 길고도 긴 세월 속
에 그 역사를 이루고자 한다면, 너희
들은 지금 썩어져 가는 그 지구를 바
로잡으며 썩어져 가는 곳에 물들어 가
는 나의 백성들을 바로 깨우치기가 얼
마나 힘들고 어려운가를 알겠는가?
16 오로지 나의 성전에 와 나의 법전을
듣고 깨우쳐 공부하는 자, 너희들이
바로 섰을 때, 너희들이 바로 갔을 때
그 모두를 서서히 썩어져 가는 것을
막을 수 있음이니라.
17 오로지 너희들이 나의 법전을 만들어
세상에 전하며 이를 그 썩어져 가는
속에 길들여진 자들의 손에 쥐여 주는
그 역사만이 천 년에 걸쳐서 바른 세
대가 이루어짐을 너희들은 알아야 될
것이니라.
18 그리하여 너희들이 소중하며, 나의 법
전이 나의 성령이요, 세상에 내려가는
것이 무엇과도 바꿀 수 없는 소중함이
라 내가 너희들에게 일깨워 주었음이
니라.
19 이를 잊지 말고 명심하라.
20 세상에 지구가 다 썩어져 가며, 썩어
져 가는 곳에 길들어 있고 물들어 있
는 자들이니라.
21 그 속에서 나에게 선택된 백성 너희들
만이 바로 설 수 있는 자들이며, 그 썩
어져 가는 곳에 나의 법전을 전하여
그들의 숨통을 틔워 주며 그들을 깨우

쳐 주며 그들을 치료할 수 있는 길은
너희들뿐임이니라.
22 치료하는 자가 병자에게 물들면 아니
될 것이며, 그 병이 옮겨지면 아니 되
는 것을 너희들은 알아야 될 것이니라.
23 그리하여 너희들이 완벽하게 가기를
바라며, 너희들이 완벽한 깨우침을 얻
기 위하여 나의 법전을 읽고 또 읽으
라 함이니라.
24 너희들이 과연 만백성을 구하는 지침
서인 이 나의 법전을 얼마만큼 정독해
서 읽고 깨우치는가?
25 너희들은 이 어렵고 힘든 길을 너희
스스로 가지 아니하면 아니 됨을 알라.

3,764 번째 하나님 말씀

2002년 10월 25일 06시 48분

1 사랑하는 나의 아들아!
2 "네, 아버님! 말씀하옵소서."
3 내가 내린 나의 성령인 '하늘에 오르
는 길'의 이 책을 가슴에 안고 정독하
는 자, 반석 위에 서서 하늘에 오르는
찬란한 빛을 볼 수 있다 하였음이니라.
4 이는 곧 무엇이더냐?
5 내가 너를 통하여 만백성을 구하고자
내린 성령으로써 기록된 이 책을 너희
들이 읽고 깨우쳐 그를 행하며 실천함
이, 그것이 곧 구원의 길을 볼 수 있는
영광을 얻게 되는 것이라 하였음이니,
6 너희들이 삶의 행함이요, 실천이 얼마
나 중요한 것인가를 너희는 알아야 될
것이니라.
7 사랑하는 나의 아들아!
8 "네, 아버님! 말씀하옵소서."
9 누가 무어라 하여도 너와 같이 험악하
고 험난한 삶을 살아왔으며 믿음이요,
아무것도 모르는 너를 어느 날 나의
종이요, 나의 선지자라 내가 부르며
나의 아들임을 내가 만백성에게 전함
이니, 너는 그것을 알고 있을 것이니
라.
10 오늘의 네가 변하는 그 무서운 모습과
그 속도에서 너 자신이 나의 아들로서
세상에 나간 것을 이제는 네가 알게
될 것이니라.
11 그리고 알고 있지 아니한가?
12 어떠한 불의와 네가 나의 성령이요,
나의 법전에 어긋난 어떠한 행위도 하
지 아니하고 살아갈 수 있는 그와 같
은 사람으로 변하는 그 역사는 아무도
그를 따를 수가 없음이니라.
13 오로지 이 세상 단 한 사람, 나의 성령
으로써 나의 아들이요, 대명을 맡은
너이기에 네가 그와 같이 스스로 변하
는 그 무서운 길을 갈 수 있음이니,
14 그것이 바로 네가 나에게 선택된 자
요, 나의 아들이니라.
15 그리하여 그것이 다름이니, 너는 그를
알고 있을 것이니라.
16 60평생 살아오며 인간 세속의 생활에
젖어 있는 네가 그와 같이 변함이니,
나의 피조물 만백성이 천 년에 걸쳐서
저희들이 변하고자 하면 얼마든지 천
사요, 나의 심성과 같은 마음으로 살
아갈 수 있도록 변할 수 있다는 것을,
오로지 너 또한 그와 같이 만백성이
변할 수 있다는, 변화시킬 수 있다는
자신과 용기를 네가 오늘 갖고 있음이
니, 이제 그리 행하여 나가면 될 것이

니라.
17 세상에 두렵고 무서운 것이 무엇이 있
겠는가?
18 네가 나의 법전대로 살아가고자 바로
우뚝 섰으며, 한 점의 부끄러움이 없
이 살아가고자 하는 네 마음 자세가
굳게 서서 그리 행함이니,
19 그 누구에게 네가 부끄럽고 두려울 것
이 없으며, 그와 같은 마음 자세로 살
아가는 너를 내가 버리지 아니할 것이
며, 너를 따르는 백성들을 버리지 아
니할 것이니,
20 너희 백성들 또한 너의 변하는 그 모
습 속에 그보다 더 전진하고 변하는
그 삶을 살아갈 수 있는 용기를 심어
주라.
21 그리하여 내가 이루고자 하는 그 역사
를 이룰 수 있는 너희들이 되어야 될
것이니, 얼마나 오늘의 너희들이 행복
함을 느끼는가?
22 이제 너는 두려워하지 말며 겁먹지 말
라.
23 모두는 다 이루어질 것이며 역사할 것
이니라.
24 내가 나의 법전이 세상을 덮는다 하였
으니, 덮을 날이 올 것이며,
25 이 동양의 작은 나라의 언어가 공통어
가 된다 하였으니 공통어가 될 것이며,
26 내가 선택한 백성들의 왕국이 이루어
지는 것 또한 이는 변함없이 이루어질
수 있는 역사이니라.
27 네가 오늘의 그 자리를 지킴으로 인하
여 그 모든 변화의 역사는 이루어질
것이니,
28 사랑하는 아들아! 모든 천사요, 사탄
이요, 모든 영혼들이 너를 보기를 두
려워하고 있음이니라.
29 그리고 너를 보기를 그들이 겁먹고 있
음이니라.
30 사탄도 두려워하며 그들 자신도 흔들
리느니라.
31 네가 바로 서고자 하는 그 무서운 마
음의 변화 속에 저희들이 당할 수 없
음을 알고 있음이니라.
32 내가 사탄과 인간에게 똑같은 능력을
주었다 하였으니, 어떠한 유혹이요,
어떠한 뿌리침도, 어떠한 너를 무너트
리고자 하는 것에도 네가 쓰러지지 아
니하며 견디고 갈 수 있으며 160권의
법전을 세상에 낸다는 것을 그들은 알
고 있기에 그들이 지금 두려워하고 있
음이니라.
33 그들을 쓸어버리는 그날까지 네가 오
늘보다도 더 굳은 마음으로써 너 자신
을 지켜 나갈 때 모두는 다 이루어지
는 영광이 있을 것이니, 두려워하지
말라, 사랑하는 나의 아들아!

3,765 번째 하나님 말씀

2002년 10월 25일 12시 08분

(강론을 마치며)

1 사랑하는 나의 아들아!
2 "네, 아버님! 말씀하옵소서."
3 너의 제자들에게 일러 깨우쳐 주라.
4 한 송이의 아름다운 꽃이 눈물을 흘리
고 있는 그 눈물을 너희들은 보고 있
는가, 그리고 날짐승이요, 새들이 흘
리는 그 눈물을 너희들은 과연 볼 수
있는가 그를 물어보라.

5 지금 아름다운 한 송이의 꽃이 울고
있으며 눈물을 흘리고 있는 것을 너희
들은 알지 못할 것이니라.
6 이 세상의 모든 것은 다 너희들로서
통제하도록 하였으며 만물의 영장이
라 하였으며 너희들이 주관하여 통제
하도록 되어 있음이니라.
7 그러니 모든 동식물은 너희들을 위하
여 준비된 것이며, 너희들이 어찌 흘
러가느냐에 따라서 그들은 쓰임이 있
고 그들은 생존의 능력이 있고 그들의
생존하는 방법이 있음이니라.
8 그러나 너희들 인간의 마음이 너무나
사악해졌으며 너희들의 이기주의요,
욕심을 버리지 못하는 그와 같은 삶에
이 세상이 혼탁해졌으며 그 모두가 썩
어져 가는 그와 같은 형국으로 되었음
이니라.
9 모두의 너희들 인간이 나로부터 세상
에 받아 나간 그 아름답고 고운 마음
의 심성으로써 세상에 너희들이 지금
까지 살아왔다면, 이 지구는 지금 멸
망의 이와 같이 썩어져 가는 형국이
이루어지지 아니하였을 것이니라.
10 그리하여 말을 못하는 새들이요, 말을
못하는 짐승들이요, 말을 못하는 그
한 송이의 아름다운 꽃들이 너희들이
잘못 가며 너희들의 욕심이요, 너희들
의 그 사악한 삶 때문에 그들이 눈물
을 흘리고 있다면 너희들은 과연 그를
알겠는가?
11 이 모두를 지배하고 통제하는 자가 포
악한 자며 이 자연의 환경을 파괴하며
그들의 생명까지도 앗아 가는 그와 같
은 오염된 세상을 만들어 가고 있으며
그 형태로 변하는 것이 너희들이 지금
계속 진행되고 있으니,
12 그들이 과연 얼마나 마음이 불안하겠
으며, 그들이 생명 자체를 보존하지
못할 것을 그들은 알고 있음이니,
13 그와 같이 지배자인 인간 너희들이 잘
못 가고 잘못 다스리는 그 형국 때문
에 그 아름다운 꽃이 눈물을 흘리고
있다면 너희들은 이를 믿겠는가?
14 그 아름다운 한 송이의 꽃이 너희들의
포악함이요, 너희들의 무질서함이요,
너희들 인간이 세상을 파괴하는 그와
같은 환경파괴의 주범으로서 변하여
졌으며 사악한 자로 변하여져 가기에,
15 너희들로부터 모든 지배를 받으며 너
희들의 변화 속에서 존재하며 그 생명
을 유지해 가는 모든 동식물이 눈물을
흘리고 있으며 너희들 앞에 피어 있는
아름다운 그 꽃송이도 눈물을 흘리고
있음을 알아야 될 것이니라.
16 사랑하는 나의 아들아!
17 "네, 아버님! 말씀하옵소서."
18 너의 제자들에게 그와 같이 꽃을 보도
록 깨우쳐 주라.
19 너희들 앞에 있는 아름다운 그 꽃이
너희들이 포악하며 자연환경을 파괴
하며 너희들 스스로 내가 내리는 이
지상을 썩게 만들고 병들게 만듦이니,
그곳에서는 너희들의 통제를 받으며
그 생명을 지탱하며 유지해 가는 그
꽃들이 너희들의 포악함에 눈물을 흘
리고 있음을 너희들 제자들은 그를 보
며 깨우쳐,
20 너희 스스로 그와 같은 모두를 보호하
는 마음이요, 그들을 보살피는 마음이

요, 그들의 생존권을 파괴하지 아니하는 그와 같은 세상을 만드는 것이 너희들이 이루어야 할 일임을 잊지 말라 이르라.

3,766 번째 하나님 말씀

2002년 10월 25일 17시 10분

1 사랑하는 나의 아들아!
2 "네, 아버님! 말씀하옵소서."
3 너의 제자들이 깨우쳐 깨닫는 자 있으며 아직도 또한 깨닫지 못하는 자가 있음이니, 내가 세상에 한 사람의 깨달은 자를 얻는 것이 세상과 바꿀 수 없는 기쁨이라 하였으니,
4 너의 제자들이 이제 스스로 깨달음의 길을 가고 있으며, 구원의 길이 무엇이며 너희들이 행하여야 할 것이 무엇인가 스스로 깨우쳐 가고 있으며,
5 정녕 모든 너희들의 역사하는 것은 마음을 비우는 것이며, 마음을 덜어내는 것이 정녕 깨달음을 얻을 수 있는 길이라는 그와 같은 것을 너의 제자들이 스스로 깨달아 가고 있음이니,
6 그들의 몇몇 사람이 하나가 되어 굳게 굳어질 때 어떠한 태풍이 불어도 쓰러지지 아니하는 그와 같은 결과를 만들고자 하는 것이 나의 뜻임이니라.
7 아무리 무성한 나무도 태풍에 견디지 못하나, 그 뿌리가 단단하며 뿌리가 깊이 박혀 있다면 그 나무는 견딜 수 있는 것이니라.
8 뿌리가 약한 나무는 정녕 태풍에 견딜 수 없음이니, 몇 사람의 너의 제자라도 그가 쓰러지지 않는 깊은 뿌리를 내린 다음에 너희들에게 역사를 할 것이며 너희들이 또한 깨닫는 자가 와야 할 것이니라.
9 너희들 자신이 자리를 잡지도 못한 우왕좌왕하는 그 속에 많은 백성들이 깨우치고자 오나 그들이 뿌리를 내릴 수가 없음이니라.
10 몇 사람의 너의 제자들이라도 그들이 단단히 뿌리를 내리며 변함없는 믿음을 갈 수 있을 때,
11 너희들이 말하는 항상 그들이 변함이 없는 꾸준한 믿음 속에서 나의 법전을 읽고 또 읽는 그 노력에 의하여 그들이 뿌리를 내리게 되어 있음이니, 이제 서서히 너희들이 뿌리를 잡아 가고 있음을 알아야 할 것이니라.
12 지금 너의 제자들은 나무를 옮겨 심은 것처럼 몸살을 하고 있는 것이니라.
13 그 나무를 옮겨 심었을 때 아무리 완전하게 자리를 잡았다 하나 그가 자리를 옮김으로 그 몸살 함은 이루 말할 수 없음이니라.
14 그와 마찬가지로 각종 종파에서 깨우쳐 믿음을 얻었다 하는 자, 지금 나의 성전에 와 나의 법전을 읽고 그들이 공부를 하나,
15 정녕 나의 법전의 내 가르침이요, 내 뜻에 의한 뿌리는 아직 내리지 못하고 몸살을 하고 있는 그러한 형국이니,
16 그 몸살 하는 곳에 태풍이 몰아치면 견딜 수 없음이니라.
17 몸살 하고 있는 너희들에게 많은 백성들이 와 질문하며 너희를 따르고자 할 때 그들은 뿌리를 내릴 수가 없음이니라.

18 이제 뿌리를 내리는 너의 제자들이 몇
사람이 설 때 변화의 역사는 서서히
이루어질 것이니라.
19 너희들이 단 세 명이요, 다섯 명이요,
열 명이라 하더라도 그 입에서 나오는
말이 같아야 되며, 그 하는 행동이 같
아야 되며, 너희들이 남을 바라보는
눈빛이 똑같이 그와 같이 되지 아니할
때 남들은 너희들을 믿지 아니함이니
라.
20 수백 명의 제자들 중에 단 열 명이라
도 하는 말이 같으며 네 주변에 너와
더불어 가는 그 제자들의 행동이 같으
며 말이 같으며 그들이 바라보는 눈빛
이 같은 그 모습을 볼 때 그들은 변화
되는 너희들을 알게 됨이니라.
21 아무리 많은 숫자가 있다 해도 정녕
변하는 자가 없으며 마음이 하나로 같
이 이루어지는 자가 없으면 그들의 입
에서 나오는 말이 다 각자 다르며 제
생각대로 나오게 되어 있음이니,
22 그리해서는 어떠한 사람이 너희들에
게 찾아온다고 해도 그들이 뿌리를 내
리기가 힘듦이니라.
23 이제 뿌리를 내릴 수 있는 제자를 내
가 지금 집중적으로 깨우치며 그들을
터치하고 있음이니, 그들이 점점 변화
되어 하나가 되는 그 시간이 머지않았
으니 그리 알라.

3,767 번째 하나님 말씀

2002년 10월 25일 17시 14분

1 사랑하는 나의 아들아!
2 "네, 아버님! 말씀하옵소서."
3 진정한 믿음의 길을 가는 백성이요,
만백성을 진정한 길로 인도하는 지도
자요, 또한 그곳에서 배워 깨우침을
얻었다는 백성은, 너희들이 믿음이라
는 것은 경쟁하는 곳에서 참진리를 찾
을 수 있는 것이 아님이니라.
4 경쟁의 믿음으로써는 진정한 진리요,
하늘에 오르는 길을 볼 수 없으며, 이
웃을 볼 수 없으며, 너희들의 주변을
볼 수 없는 것이 경쟁하는 자의 마음
이니라.
5 너희들은 사랑과 조화와 화합 속에서
영적인 구원을 얻을 수 있으며 그리
가는 것이 너희들이 가야 하는 길이
나, 너희들은 지금까지 믿음을 어찌
끌고 왔는가?
6 모든 종파의 종교 지도자요, 그곳에서
구원을 받는다, 신도라 하여 기도하고
경배하는 모든 종파의 너희들은 경쟁
심만이 그득히 차 있으며, 경쟁심을
근본으로 하여 믿음을 이끌어 왔으며,
7 또 그 경쟁 속에 너희들이 이끌려 왔
기에 너희들은 어떠한 방법으로써도
지금 깨우칠 수가 없으며 바로잡을 길
이 없는 것이 지금의 형국이니라.
8 평범한 방법으로써 너희들을 바로잡
을 수 없으며 평범한 방법으로써 너희
들이 수천 년 동안 경쟁과 경쟁 속에
얽히고설킨 그와 같은 사행심을 돌이
킬 수 없음이니,
9 너희들은 지금 영적인 구원을 받기 위
해서 대혁명의 변화가 없이는 깨우칠
수 없으며 또한 바로잡을 수가 없는
것임을 알아야 할 것이니라.
10 어떠한 방법으로써도 너희들을 다스

리고 잡을 수가 없음이니라.
11 그리하여 오로지 너희들을 바로잡을
수 있는 것은 나 여호와의 성령만이
너희들을 변화시킬 수 있는 것이며,
그 누구도 그를 바로잡을 수가 없음이
니라.
12 그리하여 내가 너희들에게 천 년이라
는 길고도 긴 역사 속에서 나의 법전
을 세상에 내려보내 이를 깨우치고자
변하는 그 후손들이 뿌리를 내려 갈
수 있도록 대혁명의 역사를 이루고자
하는 것이 나의 뜻임이니, 너희들은
이를 알아야 될 것이니라.
13 너희들의 마음을 비우라 하는 것도 또
무엇이더냐?
14 너희들이 경쟁하는 마음, 시기하는 마
음, 그와 같은 마음을 비우지 아니하
면 저 자신을 비울 수가 없음이니라.
15 참진리요, 진정한 하늘의 길을 가는
백성은 경쟁의 심리가 아니요, 온화하
고 화합하며 사랑하는 마음으로 살아
가는 것이 구원의 길을 갈 수 있는 길
임을 너의 제자들에게 일깨워 주라.
16 정녕 지금까지도 너희들은 경쟁의 심
리 속에서 살아가지 아니하는가?
17 오로지 너희들은 경쟁하며, 남에게 지
기를 싫어하며, 남에게 질 수 없는 그
와 같은 마음으로 가는 것이 지금의
살아가는 모습이요, 또한 믿음의 길을
가는 형국이니,
18 이를 너희들이 화합이요, 조화 속에
사랑을 베풀며 살아가는 유한 마음의
형태로 변하지 아니한다면 너희들은
구원의 길을 갈 수 없는 것이니, 이를
너의 제자들에게 일깨워 주도록 그리
하라, 사랑하는 나의 아들아!

3,768 번째 하나님 말씀

2002년 10월 25일 17시 20분

1 사랑하는 나의 아들아!
2 "네, 아버님! 말씀하옵소서."
3 내가 너희들에게 아름답게 살라 만든
이 대자연이요, 이 우주의 그 모두가
너희들이 지금 수천 년 동안 흘러오는
그 속에서 너희 스스로 변하고 변질된
그 믿음의 형태로 지금 이 세상을 그
들이 다스리고 있으니,
4 저희들은 구원의 길이요, 나의 아들의
보혈로써 구원을 받았으며 선택된 백
성이라 소리 지르는 그들이 지금 다
썩어져 갔으며 죽어져 가는 그와 같은
형국이니라.
5 또한, 지금도 쉬지 않고 그 병균은 계
속 전염되며 그 전염되는 병균의 속도
는 그를 막을 수 없으리만큼 그리 지
금 전이되어 죽어 가고 쓰러져 가는
형국으로 되어 있음이니라.
6 이와 같이 믿음의 길이라 하는 것이
죽어졌으며 썩어져 가는 그 형국에 있
는 백성들을 정녕 깨우치고 바로잡기
위해서는 너희들이 과연 어찌해야 되
겠는가?
7 너희들이 아무리 나의 뜻을 알며 내가
너희들에게 내리는 성령의 이 뜻이 참
진리요, 진정한 길이라 말을 해도 그
썩어져 가고 병든 자는 그를 들으려
하지 아니하며 그를 보려 하지 아니함
이니라.
8 오히려 너희들이 병든 자요, 잘못 가

며 썩어져 가는 그와 같은 자들이라
말함이니라.
9 그러나 여기서 너희들은 알아야 될 것
이니라.
10 이 세상에 너희들과 같은 마음자리를
가진 자 없으며 너희들처럼 진정한 하
늘의 나 여호와의 뜻이 무엇인가를 아
는 자들이 없음이니라.
11 너희들은 내가 나의 아들을 통하여 내
리는 법전의 내용을 직접 듣고 깨우쳐
변화가 되는 것이며,
12 그리고 내가 나의 아들을 통하여 내리
는 성령의 가르침을 듣고 너희 자신도
모르는 사이에 서서히 변해 가고 있음
이니,
13 이 썩어져 가는 세상을 수술하며 정화
하며 그들을 고칠 자들이 너희들뿐이
니라.
14 얼마나 어렵고 힘든가?
15 그 속에서 때로는 너희들이 전염되어
쓰러질 수도 있으며 그 병마에 시달려
목숨을 잃는 이와 같은 역행되는 일도
있을 것이며,
16 너희들이 굳건히 지키는 자 있으며 그
스스로 그들의 생명을 위하여 치료의
칼을 놓지 아니하는 그런 백성도 있을
것이니라.
17 그리하여 내가 너희들에게 전하느니
라.
18 썩어져 가는 그 백성들을 고치고 그들
을 깨우쳐 하늘에 오르는 길로 인도하
고자 한다면, 너희들 제자부터 나의
법전에 대한 깨우침이 먼저 성숙되어
야 하며,
19 그 성숙된 속에서 내가 원하고자 함을
너희들이 알아야 되는 것이며,
20 너희들이 정녕 진정한 구원의 길이 무
엇인가 깨달음이 없이는 썩어져 가는
지금의 형국을 바로잡을 수도 없으며,
너희들이 이를 수술하여 고칠 수도 없
는 그와 같은 형국이 되어 있음을 너
희들은 알아야 될 것이니라.
21 이제는 너희들이 대수술의 칼을 대지
아니하면 정녕 이 썩어져 가는 백성이
요, 지금의 썩어져 가는 이 형국을 바
로잡을 수 없음이니, 대변화가 없이는
이루어질 수 없음을 너희들은 알아야
될 것이니라.
22 너희들은 이 백성을 구하기 위해 너희
들이 죽어 가기 전까지 여유가 없음이
니라.
23 그리고 너희 스스로 어떤 이유와 어떤
불평도 있어서는 아니 됨이니라.
24 지금 썩어져 가는 그 백성들을 고치고
수술하는 너희들에게 마음의 여유가
있으며 정신적인 여유가 있다 하면 너
희들이 만백성을 구하는 데 게으름이
니,
25 너희들은 여유가 없으며 중단함이 없
으며 너희들이 가는 길을 멈춤이 없음
을 알아야 될 것이니라.
26 어떠한 고통스럽고 힘든 역경에서도
너희들은 만백성을 수술하고 고쳐 썩
어져 가는 그들을 막아야 하는 것이
너희들의 임무이기에,
27 그 적은 수의 의사로써 많은 수의 쓰
러져 가는 그들을 전염병 속에서 고치
고 일으켜 세우는 의사들이 얼마나 고
달프고 힘들고 어려운 길이던가?
28 바로 이와 같은 실정에 지금 너희들이

처해 있음을 알라.
29 그리고 너희들이 그와 같은 대명임을
잊어서는 아니 됨이니, 그리 알라.
30 사랑하는 나의 아들이요, 나의 아들을
따르는 제자 너희들, 그리고 나의 법
전을 읽고 깨우치고자 눈을 뜨는 백
성, 너희들이 그리 가야 될 것이니, 내
가 너희들을 사랑함이니 그리 알라.

3,769 번째 하나님 말씀

2002년 10월 25일 17시 26분

1 사랑하는 나의 아들아!
2 "네, 아버님! 말씀하옵소서."
3 너희들의 구원의 길이요, 하늘에 오르
는 길이 사랑과 나눔과 화합의 그 한
마음에서 모두가 이루어진다 하였음
이니라.
4 내가 너희들에게 나의 법전에 기록하
여 그리 깨우치나, 나의 피조물 만백
성 너희들은 그 뜻을 알고 있으며, 그
리고 그것만이 하늘의 뜻이며 하늘에
오르는 길이라는 것을 잘 알고 있음이
니라.
5 그 많은 종교 집단이요, 작고 큰 모든
집단 속에 행하는 자, 개인적으로 너
희들의 모두를 생각할 때 그 모두를
다 알고 있음이니라.
6 그러나 너희들은 그를 지키지 못하며
행동으로 옮기지 못하니, 실패하는 이
유가 거기에 있음이니라.
7 너희들 스스로 행함에 게으름이요, 행
함에 약하며 행함을 소홀히 하기에 실
패하는 것이며,
8 또한 그와 같은 속에서, 내가 너희들
에게 전했듯이, 너희들의 욕심이요,
경쟁하는 심리를 버리지 못하고 있기
때문임을 너희들은 알아야 될 것이니
라.
9 너희들의 그 경쟁심의 원천이 무엇이
던가?
10 제가 믿는 것이요, 제가 속해 있는 그
종교 집단만이 절대적인 구원의 길이
라는 것 때문에 너희들이 이를 보지
못함이니라.
11 너희들이 속해 있는 곳만이 최고요,
너희들의 행하는 것만이 구원의 길이
라 그리 믿고 있는 그 틀을 넘어서지
못한다면 너희들은 정녕 구원을 받을
수 없음을 알아야 될 것이니라.
12 개인의 이익이요, 개인의 생각이요,
개인을 먼저 생각하는 그와 같은 틀을
벗어나지 못하는 마음 자세로써는 단
한 사람도 구할 수 없는 것임을 알아
야 할 것이니라.
13 '나'를 먼저 생각하며 '나'를 위주로 살
아가는 그와 같은 너희들의 삶에서는
만백성을 구할 수가 없음이니라.
14 '나'를 먼저 생각하기 전에 이웃을 생
각하며 '나'를 먼저 생각하기 전에 집
단을 생각하며 너희들이 단체에 속해
있는 그곳에 그들이 살아가는 아름다
운 모습이요, 그곳의 이익을 위하여
바라보는 그와 같은 마음 자세로써 세
상을 살아갈 때, 이 세상은 화합의 잔
치가 이루어진다는 것을 알아야 될 것
이니라.
15 그러나 너희들은 너희들을 위하는 그
틀을 벗어나지 못하고 있으며 너희들
만이 위대하다는 것을 벗어나지 못하

며,
16 너희들이 속해 있는 집단만이 위대하
며 그 길만이 하늘에 오르는 길이요,
영원히 천국의 문을 들어와 하늘나라
에서 살 수 있다는 그와 같은 틀을 깨
지 못하고 가는 지금의 그 믿음에서는
너희들이 정녕 구원의 길을 오를 수
없음을 알라.
17 내가 160권의 법전 속에 하늘의 뜻을
천 가지, 만 가지, 수없이 기록하여 내
려보내나, 너희들은 그를 다 안다고
말할 것이니라.
18 다만, 너희들이 이를 행하고 행하지
못함에 그 차이가 있음이니라.
19 나의 법전을 읽고 깨우친 백성은 같은
뜻을 알고 있다 하여도 그를 행하고자
하며 그를 실천하고자 하며 그를 생활
속에 적용하며 그 속에서 변하고자 하
는 것이 나의 법전을 읽고 깨우친 나
의 아들의 제자이니, 만백성과의 차이
이며, 차별화됨을 알라.
20 그렇지 아니하고 똑같은 내용을 아는
백성들, 너희들은 행함이 없으며 실천
함이 없음이니라.
21 오로지 이는 너희들이 오만에 젖어 있
으며 너희만이 최상의 집단이며 최고
의 하늘에 오르는 길을 갈 수 있는 자
들이라 그리 자부하고 착각 속에 살아
가기 때문이니라.
22 그리하여 똑같은 깨달음의 단어를 읽
는다 하여도 나의 아들을 따르는 제자
요, 나의 법전을 읽고 깨우치는 백성
들과 너희들이 생각하고 해석하며 지
키고 시행하는 것이 하늘과 땅보다도
더 차이가 나는 것이 여기에 있음이니
라.
23 그리하여 나의 법전을 너희들이 읽고
또 읽는 속에 그 연계의 가르침 속에
서 나의 뜻이 무엇인가를 깨닫게 되며
내가 이루고자 하는 것이 무엇인가를
나의 법전 속에서 깨닫게 되니,
24 그를 읽는 것만이 너희들이 진정한 하
늘에 오르는 길로 변화되는 축복과 은
혜와 영광을 얻게 됨을 잊어서는 아니
될 것이니라.
25 나의 법전을 가슴에 안고 정독하라.
26 나의 법전을 가슴에 안고 정독하는 자
만이 구원의 길을 볼 수 있으며, 구원
의 뜻을 알 수 있으며, 구원을 받을 수
있음을 잊지 말라.

3,770 번째 하나님 말씀

2002년 10월 25일 17시 33분

1 사랑하는 나의 아들아!
2 "네, 아버님! 말씀하옵소서."
3 내가 너희들의 살아가는 그 속에서 가
장 너희들이 버릴 수 없는 즐겨 하는
악습 하나씩을 버리라 하였음이니라.
4 그리 버렸을 때 내가 너희들에게 상을
내림이라 하였음이니, 이는 무슨 뜻인
지 알겠는가?
5 너희들이 가장 즐겨 하는 그 악습 하
나가 모든 너희들의 사악한 마음의 근
본이 되며 그 뿌리가 되기 때문이니라.
6 너희들이 즐겨 하는 가장 너희들이 버
릴 수 없는 악습 하나를 버림으로써
그 모든 악의 뿌리를 제거함이니, 너
희 마음속에 큰 공간이 생기게 마련이
니라.

7 그 공간에 나의 성령이 임했을 때 너희들은 천사와 같은 가벼운 마음을 느낄 것이며 너희 육신 또한 그리 가벼움을 느끼는 것이 너희들의 가장 큰 악습 하나를 뽑아내는 그 공간임이니라.

8 너희들이 하나의 버리지 못하는 그 악습으로 인하여 너희들은 그것이 그 자리를 메우고 있는 그 공간을 모를 것이니라.

9 그러나 너희들의 모든 악의 근원이요, 너희 마음이 잘못 가는 것은 너희들의 하나 버릴 수 없는 그 즐겨 하는 그 악습 때문이니라.

10 알코올에 중독된 자, 그 알코올을 끊는 것으로써 알코올 하나를 끊었다 그리 말할 수 없으며, 마약이라 하는 너희 자신을 죽여 가는 것을 즐겨 하는 자가 그것을 끊었을 때 그가 그 하나를 끊은 것이 아님이니라.

11 그는 그 마약을 하기 위하여, 알코올에 중독되기 위해 온갖 방법을 가리지 아니하고 동원하는 것이 너희 마음이니, 첫째는 모든 악의 근원의 행동을 할 수 있는 것이 너희들이 버릴 수 없는 가장 즐겨 하는 그 악습이니라.

12 그 악습의 뿌리를 뽑아냈을 때는 모든 악함의 뿌리를 뽑아내게 됩이니, 너희들 몸에서 그 악한 길고도 긴 뿌리를 뽑아냈을 때 너희 마음의 공간이 얼마나 큰 줄 아는가?

13 그 텅 빈 공간의 마음을 나의 성령으로 채웠을 때 너희들은 천사와 같은 자신을 알게 될 것이며, 천사와 같이 가벼움을 알게 되며 하늘의 이치를 알게 됨이니라.

14 그리하여 내가 너희들에게 악습을 버리라 하였음이니라.

15 그 악습을 버리지 못하고 있는 이상, 너희들은 변할 수 없음을 알아야 될 것이니라.

16 지금 나의 아들이 가는 길에 너희들이 나의 아들의 옳고 그름을 갑론을박하느니라.

17 그러나 나의 아들은 어렵고 힘든 그가 가장 버릴 수 없는 그 악의 근원들을 다 뽑아냈으며, 그는 뽑아내고 살아가는 자임을 너희들이 모르느니라.

18 그를 뽑아낸 나의 아들의 마음속에 나의 성령이 채워져 있는 그 위대한 것을 너희들은 모름이니,

19 너희들은 너희 자신부터 먼저 변하며, 너희 자신부터 너희들이 버려야 할 그 악습을 버리고 마음을 비워 나의 성령으로 그득히 채워졌을 때 너희 스스로 변한 것을 알며 나의 아들이 오늘에 가는 길을 알게 될 것이니라.

20 인간이 60평생에 살아온 삶에 그 습관과 관습에 젖어 있으며 그 속에서 그가 평생 해 왔던 모든 악습을 다 뽑아내고 그를 다 씻어 버리니 그리고 그 몸속에서 그를 다 걸러 내니,

21 그 마음이 다 비어 있으며 나의 성령으로 그득히 채워져 있음을 너희들은 모르고 있음이니라.

22 그와 같이 너희들이 먼저 변하라.

23 나의 아들의 마음에 그 모든 악의 근원의 뿌리를 뽑아내어 성령으로 그득히 채워진 것처럼, 너희들 자신의 그 마음에 성령으로 채울 수 있는, 너희

들이 도저히 끊을 수 없고 버릴 수 없는 너희들의 악습을, 사랑하는 그것을 먼저 버리라.
24 버리고 나면 나의 아들의 변화된 그 모습을 볼 것이나, 그를 제거하지 못하여 그를 뽑아내지 못한 자, 나의 성령이 가슴에 충만해 있지 않은 자, 오늘의 나의 아들의 변함이요, 지금 세상에 160권의 내가 이루는 역사의 뜻을 보지 못함이니, 이 모두는 너희들이 스스로 변하여야 될 것이니, 그리 알라.

3,771 번째 하나님 말씀

2002년 10월 25일 17시 53분

1 사랑하는 나의 아들아!
2 "네, 아버님! 말씀하옵소서."
3 내가 너희들의 성서의 구절에 가르치기를, 내가 존재하는 하늘나라는 너희들이 어떠한 것으로도 비유할 수 없으며 너희들에게 깨우쳐 줄 수 없다 내가 성서에 일찍이 깨우쳐 너희들에게 전하였음이니라.
4 그리고 너희들의 어떠한 상상력으로써도 그를 그릴 수 없으며 알 수 없다는 것을 내가 성서에 심어 주었음이니,
5 또한 내가 나의 법전을 통하여 나의 아들과 나의 아들을 따르는 제자 너희들과 나의 법전을 읽은 백성들에게 그와 같은 뜻을 내가 일찍이 깨우쳐 주지 아니하였더냐?
6 너희들이 아무리 뛰어난 작가가 하늘나라를 그린다 해도 그 그림을 그릴 수 없는 것이며, 그 머리로써 상상으로써 그릴 수 없는 것이 하늘나라의 그 신비한 것이며,
7 또한 아무리 유능한 사진작가가 찍어대도 하늘의 신비는 알 수 없으며 하늘의 뜻은 상상할 수 없는 것이라 내가 말하여 주었음이니라.
8 아무리 뛰어난 사람이 머리로 상상해도 하늘나라는 너희들 머리로써 상상하여 그릴 수가 없다 내가 말하였음이니라.
9 하늘나라를 보는 것이요, 하늘나라에서 이루어지는 역사가 그와 같거늘, 너희들이 그 나라에 오기 위하여, 그 천국에 오기 위하여 깨우치고 노력하는 것은 과연 어떠하겠는가?
10 너희들이 믿음의 길이요, 하늘에 오르는 길은 생각할 수도 없음을 알아야 할 것이니라.
11 하늘에 오르는 길이요, 하늘에 오르는 깨달음을 얻어 너희들이 그를 행하는 것이 얼마만큼의 노력으로써 이루어질 것이며, 너희들이 이마만큼 노력했을 때 될 것이요, 이루어질 것이라는 생각을 해서는 안 되며, 잠시도 게을리해서는 아니 됨이니라.
12 너희들의 머리로써 그릴 수 없는 것이 하늘나라라 하였음이니, 너희들이 그릴 수 없는 하늘나라를 오르는 것이 너희들이 얼마만큼의 노력을 해야 그 길을 올 수 있는 것인가?
13 끝도 한도 없는 노력으로써 행하여야만 하늘에 오르는 길을 너희들이 얻는다는 것을 알아야 될 것이니라.
14 너희들이 그와 같이 하늘에 오르는 길을 알 수 없으며 하늘에 오르는 길을

깨달을 수 없음이니라.
15 그리하여 너희들이 그 길을 알며 그
길을 깨닫는 것은
16 나의 법전을 읽고 깨우치는 것과,
17 내가 내린 십계명을 지키고 사는 것과,
18 너희들이 살아가는 데 가장 기초적인
질서를 파괴하지 아니하며 기초 생활
에 어긋나지 않는 그와 같은 순수한
삶을 살아가는 자만이
19 그 상상할 수 없는 하늘에 오르는 길
을 볼 수 있으며 그 빛을 볼 수 있음이
니라.
20 아무리 너희들이 좋은 머리요, 뛰어난
지혜로 상상하여 그린다 해도 하늘나
라를 그릴 수 없듯이,
21 너희들이 지금의 가는 길이 하늘에 올
라가는 길이요, 너희들은 구원을 받은
자들이요, 구원에 오르는 길이라 그리
생각해도 하늘에 오르는 길을 가기는
멀고도 멀며, 너희들의 지금의 노력으
로써는 그를 볼 수 없음을 알아야 될
것이니라.
22 다만, 너희들이 거기에 올 수 있는 것
은 나의 계명을 지키며 지금 나의 아
들을 통하여 내려보내는 나의 법전의
뜻에 따라 행하는 것이며,
23 너희들이 인간 세상에 살아가면서 법
도에 어긋나지 아니하며 기초 질서에
어긋나지 아니하는 그와 같은 삶을 살
아가고자 노력할 때
24 그곳에서 하늘에 오르는 길을 너희들
이 볼 수 있으며 느낄 수 있다는 것을
내가 다시 한 번 강조함이니,
25 너희들이 생활 속에서 한 점의 부끄러
움이 없는 그와 같은 삶을 살라.
26 하늘을 향하여 한 점의 부끄러움이 없
는 삶을 살고자 노력하는 것이 너희들
이 상상할 수도 없으며 그려 볼 수도
없는 하늘에 올 수 있는 그 길을 보게
됨이며,
27 그 빛을 따라 너희들이 하늘에 오르는
길에 발을 디뎌 놓을 수 있는 그와 같
은 기초요, 영광임을 잊지 말라 그리
가르치라.
28 모든 기초 질서를 파괴하지 않는 것,
그것만이 너희들이 하늘에 오를 수 있
는 길이요, 나의 법전을 가슴에 안고
정독하고 또 정독해 그 뜻대로 살아가
고자 노력하는 그와 같은 자 외에는
오를 수 없음이니라.
29 하늘나라를 상상으로 그릴 수도 없듯
이, 너희들이 하늘나라에 오르는 그
길 또한 상상으로써 오를 수도 없으며
볼 수도 없음이니라.
30 이와 같이 세 가지를 지키고 지켜 갈
때 그 속에서 너희들은 얻을 수 없는
영광의 길을 얻게 됨을 잊어서는 아니
됨을 명심하라.

3,772 번째 하나님 말씀

2002년 10월 25일 17시 59분

1 사랑하는 나의 아들아!
2 "네, 아버님! 말씀하옵소서."
3 너희들이 믿음의 길을 가는 것은 어렵
고 힘든 길이며, 너희 스스로 먼저 변
하는 그 역사 속에 모두를 바라볼 수
있다 내가 너희들에게 깨우쳐 주었음
이니라.
4 이제 너희들은 나의 아들을 통하여 내

가 내리는 나의 법전이요, 나의 성령
의 뜻을 읽고 깨우치며, 나의 아들에
게 직접 내려보내는 강론을 직접 듣고
변해 가고 있음이니,
5 너희들의 그 변하는 한계는 백성으로
서는 아무도 그를 알 수 없음이니라.
6 또한 너희들 자신도 너희들이 얼마만
큼 다른 사람들과 차별화되어 깨우침
의 세상에 와 있는지 스스로 모름이니
라.
7 이제 내가 너희들에게 깨우쳐 줌이니,
믿음이라는 것에 나를 향하여 노력하
는 너희들은 서열에 연연하지 말며 서
열에 부딪치는 그와 같은 어리석음을
하지 말라.
8 너희들이 먼저 믿음의 길을 가는 자들
이요, 또한 부모요, 형제요, 이웃의 관
계요, 사회의 선배요, 그와 같은 모든
사람들에게 나의 법전이요, 나의 뜻을
깨우치고자 하면, 그들은 서열에 의한
부딪침으로 너희 마음을 아프게 할 때
가 한두 번이 아닐 것이니라.
9 부모는 부모가 가지고 있는 믿음으로
써 말할 것이며, 형제지간에는 또 저
희 믿음으로써 말할 것이며, 이웃의
믿음이라는 길을 가는 자는 먼저 믿고
안 믿는 그와 같은 것으로써 너희들에
게 말할 것이니, 영적인 깨달음은 서
열로 부딪침이 아님을 너희들은 알라.
10 서열로써 부딪치는 그와 같은 자들과
갑론을박하지 말며 그들과 부딪치는
그러한 어리석음을 하지 말라.
11 영적인 깨달음은 서열이 없음이니라.
12 지금 모두의 그와 같은 서열을 가지고
말하는 자, 그리고 많이 살았다 하는
자, 많이 믿음을 가졌다는 자, 저만이
많이 깨달음을 가졌다는 자, 그와 같
이 서열에 연연하는 자들과 부딪친다
하면, 그들과 너희들은 서로 상처를
입게 되어 있음이니라.
13 종교 지도자라 말하는 자, 그리고 평
생을 그곳에 바쳤다 말하는 자, 그리
고 정녕 믿음을 위하여 모두를 다 바
쳐 몇십 년 동안 믿음을 왔다는 자, 또
세상에 살며 믿음의 진리를 안다 말하
는 자, 너희보다 나이가 많으며 경험
이 많으며 서열이 높다 생각하는 자들
이 그 서열을 가지고 너희들에게 대화
하고자 하거든, 그들에게 맞부딪치지
말라.
14 거기에 부딪치면 서로 상처밖에 남지
아니한다 내가 가르쳤음이니, 이를 명
심하라.
15 영적인 구원이요, 영적인 깨달음이요,
영적으로 알고 모르는 것은 그 서열이
없음을 너희들은 알아야 될 것이니라.
16 이제 너희들이 이 법전을 가지고 세상
에 나가 만백성을 구하고자 할 때, 그
들은 수천 년 동안 믿어 왔던 저희 믿
음의 역사적 전통의 그 서열을 가지고
말할 것이며 역사를 가지고 말할 것이
며,
17 그는 그리하여 불변하는 것이며 변할
수 없는 것이라며 너희들에게 밀어붙
일 것이니, 너희들은 그와 같은 서열
에 연연하지 말라.
18 영적인 깨달음이요, 하늘의 이치를 깨
닫고 못 깨닫는 것은 역사와 서열을
가지고 구분함이 아니니라.
19 단 내가 쓰고자 하면 너희들이 번갯불

보다도 빠른 순간에 깨우칠 수 있으며,
20 나의 법전을 깨닫고 정독하며 나의 아들을 통하여 강론을 듣는 너희들만큼 영적인 변화요, 영적 깨달음이 있는 백성이 세상에 없음이니라.
21 이제 서열을 가지고 말하는 자와 맞부딪치면 너희들의 아픔이 더 클 것이니라.
22 여기에 연연하지 말며 귀를 닫으라.
23 오로지 너희들이 깨닫고 느낀 것을 가지고 그들에게 깨우치는 데 최선을 다할 것이며,
24 서열에 두려워하며 서열에 의하여 마음이 동요되는 그와 같은 길을 가지 말도록 하라, 사랑하는 나의 백성들아!

3,773 번째 하나님 말씀

2002년 10월 25일 18시 10분

1 사랑하는 나의 아들아!
2 "네, 아버님! 말씀하옵소서."
3 너희들이 매사에 두려워하며 겁을 먹으며 무서워하며 좌절하며 용기를 잃는 것은 믿음이 없기 때문임을 알아야 될 것이니라.
4 너희들이 정녕 나 여호와가 존재하며 내가 있음을 믿는다 하면, 매사에 두려움이 없으며, 무서움이 없으며, 좌절함이 없으며,
5 용기를 잃거나 너희 스스로 괴로워함이 있어서는 아니 됨을 알아야 할 것이니라.
6 그와 같은 마음을 갖고 있으며 그와 같은 생각을 하고 있다 하면, 너희들은 정녕 나 여호와에 대한 믿음이 흔들리며 믿음이 없기 때문이니,
7 나를 믿지 못하며 믿음이 없는 너희들에게 어떠한 역사와 기적이 이루어지겠는가?
8 나의 아들 예수가 기적을 이루어 준 모든 사람은 무엇이더냐?
9 그들이 그를 그만큼 믿었기 때문이니라.
10 위로는 나 여호와가 존재함을 믿었으며 아래로는 나의 아들 예수가 나를 대신하여 만백성을 구하기 위하여 온 자라 하였으며,
11 그는 나를 대신하는 자이기에 그의 옷깃을 스쳐도 영광을 얻을 수 있으며 고통 속에서 벗어날 수 있다는 그와 같은 확실한 믿음을 가진 자만이 그와 같은 역사의 기적을 얻을 수 있었음이니라.
12 지금 나의 성령을 직접 들으며 내가 법전이라 하여 나의 성령을 나의 가슴을 태워 나의 아들에게 내려보내 너희들이 책으로 만들어 그 많은 나의 뜻을 읽고 또 깨우친 자들이며, 내가 직접 나의 아들에게 내려 강론하는 그 성령의 가르침과 뜻을 듣고 배운 너희들이
13 지금도 매사에 두려움을 갖고 무서움을 가지며 좌절하고 용기를 잃는 그와 같은 삶을 살아간다 하면, 너희들은 바로 믿음이 흔들림이요, 믿음이 없기 때문임을 알아야 될 것이니라.
14 너희들은 매사에 자신을 가지며 용기를 가지며 이루어질 것이라는 나를 믿는 그 속에서, 그리고 모든 것은 내가 법전에 기록한 대로 역사가 이루어질

것이라는 그 확고한 믿음부터 갖는 그 자세로 변하여야 될 것이니라.
15 너희들이 흔들리는 속에서는 어떠한 역사도 이룰 수 없으며 이루어질 수 없음을 알아야 될 것이니라.
16 너희들이 흔들리는 그 모두는 너희 자신의 믿음이 약함이니, 그 믿음을 굳건히 했을 때 진정한 구원의 길을 볼 수 있는 것을 너희들은 알아야 할 것이니라.
17 사랑하는 나의 아들아!
18 "네, 아버님! 말씀하옵소서."
19 너희들이 세상사에 어떠한 기계 문명 속에 도전하는 것도 그들은 다 세월이 지나가면 무너짐이니라.
20 그리고 그들은 다 녹슬어 또 쓰지 못하게 됨이니라.
21 그리고 이 세상에 생명체를 가지고 있는 모든 동식물은 그들의 정해진 삶을 산 다음에 죽음이라는 것을 맞게 됨이니라.
22 이것이 너희들의 지상에서 이루어지는 역사이며 지상에서 행하여지는 것이니라.
23 그러나 하늘나라에서 이루어지며 하늘나라에서 역사하는 것은 영원히 존재하며 그와 같이 죽음이 없으며 변화되는 것이 없으며 녹슬어 없어지는 것이 없음이니라.
24 너희들은 녹슬어 없어지며 부서지며 그 생명이 다했을 때 한 줌의 흙으로 돌아가는 삶을 사는 지상의 육의 삶을 위하여 모두를 다 바치는 그와 같은 어리석은 삶을 살지 말라.
25 너희들이 지상에서 이루어지는 그 역사의 삶에 충실히 살아가는 그 속에서 다음 세상이 있음이니, 너희들이 영원히 살며 부서지지 아니하며 견고하며 무너지지 아니하며 썩지 아니하며 그리고 죽지 않는 그 세상이 있음이니,
26 너희들이 그 세상에 오지 못하며 그 세상에 들어오지 못하며 그 세상에서 살지 못하는 것이 얼마나 억울하고 불행한 일인가?
27 너희들은 이것을 바라다보며 이 이치를 깨우치도록 하라.
28 너희들이 타고 다니는 모든 기계요, 너희들이 만드는 기계 문명의 그 모두도 다 완벽한 것 같으나, 세월이 지나면 노쇠해 부서지며 썩어져 가며 다 없어지는 것이 너희들의 세상에 있는 것의 이치이니라.
29 또한 모든 동식물의 생명도 그러하니라.
30 정녕 영원히 사는 나의 나라의 천국에 오도록, 영원히 변하지 않는 하늘나라가 있으며 너희들이 영원히 변하지 않는 그 세상에 와 살 수 있는 것은 너희들의 선택에 달렸음이니, 이를 잊지 말고 버리지 말라.
31 너희들이 영원히 사는 나의 천국에 와 사는 것만이 아니라, 너희들이 이 길을 오지 못하며 지옥이라는 곳에 가 그 죄의 대가를 치르는 고통이 얼마나 무섭고 험한 것인가?
32 그와 같은 것이 있음을 가슴 깊이 새겨 너희들의 삶을 바로잡아 가도록 그리하라.

3,774 번째 하나님 말씀

2002년 10월 25일 18시 46분

1 사랑하는 나의 아들아!
2 "네, 아버님! 말씀하옵소서."
3 내가 '네 이웃에 거짓 증거하지 말라.'
하였음이니, 과연 너희들은 어찌 살아
가는가?
4 너희들에게 내가 거짓말 한 마디가 너
희들이 지탱할 수 없으며 쓰러지는 그
모두의 근본이라 하였음이니라.
5 너희들이 거짓말 한 마디를 하지 아니
하는 것이 곧 하늘에 오를 수 있는 기
본이요, 기초요, 그를 행하는 자만이
구원의 길을 볼 수 있다 하였음이니라.
6 지금 만백성이 세상에 살아가면서 과
연 거짓 하지 아니하고 살아가는 자가
있는가?
7 남에게 거짓을 하기 전에 자기 자신을
속이며 살아가는 것은 과연 없는가?
8 너의 제자들에게 물어보아야 될 것이
니라.
9 내가 작은 농담의 거짓말도 하지 말라
너희들에게 가르쳤음이니, 그와 같이
무서운 가르침을 받는 백성이 어디 있
으며 그와 같이 행하라 가르치는 선생
이 과연 어디 있느냐?
10 이 세상 모든 백성은 어떠한 스승도
그와 같이 가르치지 못하며, 지금의
종교 지도자들도 감히 그 말을 하지
못할 것이니라.
11 농담의 작은 거짓말도 그것이 바로 너
희들의 큰 죄악이니 하지 말라 가르치
는 자는 지금 역사에 아무도 없을 것
이며,
12 수천 년 동안 하늘에 오르는 길이요,
저희들만이 구원을 받는다 가르치며
저희들의 설교를 들으며 가르침을 듣
는 것이 구원의 길이라 그리 말하는
그들도 감히 그와 같은 가르침은 그
제자요, 신도들에게 하지 못할 것이니
라.
13 그러나 여기서 너희들은 알아야 될 것
이니라.
14 얼마나 거짓 하는 것이 무서운가?
15 그게 모든 사악한 마음의 뿌리요, 근
본이기 때문에, 너희들이 거짓 하지
아니하는 습성을 기르기 위해서는 농
담의 거짓말도 해서는 안 되는 것이
거기에 있음이니라.
16 농담의 거짓을 하는 자가 진실에 부닥
쳤을 때 저도 모르게 거짓을 하게 되
어 있음이니, 그리하여 그리 살아야
한다는 것이니라.
17 농담의 거짓도 하지 아니하고 살아가
는 것이 하늘에 오르는 길의 근본이
요, 기초라 말하며 그리 가르치는 자
없음이니, 이게 얼마나 무서운 가르침
인지 아는가?
18 창조주인 나 여호와만이 이를 말할 수
있으며 이를 명할 수 있음이니라.
19 이제 너의 제자들이 그와 같이 노력하
며 그와 같이 살아가려 애쓰며 발버둥
치는 모습을 아니, 그 누구도 그를 가
르치지 못하며 그와 같이 살라 명하지
못함이니,
20 너희에게 그와 같은 명을 할 수 있는
것은 오로지 창조주인 나 여호와만이
그리할 수 있음이니, 이것이 바로 나
의 진리요, 나의 뜻이요, 나의 가르침

임을 너희들은 알아야 할 것이니라.
21 나 여호와의 가르침이 아니면 감히 그
말을 할 수 없으며 그와 같이 명할 수
없으며 그리 이야기할 수 없음이니라.
22 그 누구도 그와 같이 무서운 말이요,
가르침은 하지 못하며 그리 행하라 하
지 못함이니,
23 그는 저희들이 지킬 수 없으며 행할
수 없기 때문에, 저희들이 자신이 없
기 때문에 그러니라.
24 그러나 나의 아들은 그리 갈 수 있다
하며 그리 행하라 말하며, 또한 그 제
자 너희들이 그 길을 가기 위하여 지
금 뼈를 깎는 고통 속에서 깨우쳐 감
이니,
25 이 세상에 그리하여 너희처럼 깨우친
자, 그리고 아름다운 자, 나의 뜻에 순
종하는 자가 없다 내가 말함이니, 그
리하여 너희들이 귀한 자들임을 알아
야 될 것이니라.
26 그 누구도 스승으로서 제자에게 그와
같이 가르치지 못하는 그 무서운 말을
창조주인 나 여호와이기에 그리 명하
는 것이며, 창조주인 내가 명하였기
때문에 너희들은 그를 따르고 지키려
함이니,
27 이것이 다른 백성과의 차별화이니, 이
는 하늘과 땅의 차이이니라.
28 하늘에 오르는 자와 지옥으로 가는 자
의 그 차이가 여기서 엇갈림이니, 이
를 알아야 될 것이니라.
29 내가 그리 가르쳤으니, 너의 제자들에
게 물어보라.
30 정녕 너희들은 거짓의 농담도, 이웃을
속이는 일도, 이웃에 거짓 증거하는
일도 하지 아니하고 살아가는가?
31 그와 같은 행위를 고의든 타의든 알든
모르든 무의식적으로든 행하고 있다
면, 너희들은 정녕 나로부터 선택된
백성으로서 나의 은혜를 모르는 것이
며, 너희 스스로 영원히 사는 하늘에
오르는 그 구원을 받을 자격이 없음을
알라.
32 너희들이 지금은 이웃을 속이며 형제
를 속이며 부모를 속이며 너희들의 선
지자요, 너희 스승을 속이며 너희 자
신을 속일 수 있다 말하나,
33 너희들이 죽어 나에게 와 심판받을 때
그것은 하나도 덮어짐이 없으며 속일
수가 없음을 알라.
34 이제 너희들이 바로 서는 길밖에 없음
을 알라.
35 그 모두를 그대로 거짓 하지 아니하고
행하는 그와 같은 삶으로 가는 길밖에
없음이니, 여기서 너희들이 딴생각을
하지 말며, 감히 '설마 이와 같은 것은
용서받을 수 있겠지.' 하는 생각을 하
지 말라.
36 철저히 지키라.
37 목숨을 바쳐 지키는 그 훈련 속에 너
희들이 바로 그리 지키고 살 수 있으
며,
38 너희들이 훈련을 마친 다음에는 가장
편안하며 아무런 부담도 없는, 그리고
가장 쉬운 지킴이 거짓을 하지 아니하
고 사는 그와 같은 길임을 너희들은
알라.

3,775 번째 하나님 말씀

2002년 10월 26일 06시 54분

1 사랑하는 나의 아들아!
2 "네, 아버님! 말씀하옵소서."
3 너희들이 앞에 있는 사람을 면박하며
앞에 있는 사람에게 너희가 욕하고 한
번의 물리적인 타격을 준다 하면 그것
으로 끝난다 하였음이니라.
4 그러나 말로써 음해하는 것은 수천수
만 리 밖에 있는 사람까지 죽이는 행
위라 내가 너희들에게 일찍 깨우쳐 주
었거늘,
5 지금 너의 제자들 또한 남을 음해하며
남을 시기하며 모두를 부정적으로 볼
수 있는 그러한 마음을 가지고 있는
자들이 있다 하면 이는 네가 그들을
잘못 가르쳤음이니라.
6 바로 가르쳤으며 바로 나의 뜻을 깨달
은 백성이라 하면 남을 음해하지 아니
하며, 매사를 부정적으로 보는 그와
같은 마음 자세를 가지고 있는 너의
제자들이 있어서는 아니 됨이니라.
7 모든 것을 부정적으로 보는 자는 그
마음이 열리지 않았으며 제 마음이 그
러한 자이니,
8 남의 것을 아름답게 보지 못하는 자
니, 남의 아름다운 것을 아름답게 보
지 못하는 것은 남의 잘못하는 것도
눈에 보이며 아름답게 하는 것도 잘못
하는 것으로써 비쳐 그리 생각하며 그
리 견주어 말함이니,
9 이것은 첫째 저 자신이 괴로운 것이
며, 저 자신의 삶이 인생의 고통 속에
서 제 스스로 그와 같은 고통의 길을
가는 자이니라.
10 그러하니 그가 남을 보고 남을 상대하
기에 모두를 악으로 보며 모두를 다
부정적으로 이야기하니, 세상사에 아
름다운 것이 없으며 소중한 것이 없음
이니라.
11 그리하여 내가 너희들에게 말로써는
수만 리에 있는 사람도 죽이는 형국이
며, 그와 같이 말로써 죽이는 것을 알
아들은 자, 영원히 평생토록 잊지 못
하는 한을 갖고 산다 하였거늘,
12 어찌하여 지금까지 나의 법전을 읽으
며 나의 강론을 들은 너희들까지도 모
든 것을 다 부정적으로 생각하는 백성
들이 있는가?
13 그와 같은 마음을 가지고 사는 자, 저
자신이 불행한 것이며, 나의 백성들이
옳고 바른 참진리를 깨우쳐 가고자 하
는 그 마음까지도 그가 흔들어 놓음이
니,
14 저 자신이 지옥 불로 가는 것이 부족
하여 다른 사람까지도 지옥 불로 이끌
어 감이니, 너는 너의 제자들에게 일
깨워 주어야 될 것이니라.
15 남을 부정적으로 말하는 자의 말을 듣
지 말며 귀를 막으라 그리 이르라.
16 그 말을 들으며 부정적으로 이야기하
는 그 사람에게 귀를 기울이면 너희들
까지 지옥 불로 가게 되어 있음이니라.
17 그와 같은 말을 하는 자의 말을 듣지
말며, 그와 같은 말을 듣거든 너희들
은 스스로 귀를 씻으며 나 여호와에게
기도하며 나의 법전을 읽고 마음을 다
스리도록 그리하라.
18 거기에 현혹되는 자, 영원히 구원을

받을 수 없음이니라.
19 그리하여 나의 성전에 왔던 자들이 떠
났으며 또한 이곳에 왔다가 등 돌리고
간 사람들이 다 부정적으로 말하는
자, 그리고 남의 말을 하기 좋아하는
사람들, 그리고 꾸며서 말을 하는 자,
제 고집대로 말을 만들어서 하는 자,
거짓을 만들어서 말하는 자, 그를 감
당할 수 없음이니라.
20 그러나 세월이 지나면 그를 깨닫게 됨
이니, 그를 깨달을 때는 이미 때가 늦
음이며, 저희들이 구원의 길에서 멀어
져 있으니,
21 저희들이 구원의 길에 오기에는 너무
나도 멀리 가 있으니, 그리하여 그 인
생을 지옥 불로 보내는 그와 같은 불
행한 일을 하게 되어 있음이니라.
22 이를 명심하라.
23 남을 부정적으로 말하며 매사를 부정
적으로 말하며 남의 흉보기를 좋아하
며 남의 말하기를 좋아하는 사람의 말
을 듣지 말라.
24 저 자신을 모르는 자가 하는 말이며,
저 자신의 잘못하는 것은 모든 것을
합리화하여 생각하며, 남이 하는 것은
부정적으로 생각하는 자이니라.
25 그와 같은 자가 무엇이냐?
26 제가 잘못하는 것은 아름다운 로맨스
요, 세상의 진리요, 남이 하는 것은 아
름답고 착한 것도 사악한 죄로 보이는
그와 같은 마음을 가진 자이기에
27 그와 같은 자의 말에 귀를 막는 너희
들이 되어야 될 것이니, 그러한 말에
현혹되면 아니 될 것이니라.
28 그게 무엇이더냐?
29 남의 아름다운 것을 아름답다 하지 않
고 사탄이라 말하며 선행을 나쁜 일이
라 그리 말함이니,
30 그게 바로 사탄이요, 사악한 자가 존
재함이니, 그 마음을 다스리지 못한
자이며 제 스스로 바로 서지 못한 자
이니라.
31 그와 같이 선하고 아름답게 살아가는
자를 지옥 불로 이끌어 가는 것이 사
탄인 것이니라.
32 그 사탄의 말에 귀를 기울인 자, 영원
히 구원을 받지 못함을 너희들은 알라.

3,776 번째 하나님 말씀

2002년 10월 26일 11시 49분

1 사랑하는 나의 아들아!
2 "네, 아버님! 말씀하옵소서."
3 너희들이 존재하는 이 세상에 지구상
위에 내가 무어라 말하였느냐?
4 '하늘에 있는 것이나 땅 위에 있는 것
이나 물 속에 있는 것의 어떠한 형체
를 만들지 말라.' 하였으며, '그것들에
게 절하지 말며 그들을 섬기지 말라.'
하였음이니라.
5 그 모두는 다 우상이라 내가 그리 말
하지 아니하였던가?
6 너희들의 진정한 창조주요, 나 여호와
는 형체가 없음이니라.
7 형체가 없는 이가 창조주요, 신이요,
전지전능한 여호와 아버지라 너희들
이 말할 수 있음이니라.
8 모두가 형체가 있으면 그 결과가 있으
며 그 모습이 있음이니, 그 행함이 있
는 것이니라.

9 그리고 그 결과가 있으며 또 끝이 있
음이니라.
10 그러니 형체를 놓고 믿는 것은 진정한
믿음이 아니요, 진정 나를 경배하는
것이 아니기에
11 너희에게 하늘에 있는 것이나 땅에 있
는 것이나 땅 아래 물 속에 있는 것의
어떤 형상이든지 형체를 만들지 말라
는 뜻이 여기에 있음이니라.
12 형체를 만드는 것은 모형이며, 그 모
형은 서서히 너희들이 가꾸고 만지며
세월이 지나가면서 변화되고 또 변질
되는 그와 같은 형태가 아니던가?
13 신으로 받들지 말라 하였음이니라.
14 오로지 창조주인 나 여호와 외에는 그
누구도 너희들이 신이라 말할 수 없으
며, 형체를 가진 자는 정녕 인간의 형
태요, 인간의 한계에서 벗어나지 못함
이니라.
15 그러니 너희들은 이와 같은 이치를 깨
우쳐야 될 것이니라.
16 너희들이 목탁을 두드리며 불공을 드
리며 산속에 앉혀 놓은 불상이요, 너
희들이 이야기하는 부처라 하는 것도
세월이 흐르면서 깎이고 변질되고 또
모습이 바뀌어 그와 같이 하여 오늘의
그 형태가 이루어졌음이니, 그 모두가
변화되고 변질된 것이니라.
17 또한, 너희들이 나의 아들 예수가 나
의 성령과 나 여호와와 삼위일체라 말
하나, 이는 너희들이 이 이치를 깨달
아야 할 것이니라.
18 신이라 함은 무엇을 말하였더냐?
19 형체가 없는 나 여호와 창조주 하나뿐
이라 하였거늘, 어찌하여 인간의 형태
를 가지고 간 나의 아들 예수가 나와
같으며 성령과 같다 하여 너희들이 삼
위일체라 그리 말하는가?
20 형체가 있으면 그 끝이 있으며 그 한
계가 있으며 그 모습이 있음을 너희들
은 알아야 될 것이니라.
21 진정한 신이요, 창조주인 나는 형체가
없으며 너희들이 볼 수 없으며,
22 내가 너희들에게 보일 수 있는 것은
구름으로도 보일 수 있으며 불로도 보
일 수 있으며 어떠한 형체로든 내가
너희들에게 보이고자 하는 그 모습으
로 보이나, 너희들이 정녕 나를 볼 수
없음이니라.
23 내가 불로 너희들에게 보인다 해도 내
음성을 듣지 못하며 내 모습을 보지
못하는 것이며, 내가 구름 속에서 너
희들에게 말하나 나의 형체를 볼 수
없으며, 너희들이 내 음성을 들으나
나를 볼 수 없는 것이 창조주인 신이
니라.
24 이와 같이 '나 외에 다른 신을 네게 있
게 하지 말라.' 하였음이니,
25 너희들이 인간 육의 형체를 가진 그를
신처럼 모시며 신처럼 생각한다는 것
은 너희 마음속에 우상이 섬겨져 있음
을 너희들은 알라.
26 나의 아들 예수의 그 모습이 오랜 세
월 동안에 변질되고 변질되어 그려진
그림이 아니던가?
27 정녕 그 자체도 너희들이 그 놀라운
사실을 알아야 될 것이니라.
28 그리하여 어떠한 형체를 놓는 것은 너
희 생각대로 변화되기 때문이니, 이는
진정 믿을 수가 없는 것이며 변질된

형태이니라.
29 내가 오늘 너의 제자들에게 일깨워 줌이니, 형체가 있는 것은 신이 아님이니라.
30 나의 아들 예수도 신이 아니며, 지금의 나의 아들도 신이 아니니라.
31 인간은 죽어 가는 그 한계가 있으며 넘지 못하는 것이 있으니, 신이 아닌 다음에는 너희들이 그와 같이 나에게 죄의 대가를 받는 것이니라.
32 그러니 너희들이 삼위일체요, 나와 예수와 성령과 똑같이 신이라 그리하는 것은 얼마나 사악한 행위인가를 알아야 될 것이니라.
33 너희들이 신의 형태로 갈 수 없기에 예수요, 또한 그와 같이 사람의 형체를 놓고 그를 닮아 가고자 하는 형국의 그 수법에서 만들어진 것이니,
34 너희들은 삼위일체란 말을 절대 써서는 아니 될 것이며, 그것은 말도 안 됨을 알라.
35 형체도 없는 나와 형체를 가지고 있는 예수를, 인간의 형태를 가지고 세상에 나가 나의 뜻을 받아 만백성을 구하고자 했던 그 예수를 나와 같다 너희들이 생각하는 그 자체가 얼마나 우매한 자들이며 어리석은 자들이며, 너희 마음대로 모든 계명을 만들어 전하는 것인가 그것을 알아야 될 것이니라.
36 모든 것의 형체가 있는 것은 변화되게 되어 있음이니라.
37 너희들이 어떠한 십자가를 그려 놓았으며 부처라 하여 그려 놓은 형상이요, 너희들이 종교 집단이라 하여 그려 놓았다 할 때, 강대국에 있는 자가 그 나라를 침범하여 그를 때려 부수며 제가 원하는 것을 만들었을 때 또 그는 변질될 것이며 변화되는 것이니라.
38 그리하여 형체가 있는 것은 신이 아님을 알아야 될 것이며, 그 형체 앞에서 너희들이 모두를 빌고 구하는 것은 바로 그리하여 형체가 없는 신인 나 여호와가 아니기에 너희들이 다 우상을 섬기는 형국이라 하여 무엇도 만들지 말라 하였음이니라.
39 이 세상 지구상에 사는 만백성 너희들은 들어야 될 것이니라.
40 나 여호와가 만들고 내가 창조한 이 지상에서 내가 너희들에게 첫 번째 내린 것이 무엇이더냐?
41 하늘과 땅과 바닷속에 어떠한 형체든지 만들어 놓지 말며 그것들을 받들지 말며 그들을 모시지 말며 그것에게 절하지 말라 하였던 첫째의 계명을 버젓이 어기고 살아가는 것이 너희들의 형국이니,
42 과연 너희들이 하늘에 오를 수 있으며 구원을 받을 수 있는 자 있는가?
43 그리하여 그와 같이 썩고 변질된 이 세상 속에서 내가 지금 나의 아들을 보내어 내가 형체를 만들라 하였던가?
44 십자가를 만들라 하였던가?
45 내가 어떤 모습으로써 우상을 만들라 하였더냐?
46 오로지 나의 법전이요, 나의 성령을 받아 그걸 기록하여 책으로 만들어 너희들이 읽고 깨우침이니,
47 바로 이게 나의 뜻이요, 내가 이루고자 하는 것이며, 이가 나의 선택된 아들임을 알라.

48 형체를 만들어 놓고 하는 것이 아니
며, 나의 말로써 나의 뜻을 전하니,
49 너희들이 내가 불로써 너희들에게 임
하여 너희들을 깨우치는 음성을 전하
나 너희들은 나의 형체를 볼 수 없으
며 그저 불빛 속에서 내 음성이 나가
는 것만 볼 수 있음이니,
50 형체가 없는 것이 나 여호와요, 창조
주요, 신이니라.
51 그리하여 오로지 나 하나인 것을 너희
들은 알아야 될 것이며, 너의 제자들
은 이와 같은 이치와 깊이를 깨우쳐
너희 스스로 경지의 깨달음에 오르도
록 그리 가르치라, 사랑하는 나의 아
들아!

3,777 번째 하나님 말씀

2002년 10월 26일 11시 59분

1 사랑하는 나의 아들아!
2 "네, 아버님! 말씀하옵소서."
3 세상사 너희들이 살아가는 이치가 무
어라 말하였느냐?
4 너희들이 도둑의 눈에는 도둑만 보이
며 거짓 하는 자에게는 거짓 하는 것
만 보인다 하였음이니라.
5 그리하여 제가 보는 것은 제 행위에만
그것이 비친다 하였음이니, 이는 바로
무엇이더냐?
6 너희들이 마음을 비우지 못하고 있기
때문임을 알아야 할 것이니라.
7 너희들이 마음을 비우고 세상을 아름
답게 본다 하면 그 모두는 아름다운
것이요, 그 아름다움 속에 너희들이
취해 들면 그보다 스스로 더 행복한
것이 없음이니라.
8 스스로 세상사를 사악한 쪽으로 보며
악한 쪽으로 보며, 사랑하는 마음으로
세상을 보지 못할 때, 그는 제 마음이
그러하기에 세상사에 온갖 것이 다 그
리 보이느니라.
9 아름다운 것을 볼 수 없으며 사랑하는
것을 볼 수 없으며 나눔을 볼 수 없는
것이 인간인 것이니라.
10 너는 너의 제자들에게 일러 말하라.
11 너희들이 높이 뛰기 위해서 한 걸음
뒤로 물러나 달려간다는 말이 있듯이,
세상사 모두를 한 걸음 물러나 뒤에서
바라보면 그 모두를 다 볼 수가 있음
이니라.
12 이는 곧 무엇을 말하느냐?
13 한발 양보해서 세상을 보는 마음으로
보라는 말이니라.
14 너희들이 챙기고자, 더 큰 것을 갖고
자, 더 위대한 것을 갖고자 그리 말을
한다면, 너희들이 똑같은 그릇에 똑같
이 담아 놓은 것이 상대방의 것은 크
게 보이며 네 것은 작게 보이니, 그게
바로 너희 자신이 얼마나 고통스럽고
괴로운 마음이더냐?
15 그 그릇에 담겨 있는 것은 똑같은 그
릇에 똑같은 양이 담겨 있지만, 제 마
음이 그러하기에 상대방의 것은 많은
것 같고 제 것은 적은 것 같으니,
16 이는 상대방의 것을 탈취하고 싶으며
그를 욕심을 갖게 되며 그리고 거기에
대한 불안한 마음과 제 마음의 아픔을
스스로 만드는 것이니라.
17 그러나 세상 것은 보기에 달렸음이니
라.

18 아름답게 보는 자 그 마음이 아름다우니, 제 앞에 있는 밥그릇이 더 소중하며 많아 보이면 저 자신이 행복한 것이며 또한 많게 보이는 것이니라.

19 남의 밥그릇이 크게 보이듯이 그 마음을 한 발짝 물러나 돌이켜 생각하면 제 밥그릇이 더 크며 더 많이 있는 것을 알 것이니,

20 그리 생각하는 자, 저 자신이 얼마나 행복하며 즐거운 것이던가?

21 마음 하나 먹기에 달린 것이 세상사에 너희들이 보는 눈이거늘,

22 그 마음 하나를 다스리지 못함이니, 너희들이 어찌 깨우침을 얻은 자요, 만백성을 구하는 지도자로서 바로 설 수 있다 말하는가?

23 내가 열여섯 권의 법전을 냈으며 지금 3부의 법전을 다 써 가는 이 과정에 너희들에게 마음을 비우라 하는 그 단어가 얼마나 많이 들어가 있으며,

24 너희 마음속에 사탄과 선이 같이 경쟁을 하고 있음이니, 너희들이 목숨을 바치는 그 고통보다도 더 인내를 하여 악을 뿌리치며 선을 선택하는 삶을 사는 자가 진정한 행복을 알 수 있다 말하였거늘,

25 그 마음 한자리를 버리지 못하며 지금도 너희가 시시비비하며, 하늘에 떠 있는 구름에게까지도 욕을 하며 그것까지도 너희 가슴을 아프게 하는 것이며 그것까지도 너희를 울리며 너희에게 피해를 입히는 것 같은 그와 같은 어리석은 마음을 가지고 사는 백성으로서 살지 말라.

26 너희들이 마음을 비웠을 때 떠 있는 구름이 얼마나 신비하고 아름다운지 그 자연의 위대함을 느낄 수 있을 것이니,

27 마음 한자리 비우지 못하는 것으로써 너희들이 온갖 것을 다 잃게 되는 것이며, 하나도 얻는 것이 없음을 알아야 될 것이니라.

28 마음을 비우라.

29 그리고 한 발짝 물러나서 생각하는 마음을 가지라.

30 높이 뛰기 위해서 몸을 움츠리는 것처럼 너희들이 낮은 자세로 몸을 움츠리고 세상을 보면 그 모두가 다 보이는 것이니라.

31 나로부터 선택된 백성 너희들은 가장 낮은 자요, 너희보다 더 낮은 자가 없다는 그와 같은 마음 자세로 살아가지 아니하면 정녕 하늘에 오르는 길을 볼 수 없음이니라.

32 제가 제일 높은 자요, 저희보다 높은 자가 없다 그와 같이 생각하고 사는 자, 그보다 어리석은 자가 없으며, 그는 아무것도 볼 수 없는 우매한 자임을 너희들은 알아야 할 것이니, 이를 명심하여 깨우쳐 행하도록 그리하라.

3,778 번째 하나님 말씀

2002년 10월 26일 12시 09분

1 사랑하는 나의 아들아!

2 "네, 아버님! 말씀하옵소서."

3 성서에 너희들이 기록하여 깨우치기를, '새 술은 새 부대에 담아야 된다' 하였음이니라.

4 새 부대에 새 술을 담았을 때 그가 지

탱된다 함이니라.
5 헌 부대에 담았을 때 그 부대가 지탱
하지 못함이니, 그 부대도 버리며 또
한 새로운 술도 버림이라 하였음이니,
이는 바로 무엇을 의미하는가?
6 지금의 너희들의 형국으로써는 정녕
구원의 길을 볼 수 없으며 너희들이
하늘의 천국의 문에 들어올 수 없음이
니라.
7 그리하여 내가 내려보내는 나의 성령
이요, 나의 가르침인 진실한 하늘에
오르는 길의 이 책만을 가지고 너희들
이 깨우쳐 하늘에 오름이니,
8 이를 보고 깨우치는 백성 너희들이 바
로 새로운 술로서 태어나는 자임을 알
아야 할 것이니라.
9 그러나 이것은 너희들이 하나하나 너
희 스스로 변하여 모여졌을 때 역사를
이룰 수 있음을 알아야 될 것이니라.
10 너희들이 우선 한 사람이 변하며 너희
자신이 변하는 것이 먼저임을 알아야
될 것이니라.
11 지금 너희들은 아직도 새 술로 만들어
진 것이 아니요, 그와 같이 가는 과정
이기에 너희 직분을 다하며 스스로 변
화되어 너희들이 모였을 때 그 큰 그
릇에 담을 수 있는 역사를 이루게 되
어 있음이니,
12 너희 스스로 변하며 너희들이 변하는
그 생활 속에서 만족을 얻으며 행복을
얻으며 스스로 그와 같은 삶을 살아가
되, 너희들이 흔들리는 그와 같은 삶
을 살아서는 아니 됨을 알아야 될 것
이니라.
13 너희들이 변화되는 과정에서 맑고 깨
끗한 자들이 세상을 덮었을 때, 사탄
이요, 사악한 자들이 뿌리를 내릴 수
없으며 그들이 존재할 수 없으며 그들
의 뿌리가 이 세상에 지탱할 수 없기
에,
14 너희들처럼 변해 가는 자, 그와 같은
자를 무너트리고자 그들이 수없이 압
박하며 너희 마음을 자극함이니,
15 나의 아들 너와 가장 가까이에 있는
자, 네 옆에 있는 자, 그 모두를 보고
있는 자들서부터 그들이 무너트리고
자 함이니, 여기서 넘어지는 자, 감당
키 어려움을 알아야 될 것이니라.
16 너희들 스스로 넘어지고 무너지는 것
을 자신이 모르며, 오로지 자신이 옳
다 부르짖으며 자신이 하는 말이 옳다
생각하는 것, 그 외에는 아무것도 돌
아다보지 못하는 것이 사탄에게 넘어
가 그 앞잡이가 되어 그 말을 따르며
그 뜻에 따라 행하는 것이며 그와 같
이 너희들이 무너진 백성이 되어 있음
을 알아야 될 것이니라.
17 너희들이 그와 같은 자의 말에 현혹되
어 무너진다면, 내가 새로운 술을 만
들어 새로운 부대에 담고자 하여 나의
성령인 부대를 내려보냈으며, 그를 보
고 깨우쳐 그곳에 담아 만백성을 구할
수 있는 너희들이 생산될 수 없음이니,
18 너희 자신이 변화되는 그 모습 속에서
나의 성령이요, 나의 가르침의 위대함
이며 이는 창조주가 너희를 다스린다
는 그 이치를 깨달아 너희들이 흔들림
이 있어서는 아니 될 것이니라.
19 하나가 흔들림으로 인하여 둘이 흔들
리며 그리하여 셋이 흔들림으로 나의

성전의 문을 닫게 됨이니, 너희들 자
신이 바로 서야 될 것임을 잊어서는
아니 될 것이니라.
20 너희들 또한 그와 같은 훈련에 들 것
이니라.
21 사탄이 너희들을 시험할 것이며 너희
들을 훈련할 것이니라.
22 그때 너희들이 바로 지키고 못 지키는
것은 너희 마음에 달렸음이니, 이것을
내가 무어라 말하였더냐?
23 사악한 마음이요, 잘못된 생각이 들었
을 때 너희는 나 여호와를 찾으며 기
도하며 나의 법전을 읽어 깨우침을 얻
으며, 그리 넘어지지 말라 하였음이니
라.
24 그리하여 너의 제자들에게 나의 법전
을 3회 이상 읽으며 계속 정독하라 하
는 가르침이 여기 있음이니라.
25 너희들이 법전을 읽지 아니하며 깨우
쳐 너희 것으로 만들지 못하면, 너희
들은 다시 사탄으로부터 넘어질 수 있
는 그와 같은 너희들이 되어 있음을
알아야 될 것이니라.
26 나의 법전을 읽지 않는 자, 깨달음이
없으며 변화함이 없음이니라.
27 너희들이 나의 법전을 읽고 또 읽었을
때 그 속에서 깨달음이 있고 변화가
있으며 내가 너희에게 가르치고자 하
는, 내가 추구하는 것을 알기에,
28 너희들이 선한 쪽으로 하늘을 향하여
오르는 길의 경지에 오를 때 너희들은
감히 넘어지지 아니함이니라.
29 멈추면 넘어지느니라.
30 너희들이 서고 멈추면 넘어짐을 알아
야 할 것이니라.
31 고인 물은 썩듯이, 너희들이 멈추며
변화되지 아니하며 법전을 읽고 노력
하지 아니하면, 멈춰 있는 그를 사탄
은 가차없이 현혹하여 끌어감이니, 너
희들 스스로 지탱할 수 없음이니라.
32 나의 성령을 너희들이 계속 읽어 깨우
치는 것은 너희들에게 생명을 주는 것
이며, 힘을 주는 것이며, 용기를 주는
것이며, 너희에게 자신을 주는 것이니
라.
33 그리고 너희들이 변화를 이루는 것이
니라.
34 너희들이 새로운 뜻을 받아들이지 않
으며, 새로운 부대에 새 술을 붓듯이
새로운 것을 자꾸 받아들이지 아니하
면,
35 너희들은 고여 있는 물이요, 멈춘 자
이기 때문에 무너지고 넘어짐을 알아
야 될 것이니라.
36 그리하여 하늘에 오르는 길은 중단이
없으며 변함이 없으며 꾸준히 오르는
자만이 구원을 받을 수 있음을 알라.
37 남들이 보기에는 미련한 자처럼, 바보
처럼 그저 우직한 모습으로 꾸준히 오
는 그 사람만이 정녕 영원히 하늘나라
에 오를 수 있는 그 구원을 받을 수 있
으며, 그렇지 못하는 자 정녕 구원을
받을 수 없음이니라.
38 오늘의 너희들의 깨달음이 높다 하여
멈추며 나의 법전을 정독하지 아니할
때, 너희들은 사탄으로부터 넘어지게
됨이니라.
39 새로운 깨달음이 없는 너희들은 죽은
자이기에 그리 넘어간다는 것을 잊어
서는 아니 될 것이니라.

3,779 번째 하나님 말씀

2002년 10월 26일 22시 39분

1 사랑하는 나의 아들아!
2 "네, 아버님! 말씀하옵소서."
3 네가 160권의 법전을 써서 세상의 만백성을 구함이니, 그 짧은 세월 동안에 그와 같은 역사를 이룰 수 있는 자가 있는가?
4 너희들은 그와 같이 일어나는 그 역사의 한 단면을 보고도 이게 정녕 나의 뜻이요, 나의 성령이요, 내가 마지막 만백성을 구하고자 내려보내는 나의 뜻이라는 것을 믿지 않으려 하는 것이니라.
5 너희들은 그저 말로써 전하는 것이며 뜬소문처럼 흘러가는 것은 귀 기울여 들으며 그것은 큰 변괴나 생기는 것처럼 그리하나,
6 내가 너희들이 질문하며 의혹할 때 거기에 대한 대답을 할 수 있는 근거를 법전이라 하여 책으로 만들어 너희들을 구하는 길이라 전하는 이 나의 법전은 그리도 소홀히 보며 소중하다 생각하지 아니함이니,
7 내가 너희들에게 나의 법전을 읽지 아니하고 이를 깨우치지 아니하면 심판을 받을 자격이 없다 하였거늘,
8 너희는 나의 이 가르침을 믿지 아니하며, 내가 너희들에게 깨우쳐 주는 것을 믿지 않으려 함이니라.
9 너희들은 정녕 나의 법전의 160권이 세상에 나가니, 이게 보통 사람으로서 할 수 있는 일이라 생각하며, 인간으로서 이를 단시간 내에 써내 려 갈 수 있다 생각하는가?
10 창조주인 나 여호와가 나의 성령을 나의 아들에게 부어 그로 하여금 이를 기록하려 하지 아니한다면, 이는 이룰 수도 없으며 이루어질 수도 없는 역사임을 너희들은 알아야 될 것이니라.
11 어찌하여 이와 같은 기적을 너희들은 믿으려 하지 아니하며 이 역사를 믿으려 하지 아니하는가?
12 내가 너희들에게 말하였음이니라.
13 160권의 법전을 쓰는 나의 아들이 십계명을 암송하지 아니하고 쓴 것이 없으며, 그가 기록하여 너희들에게 전하는 것에 너희들이 사악한 마음이요, 남을 해하는 마음을 갖고 살라 기록한 부분이 있는가?
14 이는 참진리요, 너희들이 살다 가는 그 세속의 가르침 속에서 모든 진리를 찾도록 하며, 내가 나의 성령 속에서 너희들이 평범한 진리를 찾으며 하늘에 오르는 길을 볼 수 있는 그 역사를 이루고 있거늘,
15 이를 너희들이 유심히 보지 아니하며, 이를 정녕 너희들을 위하여 내가 내리는 큰 은혜라 생각지 아니함이니,
16 너희들이 이를 읽지 아니하고 이를 보지 아니한 자 구원받지 못한다는 말을 지금 믿지 않고 있음이니라.
17 너희들이 통곡할 날이 머지않았으며 후회할 날이 머지않았음이니, 너희들은 이 세상에 존재하는 모든 것은 나 여호와 창조주가 필요하기에 내가 만들어 놓았다는 그 하나의 이치만을 깨닫더라도, 너희들이 그것만을 안다 해도 나의 법전을 읽는 데 주저함이 없

을 것이니라.
18 이 세상의 모두는 내가 필요하기에 만
들어 내는 것이며 존재시킨다는 그 이
치를 깨달아 너희들이 나의 법전을 정
독하여 읽는 그와 같은 기회를 얻어야
할 것이니,
19 이를 얻지 아니하는 자, 정녕 너희들
이 그리 원하고 갈구하던 심판을 받을
수 없다는 것을 다시 한 번 너희들에
게 명함이니, 나의 이 뜻을 깊이 가슴
에 새겨 행하도록 그리해야 될 것이니
라.

3,780 번째 하나님 말씀

2002년 10월 26일 22시 44분

1 사랑하는 나의 아들아!
2 너희들의 믿음의 근본이며 너희들이
그리도 갈구하는 하늘에 오르는 길이
무엇이더냐, 그리하여 지금의 너희 종
파들이 무엇이며, 무엇을 너희들에게
가르치는가?
3 내가 너희들에게 십계명을 지키는 것
이 영혼의 구원의 양식이요, 그를 지
키지 아니하면 구원을 받지 못한다 하
였음이니라.
4 그리하여 내가 너희들에게 전하기를,
모든 것을 남을 속여서 취하지 말며,
도적질하여 무엇인가를 취하지 말며,
거짓 증거하지 말며, 계명대로 살라
내가 그리 기록하여 성서에 너희들을
가르쳤음이니라.
5 그러나 너희들은 어찌 살아가는가?
6 너희들은 내가 이와 같은 것을 지키고
살라 말하는 것을 정면으로 부인하며
거역하며 이를 듣지 아니하며,
7 너희들은 이와 같이 내가 명한 것을
너희와는 관계없는 것처럼 해서 취한
그 재물을, 내가 말한 나의 계명을 위
배하며 그를 듣지 아니하고 취하고 만
든 그와 같은 재물을 가지고 너희 성
전에 바쳤을 때 너희들은 무어라 말하
는가?
8 내가 도적질하지 말며, 거짓 하지 말
며, 남에게 피해를 입히지 말며, 남의
재물을 함부로 갈취하지 말라 그리 말
하였음이니라.
9 그것이 하늘에 오르는 길이라 하였거
늘, 너희들은 그와 같은 행위를 버젓
이 하면서 이를 인식지 아니하며, 계
명에 있는 그 자체를 인간이라 지킬
수 없다 생각하며, 너희들은 거짓 하
여 재물을 모으며 도둑질하여 재물을
모으며 거짓 증거하여 재물을 모으느
니라.
10 그와 같이 추하고 더럽게 모은 그 재
물을 너희들은 성전에 바쳤을 때 무어
라 말하는가?
11 그는 믿음이 강하며, 그는 위대한 자
며, 진정한 나의 하늘의 창고에 재물
을 쌓아 구원을 받는다 그리 말하느니
라.
12 그리고 너희들은 나 여호와의 이름을
부르며 나 여호와에게 그 더럽고 추한
모습으로 번 그 재물을 바친 자에게
축복을 주라 기도하고 아우성을 치며
그 이름을 불러 대고 있는 것이 너희
들의 실정이니라.
13 정녕 너희들이 추하고 더러운 방법이
요, 나의 계명을 어겨서 번 그 재물을

바친 자들에게 축복을 주라 나에게 기
도하며 울부짖는 그와 같은 행위를 한
다면, 너희들은 바로 무엇이더냐?
14 내가 너희에게 지키고 구원을 받아 하
늘에 오르라 명한, 나 여호와가 명한
그 계명을 어긴 자에게 창조주인 나보
고 상을 주라고 너희들이 나에게 울고
불고 그와 같이 하는 형국이 아니던가?
15 나 여호와가 그를 지키며 너희들이 사
는 길이 구원의 길이라 하였거늘, 그
를 지키지 아니하고 너희들에게 흉하
고 더러운 모습으로써 추한 형태로써
거짓 하며 남을 속이며 갈취하여 번
재물을 성전에 바친 자에게 축복을 주
라 나에게 울며불며 아우성치며 기도
를 함이니,
16 너희들이 내가 내린 계명을 어긴 자에
게 상을 내려 주라 그리하는 형국이
되어 있는 그 자체를 너희는 알지도
못함이니라.
17 너희들이 하고 있는 행위가 얼마나 나
여호와에게 거역된 짓이며, 이는 너희
들의 말대로 말도 되지 않는 정신이상
자의 지껄이는 그와 같은 행동을 하고
있는 것이 아닌가?
18 내가 지키라 명한 것을 지키지 아니하
는 자에게 상을 주라 너희들이 말함이
니, 이는 과연 어느 하늘 아래에, 어디
하늘과 땅 사이에 그와 같은 행위를
할 수 있는 것인가?
19 너희들이 그러한 것을 나에게 행하고
있음이니라.
20 정녕 그와 같은 행위를 하는 자, 그와
같이 가르치는 자, 그 밑에서 배우는
너희들이 과연 하늘에 오를 수 있다
생각하는가?
21 내가 만든 모든 동식물들이 지금 너희
들이 하고 있는 그 추하고 험악한 모
습을 보며, 그들의 제왕이라 만든 인
간 너희들의 하는 꼴을 보며 한숨을
쉬고 있다 하면 너희들은 믿겠는가?
22 그들이 하늘을 보고 웃고 있으며 그들
스스로 한숨을 쉬고 있다는 것을 너희
들은 잊어서는 아니 될 것이니라.
23 너희들이 취하고 얻고 생활하라 내린
동식물들이 지금 너희들의 하는 그와
같은 행위를 보고 한숨짓고 있음을 알
아야 될 것이며, 너희 스스로 부끄러
움과 너희들의 자세를 깨우쳐야 될 것
이니 그리 알라.

3,781 번째 하나님 말씀

2002년 10월 26일 22시 53분

1 사랑하는 나의 아들아!
2 "네, 아버님! 말씀하옵소서."
3 너희들이 정녕 구원의 길이요, 하늘에
오르는 길은 너희들이 육의 세상에 가
지고 있으며 존재하는 그 모두를 다
버릴 수 있는 마음 자세가 되어 있으
며, 하시라도 믿음을 위하여 그 모든
끈을 놓을 수 있는 그와 같은 마음 자
세를 갖고 사는 자,
4 그리고 너희들이 구원의 길이요, 구원
을 받는 그 길을 가기 위해서는 어떤
고통과 시련 속에서도 견딜 수 있으며
그 속에서도 믿음의 끈을 놓지 않고
창조주 나 여호와가 있음을 믿는 것으
로써 너희들이 어떠한 시련과 고통을
견디고 이기며 그 모든 어떠한 것도

그보다 더한 축복과 영광은 없다 그리
믿고 생활하는 자, 그와 같은 마음을
갖지 아니하는 자는 정녕 구원의 길을
볼 수 없다는 것을 알아야 될 것이니
라.
5 너희들이 세상 것을 다 버리지 못한다
면 이는 마음을 비우지 못함이니라.
6 너희 육의 세상에 사는 얽히고설킨 그
모든 것을 다 믿음의 길을 위하여, 구
원의 길을 위하여 놓을 수 있는 그와
같은 마음을 가진 자, 그가 마음을 비
웠음이니,
7 마음을 비운 자만이 구원의 길을 볼
수 있으며 그 길을 올 수 있다는 것을
너희들은 알아야 될 것이니라.
8 내가 그리하여 너희들에게 성서에 미
리 가르쳐 깨우쳐 주지 아니하였는가?
9 모든 재물을 가지고 능력 있는 자가
나의 아들 예수를 따른다 할 때, 예수
가 그에게 무어라 말하였느냐?
10 '너는 네가 가지고 있는 모든 재산을
가난한 자에게 나누어 주고 나를 따라
올 수 있겠느냐?' 그리 물었음이니라.
11 이와 같은 이치의 깨달음을 너희들이
알아야 될 것이니라.
12 너희들이 부귀영화요, 세속 속에 얽힌
명예와 재물과 그 모두를 버릴 수 있
고 놓을 수 있는 마음 자세가 안 되어
있다면 너희들은 정녕 믿음의 길을 올
수가 없음이니라.
13 너희들은 두 가지를 양손에 쥘 수 없
다 내가 나의 아들을 통하여 일깨워
주었음이니,
14 재물을 탐하며 명예를 탐하며 육의 삶
의 부귀와 영화를 먼저 생각하는 자,
너희들은 정녕 믿음의 길을 올 수가
없으며, 그 어렵고 힘든 길을 인내하
며 올 수 없음이니라.
15 그리하여 가진 자가 나의 아들 예수를
따른다 하니, 예수가 그에게 '어려운
자에게 모두를 다 나누어 줄 수 있는
그와 같은 마음을 갖지 아니하였거든
나를 따라오지 말라.' 그리 일찍이 내
가 너희에게 깨우쳐 주었음이니,
16 이를 너희 것으로 만들어 너희들이 생
활함에 이를 지켜야 될 것이니라.
17 지금 내가 나의 아들 예수를 통하여
너희에게 말하였듯이, 가진 자가 천국
에 오르는 것은 낙타가 바늘구멍을 통
과하는 것보다 더 어렵다 말함이니,
18 이는 그 재물을 남들에게 나누어 주며
가난한 자를 위해 쓸 수 있는 자에게
는 그와 같은 것이 해당되지 아니하
며, 그들은 나 여호와 창조주의 권능
과 능력에 의하여 그리 통과할 수 있
는 자이며,
19 그를 베풀지 아니하며 오로지 제 육신
과 육신의 편안함을 위하여 그를 쓰고
관리한다 하면, 그와 같이 나눔을 가
지지 못하며 사랑을 베풀지 못하는 가
진 자, 그가 곧 구원의 길을 올 수 없
다 함을 너희들은 알아야 될 것이니라.
20 나의 아들 예수가 너희들에게 일찍이
깨우쳐 주었느니라.
21 가진 자, 재물을 가진 자가 나의 아들
예수를 따른다 하니, '네가 정녕 나를
따르고자 한다면 그 재물을 가난한 자
에게 다 나누어 주고 나를 따르라.' 그
리 말했듯이,
22 그것이 바로 믿음의 길을 가는 사람의

자세요, 마음가짐임을 너희들은 알아
야 될 것이니라.
23 지금에 온 믿음의 종파요, 지금의 가
고 있는 종교 집단들이 어찌 가르치는
가?
24 그들은 진정한 나의 뜻을 모름이니라.
25 그들은 너희들이 가지고 있는 것을 오
른손이 모르도록 어려운 자에게 나누
어 주고 구원해 주면 가진 자 천국에
올 수 있으며 구원을 받는다 그리 가
르치는 것이 아니라,
26 너희 손으로 지은 성전에 재물을 바치
며 금화와 은화를 그저 이름을 붙이는
대로 갖다 많이 쌓아 바치는 자, 그와
같은 자는 천국에 재물이 쌓임이니,
27 그 재물이 쌓임에 의하여 나에게 와
심판을 받을 때 구원을 받고 못 받는
그 이치가 거기 있다 하여 거두어들이
는 것이 지금의 종교 지도자 너희들이
하고 있는 행위가 아니던가?
28 너희들은 가난한 자에게 나누어 주라
그리하지 아니하며, 저희 성전에 바치
는 자만이 구원을 받는다 그리 지금
가르치고 있으니, 그러하니 그것이 나
와 너희들과는 아무런 관계도 없는 것
이라 그리 말함을 알라.

3,782 번째 하나님 말씀

2002년 10월 26일 22시 59분

1 사랑하는 나의 아들아, 그리고 만백성
너희들은 들어야 할 것이니라.
2 내가 나의 아들에게 무어라 가르쳤는
가?
3 나의 아들이요, 만백성을 구하는 자는
정녕 위로는 창조주 나의 종과 같은
자요, 아래로는 만백성의 종과 같은
자세로 살아가는 자, 가장 낮은 자세
로써 자신이 가장 낮은 자라 생각하며
살아가는 자, 그가 만백성을 구하고
인도할 수 있는 자격을 갖춘 자라 말
하였으며,
4 나의 아들에게 그리 가르쳤으며, 나의
아들을 따르는 제자요, 나의 법전을
읽는 만백성 너희들에게 일깨워 주었
음이라.
5 이는 곧 내가 미리 성서에 기록하여
너희들에게 깨우쳐 줌을 알아야 될 것
이니라.
6 내가 성서에 무어라 기록하여 너희들
에게 깨우쳐 주었던가?
7 나로부터 선택된 지도자요, 만백성을
구하고자 진정 선택된 지도자는 만백
성으로부터 섬김을 받으려 하는 것이
아니요, 도리어 만백성을 섬기는 자가
되어야 한다 그리 가르쳤음이니라.
8 또한, 너희들에게 성서에 기록되어 무
어라 가르쳤는가?
9 만백성을 구하는 자는 자기 목숨을 만
백성을 위하여 바치는 데, 그 대속물
로 자기 자신을 주는 데 하나의 주저
함이 없고 두려움이 없는 그와 같은
마음으로써 행하는 자가 정녕 구원의
길을 인도하는 자요, 나로부터 선택된
자라 말하였음이니라.
10 내가 너의 제자들에게 또한 어찌 가르
쳤는가?
11 너희들이 기도하기를, 모든 백성의 죄
를 다 짊어지고 너희들이 지옥으로 가
겠다는 그와 같은 마음으로 기도하며

그와 같은 마음으로 살라 내가 너희들
에게 깨우쳐 주었음이니,
12 과연 내가 성서에 기록하여 너희에게
깨우쳐 주는 것과 내가 법전에 기록하
여 깨우쳐 주는 것이 무엇이 다르며
어느 구절이 맞지 아니하는가?
13 이는 그리하여 곧 나의 법전은 나 여
호와의 가르침이요, 창조주가 직접 나
의 백성을 구원하기 위하여 나의 아들
을 통하여 책으로 만들어 너희들에게
전하는 나의 이 깊은 뜻을 너희들은
어찌 그리도 정녕 모르는가?
14 나의 법전에 기록되어 너희들을 깨우
치는 그 내용이 성서에 기록되지 아니
한 부분이 없으며, 성서에 있는 부분
또한 나의 법전에 기록되지 아니한 부
분이 없음이니라.
15 이와 같이 나의 법전은 지금 마지막
시대에 너희를 선별하는 추수의 시기
에 너희들이 행할 것을 하나하나 내가
기록하여
16 직접 행하는 방법과 행해야 하는 이유
와 그로 하여금 너희들이 구원을 받는
이치를 정확히 설명하여 나의 법전에
기록하여 너희들에게 내려보냄이니,
17 나의 법전을 읽고 깨우치는 자 성서를
읽으며, 성서를 탐독한 자 나의 법전
을 읽고 성서에 비쳐 볼 때, 이는 정녕
창조주의 뜻이며 내가 만백성을 구하
기 위하여 임하여 있다는 것을 알게
될 것이니,
18 성서를 정독한 자 나의 법전을 정독할
것이며, 나의 법전을 정독하여 내용을
아는 자 성서의 뚜껑을 열어 참진리의
가르침을 깨우치도록 그리하라.

3,783 번째 하나님 말씀

2002년 10월 26일 23시 24분

1 사랑하는 나의 아들아!
2 "네, 아버님! 말씀하옵소서."
3 너희들이 마음을 비우며 너희 스스로
하늘에 오르는 이치의 길을 깨달아 나
의 법전을 읽고 또 읽어 정독하는 그
속에서 너희들의 경지가 높아짐이니,
이는 곧 무엇이더냐?
4 너희들의 마음을 비우며 법전을 읽으
며 십계명대로 지키고 살아가고자 노
력하는 그 마음속에 너희 스스로 마음
을 비우는 만큼 나의 성령이 너희들에
게 임하여 모든 역사가 이루어진다 하
였음이니라.
5 그러나 지금의 나의 피조물 만백성 너
희들이 살아가는 형국은 어떠하던가?
6 수천 년 동안 그 믿음의 길이요, 저희
들만이 구원을 받는다 하여 오는 그들
의 형국은 무엇이더냐?
7 그들은 나의 성령을 저희들의 가슴에
받아들이고자 하는 것이 아니요, 저희
들의 가슴에 오는 나의 성령을 스스로
밀어내는 그와 같은 행위를 하고 있는
것이 지금의 가고 있는 너희들의 믿음
이니라.
8 내가 하늘에 오르는 길이요, 구원의
양식이라 말하며 그를 지키고 행하여
야 된다 하여 불로 써 내린 그 십계명
을 지키지 아니하며 지킬 수 없다 함
이니,
9 이것 하나만 보더라도 나의 성령이 너
희들의 가슴에 임하여야 너희들이 구
원의 길을 볼 수 있으며 하늘에 오르

는 그 찬란한 빛을 볼 수 있거늘,
10 스스로 가슴에 오는 그 성령을 밀어내
며 쫓아내는 그와 같은 행위를 하고
있는 것이 너희들이니라.
11 내가 십계명에 어디 너희들에게 온갖
이름을 붙여 헌금과 재물을 거둬들이
라 하였으며, 재물을 하늘에 많이 쌓
아 놓는 자 구원을 받는다는 그와 같
은 형국이 어디 있는가?
12 너희들은 나에게 기도하고 경배하는
마음이요, 모든 것은 나 여호와의 은
혜로써 너희들이 존재한다는 그 고맙
고 감사하다는 기도요, 진정한 마음에
서 우러나는 기도로써 그것이 나에게
모두를 다 기쁨을 주며 나에게 보상할
수 있는 것이며 은혜에 감사드리는 길
이라 내가 너희들에게 말하였거늘,
13 십계명에 있지도 않은 그 수단과 방법
을 가리지 아니하고 재물을 거둬들이
며 수백 가지의 이름을 붙여 대어 재
물을 나의 백성으로부터 거둬들이며,
저희 자신이 호의호식하는 속에서 남
들이 누리지 못하는 부귀와 영화와 제
왕적인 생활을 누리고 있는 것이 지금
의 종교 지도자들의 집단이니라.
14 큰 집단은 큰 집단대로 더 저희들이
호화로운 생활을 하고 있으며 작은 집
단은 작은 집단대로 저희들이 작은 신
이 되고자 하여 모든 것을 누리고 살
아가는 그와 같은 지금의 형국이 되어
있음이니, 그게 무엇이더냐?
15 나와는 아무런 관계도 없는 그 길을
달려가기에 너희들은 나의 성령을 가
슴에 받아 구원의 길이요, 하늘에 오
르는 길을 보려는 것이 아니라,
16 나의 성령을 내가 너희들의 가슴에 부
어 주려 하는 것을 거부하고 쫓아내며
이를 받으려 하지 아니하는 그와 같은
삶을 사는 것임을 알아야 할 것이니라.
17 너희 스스로 내가 내리는 그 성령을
밀어내는 그와 같은 행위를 하고 사는
것이 너희들이니,
18 너희들은 어찌하여 내가 하지 말라는
것을 하며, 해서는 안 된다는 것을 행
하며, 내가 지키고 행하라 하는 것은
지키지 아니하며 순종치 아니하는 것
인가?
19 너희들은 나의 성령을 받아 하늘에 오
르는 이치를 깨우쳐 천국의 문에 들어
서고자 하는 것이 아니요,
20 너희들이 천국의 문을 들어서며 구원
의 길을 받는다 하여 수천 년 동안 믿
어 왔으며 지금 너희들이 믿고 가고
있는 종파 모두가 내가 너희 가슴에
심어 주는 그 성령을 밀어내는, 그리
고 받을 수 없는 그와 같은 행위를 하
고 있음을 알아야 될 것이니라.
21 이 얼마나 무서운 소용돌이 속에서 살
아가며, 너희들이 우매하고 불쌍한 백
성들이며, 진정한 참진리를 바라보지
못하는 너희들이 얼마나 잘못된 것인
가를 너희 스스로 빨리 깨우쳐,
22 나의 법전을 가슴에 안고 하늘에 오르
는 참진리의 빛을 따라 구원을 받는
영광을 잊지 말라.
23 너희들 스스로 내가 내리는 그 성령을
거부하며 밀어내고 쫓아내는 그와 같
은 어리석은 삶을 살지 말라.

3,784 번째 하나님 말씀

2002년 10월 27일 07시 14분

1 사랑하는 나의 아들아!
2 "네, 아버님! 말씀하옵소서."
3 창조주 나 여호와는 형체가 없으며, 그리하여 너희들이 볼 수가 없으며 만질 수가 없다 하였음이니라.
4 또한, 나의 음성을 듣는 그 자체도 내가 너희들에게 귀를 열어 주지 아니하면 그를 들을 수가 없음이니라.
5 그리하여 이 세상 모든 백성을 통제하고 다스리며 그들을 이끄는 목자는 또 나로부터 선택된 나의 아들 한 사람이니, 이는 곧 독생자이니라.
6 세상에 둘이 없이 하나밖에 없는 나의 아들이며, 나의 뜻을 받아 만백성을 구하는 자는 한 사람이니라.
7 둘이 있을 수 없음이니라.
8 독생자는 무엇을 말하는가?
9 혼자 존재하는 것이 아니던가?
10 그 누구도 넘을 수 없으며 그 누구도 지킬 수 없는 길을 갈 수 있는 것이 독생자이니라.
11 이 세상에 나의 뜻을 대신하여 만백성을 구하며 육을 갖고 인간 세속에 사는 자들과 더불어 그들의 음성으로써 그들의 글로써 그들의 뜻으로써 그들의 생활 형태를 보여 주면서 살아가는 자는 단 하나, 너뿐이니라.
12 둘이 있을 수가 없음이니라.
13 그리하여 아무도 갈 수 없는 그 길을 너는 갈 수 있으며, 그 길을 넘어서 갈 수 있는 것이 독생자 나의 아들 너이니라.
14 그 누구도 갈 수 없음이니라.
15 오로지 너 하나만이 지킬 수 있으며, 너 하나만이 변할 수 있으며, 너 하나만이 갈 수 있음이니라.
16 그러기에 너는 독생자임을 알아야 될 것이니라, 나의 아들아!
17 이제 너는 네가 인생에 너희 세속의 인간과 같이 태어나 60평생을 산 사람이라 생각하지 말라.
18 항상 너는 오늘 태어난 자로 생각하라.
19 내가 너를 그만큼 60년 동안 훈련을 시켜 오늘에 바로 서도록 만들었음이니, 이제 너는 너 스스로 오늘 갓 태어난 인생으로서 그와 같은 마음 자세로 살라.
20 예수가 33년의 그 세월을 살았듯이, 33년의 그 세월을 네가 다시 태어난 그와 같은 삶으로써 살아야 될 것이며, 너는 그리 갈 수 있고 살 수 있음이니라.
21 이제 33년이라는 그 세월을 네가 역사해야 되며 그 속에서 모두를 다 보여 주어야 될 것임이니라.
22 하늘에서 비추는 태양처럼 네 빛이 그리 만백성을 지킬 것이며, 그리 만백성에게 비춰질 것이니라.
23 이제 네가 얼마만큼 무섭게 변해서 너 스스로 독생자로서 반듯이 섰는가를 네 제자들이 알 것이며, 가까이 있는 네 제자들이요, 식구들이 다 알 것이니라.
24 이제 너는 가고 있음이니라.
25 세상을 창조한 나 여호와요, 이 세상의 모두를 다 창조하고 관장하는 이는 나 여호와 단 하나뿐이며, 그리하여

이 세상의 만백성을 구하는 그 독생자
또한 한 사람이니라.
26 둘이 있을 수 없으니 바로 나의 아들
네가 독생자이니라.
27 지금까지 너희들이 세상에 살아오며
혼탁해졌고 다 썩어져 가며 모든 믿음
이 다 변하여져 지금은 변질될 대로
변질되어 더 이상 변질될 수가 없으며
더 이상 타락할 수가 없으며 더 이상
변할 수가 없는 그와 같은 형국에 이
르렀음이니라.
28 그리하여 이것을 바로잡기 위하여 정
녕 독생자 나의 아들 너 하나를 내려
보냈음이니, 누구도 갈 수 없는 길이
요, 누구도 이룰 수 없는 그 길을 갈
수 있는 자는 나의 아들 너 하나뿐임
이니라.
29 하늘에는 내가 존재하며 지상에는 내
가 너 하나를 두어 통제함이니라.
30 이 세상 모두를 주관하여 만든 창조주
는 나 하나뿐이듯이, 또한 내가 만든
이 지상을 통제하는 자, 나의 아들이
요, 독생자로서 바로 설 수 있는 자는
너 하나뿐임을 너는 알아야 될 것이니
라.
31 60평생의 삶이 아니요, 네가 이제 항
상 다시 태어나는 사람으로서 변하여
져 가며 살아가야 할 것이니라.
32 사랑하는 아들아! 독생자임을 잊지
말라.
33 이 세상에 너 하나뿐임이니라.
34 지금 나의 뜻을 따라 순종하며 그대로
행하며 어떠한 시련과 고통도 견디고
넘을 수 있는 자는 바로 너이니라.
35 내가 무어라 말하였느냐?
36 너희들의 믿음의 길이 열흘을 굶은 고
양이에게 생선 한 토막을 놓고 먹지
말라 하면 먹지 않는 그와 같은 자가
되라 하였음이니라.
37 이제 네가 그리되었음이니, 바로 네가
나의 아들 독생자임을 알라.
38 여기에 네가 독생자로서 하나의 실수
없이, 허점 없이 이제는 살아갈 수 있
는 나의 아들이 되었음이니,
39 나 여호와의 기쁨은 말할 수 없으며,
하늘과 땅에 있는 사탄들은 두려워하
며 천사들 또한 너를 위하여 기쁨의
노래를 부름이니라.
40 너는 잊지 말라, 하늘과 땅 사이에 인
간의 형체를 갖고 나의 뜻을 받아 지
도하고 깨우치며 만백성을 이끄는 독
생자는 너 하나라는 것을.
41 아무리 저희들이 유능한 자요, 아무리
뛰어난 종교 지도자요, 저희들이 설법
을 하며 말을 잘하며 만백성을 이해하
고 그들에게 저희들이 '아멘!'이요,
'할렐루야!' 소리를 듣는다 해도 그것
이 다 허상이니라.
42 그들의 마음이 중요함이니라.
43 너와 같이 마음을 비운 자 없으며 너
의 제자들과 같이 마음을 비우고자 하
는 자가 없음이니,
44 창조주 나는 보이지 아니하며, 너희들
은 보이지 않는 마음을 다스려 마음이
비어 있는 자가 바로 나의 백성이요,
구원을 받을 수 있는 자임을 알라.

3,785 번째 하나님 말씀

2002년 10월 27일 07시 19분

1 사랑하는 나의 아들아!
2 "네, 아버님! 말씀하옵소서."
3 내가 너희들에게 살고 생활할 수 있는 모든 재물을 각자 복에 따라 주었다 하였음이니라.
4 그리고 각자 그들이 살아갈 수 있는 특성과 재능을 주었다 하였음이니라.
5 창조주인 내가 너희들에게 내려 준 그 재물은 너희들이 쓰고 입고 생활할 수 있도록 나 여호와가 너희들에게 내려 준 것이며,
6 남는 것은 너희 스스로 직접 어렵고 가난한 자를 도우며 살라 하였음이니라.
7 그러나 너희들은 지금 나의 재물을 어찌 쓰고 있는가 돌이켜 생각해 보아야 될 것이니라.
8 너희들은 너희 스스로 하나의 구원을 받기 위한 것이며, 너희 육신이 편안하기 위해서 얼마만큼 투자하며 얼마만큼 나의 재물을 함부로 쓰는가?
9 부자가 천국에 오를 수 없다는 것은 내가 준 재물을 그들이 함부로 쓰기 때문이며, 저희 육신이요, 저 자신만을 위하여 그를 투자하기에 그리하여 그들이 구원을 받을 수 없다 말하였음이니라.
10 부자는 가난한 자를 도우며 불쌍한 자를 돕는 그와 같은 삶을 살아 그가 천국에 구원을 받을 수 있는 기회를 준 것이거늘, 그를 너희들이 잘못 남용하고 있음이니라.
11 과연 십계명에 기록되어 재물을 바치며 헌금을 바치며 너희들이 만든 성전에 가서 그를 더 웅장하게 지으며 궁궐처럼 지으라는 그러한 대목이 있는가?
12 이를 너희들이 거역함이니, 나의 재물을 함부로 쓰는 그 죄를 너희들은 정녕 용서받을 수 없음이니라.
13 이제 나의 법전을 읽는 나의 아들의 제자요, 만백성 너희들은 들어야 될 것이니라.
14 그리도 너희들이 하늘에 오르는 길이요, 구원을 받고자 하는 길이라면, 너희들이 너희 자신을 위하여 구원받고자 너희들이 가지고 있는 재물을 잘못 써 지옥으로 가는 그 티켓을 사는 그와 같은 행위를 하지 말며,
15 나의 법전을 읽고 정독하여 나의 뜻이요, 나의 성령이요, 만백성을 깨우칠 수 있는 나의 법전을 준비하여 만백성에게 전하는 그것만이 너희들이 축복이요, 영광이요, 구원을 받는 길이며,
16 백성을 너희들이 구원한 만큼 너희들에게 축복과 영화와 영광이 있음이니, 이제 나의 법전을 읽고 모두를 다 바쳐 나의 법전을 가지고 만백성을 구하는 그 대업에 참여하는 자, 너희들이 하늘에 오를 수 있는 길이 이 길임을 알라.
17 너희들이 손으로 지어 그를 관리하고 운영하며 저희들을 위해서 갖은 감언이설과 수단과 방법을 가리지 아니하고 계명에도 없는 재물을 거둬들이는 그 속에 너희들이 나의 재물을 던져 죄를 짓지 말며,

18 이제 나의 법전을, 이 160권이 나와
세상의 만백성을 구하는 이 법전을 만
백성에게 전하는 길이 너희들이 구원
의 빛을 볼 수 있으며 나의 뜻에 따라
나의 뜻을 순종하며 내가 이루고자 하
는 일을 이루는 것이니,
19 너희들은 정녕 사탄의 백성이 되어 사
탄의 행위를 따라가겠는가, 나 여호와
의 뜻을 따라서 나 여호와가 이루는
나의 사업에 동참하며 같이 가겠는가?
20 이것은 너희들이 스스로 깨닫고 심판
해야 됨을 잊지 말아야 할 것이니라.

3,786 번째 하나님 말씀

2002년 10월 27일 07시 34분

1 사랑하는 나의 아들아!
2 "네, 아버님! 말씀하옵소서."
3 인간인 나의 피조물 만백성 너희들이
마음을 비우며 하늘에 오르는 그 길을
완벽하게 올 수 있는 자, 형체가 있다
생각해서는 아무것도 이루어질 수 없
음이니라.
4 그리하여 내가 너희들에게 마음을 비
우라 함은, 너희들 속에 마음을 비우
는 것이 아니요, 그 마음을 비움과 같
은 생각을 하고 살 때, 너희 스스로 형
체가 있음을 느끼지 아니하며 너희 스
스로 형체가 없음을 알게 됨이니라.
5 육의 형체요, 육의 틀을 가지고 있는
너희들은 정녕 하늘에 오르는 길이요,
나의 뜻에 따라 살아갈 수 없는 것이
니라.
6 육이라는 것은 결과가 있으며, 원인이
있으며, 그가 행함이 있음이니라.
7 그리하여 육을 가지고 있는 너희들이
정녕 하늘에 오를 수 없으며, 나의 뜻
에 따라 구원의 길을 올 수가 없음이
니, 육의 형태를 가진 자는 수시로 변
하기 때문임이니라.
8 그리하여 내가 너희들에게 육을 저버
리라 말을 한다면 너희들이 그 뜻을
알고 그를 행하여 나를 따라올 수 없
을 것이니,
9 그리하여 내가 너희들에게 마음을 비
우라 그리 강조하였음이니, 마음을 비
우는 것은 무엇이더냐?
10 마음을 비우고자 노력하며 마음을 비
우는 자, 육의 형체가 없음을 스스로
느끼게 되며 너희들이 살아 있으나 육
의 형체가 살아 있는 그와 같은 존재
를 느끼지 아니하니,
11 너희들이 구름과 같은, 또한 그림자와
같은 그와 같은 사람의 형국으로 변하
는 것을 알게 될 것이니라.
12 그 경지에 올랐을 때 너희들 스스로
하늘에 오를 수 있는 길을 갈 수 있음
을 알아야 될 것이니라.
13 마음을 비우는 자, 마음을 비우고 나
면 너희 가슴속에 아무것도 남는 것이
없으며, 스스로 너희 육이 존재하지
아니함을 깨닫게 되며, 너희 자신이
그림자와 같은 형체가 되는 것을 느끼
게 될 것이니라.
14 그와 같이 느끼고 깨달아 경지에 올랐
을 때, 세상에 너희 마음이 하나가 됨
이니, 이는 곧 하늘을 향하여 한 빛을
향하여 너희들이 올라올 수 있으며,
그 빛을 따라 올라올 수 있음이니 그
얼마나 무서운 변화던가?

15 너희들이 마음을 완전히 비우라.
16 마음을 다 비우고 세상사 눈을 감고
보면 너희 삶이 어찌 되었는가를 알
수 있으며 네가 지금 서 있는 자리를
알 수 있음이니,
17 너희들이 마음을 비우고 눈을 감고 너
희들의 인생이요, 너희들의 삶을 생각
할 때, 너희 스스로 비워진 그 상태에
서는 너희들이 그림자와 같은 인생이
라는 것을 느낄 것이며,
18 스스로 너희 육이 존재하지 아니하며
너희들이 육을 벗어나 영혼이 존재하
며 영혼의 세상을 볼 수 있음이니, 그
때 그림자요, 구름 위에 떠 있는 너희
들을 알게 될 것이니라.
19 그와 같이 깨달음의 경지에 오른 자,
하늘을 향하여 그 한 줄기의 빛을 보
고 그 빛만을 위하여, 그 길을 위하여
살아갈 수 있으며, 그 빛을 위하여 달
려올 수 있음이니,
20 하늘에 오르는 빛을 본 자요, 그 빛을
향하여 눈을 뜨고 보는 자, 그 빛을 향
하여 달려오는 것 외에는 아무것도 소
중함이 없으며 아무것도 다른 일을 할
수가 없으니, 그 빛을 보고 따라오는
것만이 영광이니라.
21 그것이 마음을 비운 자이며, 너희들의
육의 형체가 없는 경지에 올랐을 때
그를 보게 됨이니라.
22 네가 보고 네가 깨달아 행하는 것을
너의 제자들에게 일깨워 주도록 그리
하라.

3,787 번째 하나님 말씀

2002년 10월 27일 10시 19분

1 사랑하는 나의 아들아!
2 "네, 아버님! 말씀하옵소서."
3 내가 이 세상에 한 사람이 나의 뜻대
로 살아갈 수 있는 백성이 있다 하면,
세상 것을 다 주고도 바꾸지 아니하
며, 그보다 나에게 더 이상 큰 기쁨이
없다 하였음이니라.
4 이제 네가 나의 아들로서 세상에 나가
만백성을 구하기 위하여 160권의 법
전을 기록하는 과정에 그 어렵고 힘든
고비마다 네가 넘겨 이와 같이 변화됨
이니,
5 너 자신이 그림자요, 하늘의 구름과
같은 네 모형의 형체를 네가 보았으
며, 네가 그와 같이 마음을 비우고 세
상을 살아갈 수 있도록 독생자로서 그
자리를 지키니, 나 여호와의 기쁨이
이루 말할 수 없음이니라.
6 이제 너는 나의 성전에 와 공부하는
너의 제자들의 그 숫자를 가지고 연연
하지 말라.
7 단 한 사람이라도 너를 따르는 자, 너
와 더불어 같이 갈 수 있는 깨달음이
있는 제자가 있다 하면 그 위에 내가
다 역사를 이룰 것이니라.
8 나의 법전이 세상에 전해지는 것은 너
의 인력으로 하는 것이 아니니라.
9 다만, 너희들의 노력의 한계에 따라
서, 너희 노력과 너희들이 하고자 하
는 그 속에서 진정한 어려움을 알며
전하는 그 뜻을 알며 만백성의 심리를
깨달으며 그들의 마음 자세를 알며,

지금의 종교 집단들이 어떠한 형태로
가고 있는가 그를 거울삼아 너희들을
훈련시키고 깨우치기 위한 방법인 것
이며,
10 너희들로 하여금 나의 법전을 세상에
전할 수 있는 역사를 이룰 수는 없음
이니라.
11 다만, 너희들이 나의 아들과 같이, 또
천사와 나의 성령과 같이 너희 자신의
육신이 없으며 그림자와 같이, 구름과
같이 변하는 그 제자 한 사람이 더 소
중함이니,
12 이제 너를 따르는 그 제자들의 마음이
굳어지며 그 뿌리가 깊어지며 그 심성
이 다져지기 시작하는 자들이 있으니,
그들이 그와 같이 변하여졌을 때, 모
두는 다 불과 같이 이루어질 것이니라.
13 많은 제자들이 있다 하여 그들이 다
역사하는 것은 아니니라.
14 단 한 명이라도 나의 뜻이요, 천사와
같이 변하는 자 있다면, 네가 있고 또
너의 제자가 있음이니 세상에 못 이룰
것이 없음이니라.
15 그러나 지금 너의 제자들이 변하는 그
속도가 이루 말할 수 없이 무서우리만
큼 변해 가며 그들의 마음이 굳어져
가고 있음이니라.
16 그러니 네가 두려워하지 말라.
17 모든 법전이 세상에 전해지는 것은 너
희 능력으로 하는 것이 아님이니라.
18 너희들은 다만 너희 마음을 다스리며
마음을 비우며, 지금 종교 집단들이
어찌 가고 있는가, 그리고 그들의 그
사악한 이면의 모습과 그들을 깨우치
기가 얼마나 힘들고 어려운 것인가를
너희들이 몸소 체험하며, 그 훈련 속
에서 너희 자신을 다스려 가며 너희들
을 깨우치고자 함이니라.
19 이제는 네가 알고 있지 않은가?
20 많은 너의 제자들이 정녕 이는 나의
뜻이며 오로지 이 길에 모두를 다 바
치며 목숨을 걸고자 하는 자들이 있음
이니,
21 그들의 마음이 머지않아 그림자같이
변할 것이며 하늘을 나는 구름과 같이
될 것이니라.
22 그리하여 그들이 경지에 올라 변치 않
는 그와 같은 너의 제자들이 생길 것
이며 나의 백성들이 나올 것이니,
23 그들이 완벽히 조금 더 전진했을 때,
그때 내가 너희들에게 그 모든 역사를
이루어 줄 것이니 그리 알라.
24 두려워하지 말며 불안해하지 말며 초
조해하지 말라.
25 모든 역사는 나의 뜻이니라.
26 이제 너의 제자들이 많은 변화를 이루
고 있으며, 그들이 남들이 깨우치지
못하는 그 깨달음을 얻고 있으며,
27 이는 오로지 하나님의 뜻이요, 진정한
만백성을 구하는 길이요, 그 길을 위
하여 저희들이 세상에 나온 것을 보람
으로 생각하며, 저희들이 사는 것을
영광으로 생각하는 그와 같은 너의 제
자들이 변하는 모습으로 치닫고 있음
이니,
28 너는 더 이상 바랄 것이 없으며 더 이
상 원할 것이 없음이니라.
29 그들이 좀 더 변하여 그들 마음이 하
나가 되고 굳어졌을 때 내가 그들에게
영광을 줄 것이니라.

30 너희들은 구슬을 꿰어야 보배라 하지 않는가?
31 너의 제자들이 지금 그와 같이 하나하나 손과 손을 잡아 그들의 마음을 열고 가슴을 열고 지금 나의 뜻대로 살아가고자 함이니, 그들이 하나가 될 날이 머지않았음이니라.
32 그리하여 그들이 구슬을 꿰듯이 저희가 손에 손을 잡고 한마음이요, 하나로써 이루어졌을 때 내가 너희에게 상을 내릴 것이며, 내가 이루는 그 역사가 얻어질 것이니라.
33 그는 그들의 복이며, 그들만이 누릴 자격이 있음이니라.
34 내가 열여섯 가정의 신부라 말하였거늘, 저희가 신부와 같은 마음을 갖지 못한다면, 신부란 무엇이냐?
35 제가 다시 인생으로 태어나 철이 들어서 다시 변하는 그 인생으로 태어남이니, 세상에 나로부터 생명을 받아 나와 너희들이 태어났으며 그 속에서 세상에 얽히고 험난한 것을 나름대로 보고 자라 성년이 되었으며, 그 성년이 되어서 결혼할 때에는 다시 태어난 인생이며 새로운 가정을 갖기에,
36 그 순간만큼은 너희들이 모든 것을 다 용서하고 이해하며, 미운 자 없으며, 시기하는 자 없으며, 질투하는 자 없으며,
37 너희가 가는 길에 누가 될까 봐서라도 너희들이 더러운 말, 남을 시기하는 말, 욕하는 말, 음해하는 말, 그러한 말과 생각을 심지 않는 것이 신부의 마음이라, 그와 같이 내가 신부라 명하였음이니라.
38 너희들이 그와 같은 마음으로 변화되지 않는다면 너희들은 영원히 나로부터 구원받는 그 길에 들어서지 못함을 알아야 할 것이니라.

3,788 번째 하나님 말씀

2002년 10월 27일 12시 28분

(강론을 마치며)

1 사랑하는 나의 아들아!
2 "네, 아버님! 말씀하옵소서."
3 너희들이 육의 형태를 가지고 산다는 것은 세속에 너희들이 살아가는 법도가 있으며 흐르는 그 흐름이 있지 않으냐?
4 그 속에서 너희들만이 욕심을 버리며 마음을 비우고 산다는 것은 너희들의 살을 도려내는 아픔보다도 더 어렵고, 실천하고 행하기가 어려운 것이니라.
5 나 여호와가 너희에게 욕심을 버리며 세상사를 보지 말며 너희 마음을 다 비워 그림자 같은 형국으로 너희 자신을 돌아다보며 너희들을 그리 보고 그리 깨우칠 수 있는 삶을 살라 말하는 나 여호와의 마음이 아픔을 너희들은 알겠는가?
6 어린 자식에게 너희들이 무엇인가를 이루어 가르치는 그 마음보다도 나의 마음이 더 아프고 저려 옴을 너희들은 알아야 될 것이니라.
7 너희들은 믿음의 가는 길이 무엇인가 이제 깨달아야 할 것이니라.
8 믿음이라는 것은 중단이 없으며 쉬는 시간이 없이 계속 전진하는 것만이 너희들이 구원을 받을 수 있으며 너희

마음을 비울 수 있으며 너희 마음속에
있는 그 욕심을 지울 수 있음을 알아
야 될 것이니라.
9 너희들이 나의 법전을 읽는 것을 게을
리하며 나에게 기도하는 것을 게을리
하며 나의 뜻을 따라 행하는 것을 게
을리한다면, 너희들은 항상 넘어지는
그와 같은 형국에 처한다 내가 너희들
에게 말하였느니라.
10 음식을 취하며 사는 너희가 정상적인
시간에 그 음식을 취하고 사는 자, 과
욕이 없을 것이며, 탈이 없을 것이며,
먹지 못할 음식을 그는 먹지 아니할
것이 아니던가?
11 그러나 정상적인 영양을 섭취하지 못
하며 정상적인 음식을 섭취하지 못하
여 너희 말대로 3일이요, 5일을 굶은
자가 있다면, 그는 무엇이든지 먹을
수 있는 것은 다 먹어 그 굶주림을 채
우려 하지 아니하겠는가, 그리고 그
생명을 유지하려 하지 않겠느냐?
12 바로 그와 같으니라.
13 믿음을 계속 전진하지 아니하는 자,
나의 법전을 계속 정독하며 나에게 기
도하며 경배하며 나 여호와가 존재한
다는 것을 믿지 아니하고 살아가는 너
희들은 항상 사탄의 마음으로 휩쓸리
게 되며 사탄의 유혹에 곧 넘어지게
됨이니,
14 며칠 동안 굶주린 배를 채우기 위해서
그를 분별하지 못하고 아무거나 먹고
싶어 하는 그와 같은 형국으로 전락되
는 것이 믿음인 것이니라.
15 내가 너희들에게 약속하지 아니하였
던가?
16 나의 아들 예수가 세상에 태어난 것은
오늘의 법전을 위함이요, 오늘의 나의
아들이 이루는 그 역사를 받쳐 주기
위하여 이 세상에 태어났다면 너희들
은 믿겠는가?
17 내가 무어라 말하였느냐?
18 모세의 시대도 그 약속한 땅으로 백성
을 인도하고자 했으며, 예수 또한 내
가 약속한 그 나라요, 그 땅으로 인도
하고자 했던 것이 나의 뜻이었으나 그
모두가 실패하였음이니라.
19 그리하여 지금 내가 직접 나의 성령을
내려보내어 내가 약속의 땅인 천 년
후에 이 지상에 낙원의 동산을 이루고
자 함이니,
20 모세의 시대요, 예수의 시대가 오늘
내가 이 세상을 통제하려 내려가 법전
을 세상에 내려보내 너희들을 깨우치
는 그것을 준비하기 위하여 존재했다
면 너희들은 과연 믿겠는가?
21 이와 같은 역사 속에서 이루어졌음이
니라.
22 세상에 이루어지는 것, 하늘의 뜻을
이루고 시행하는 것은 그 누구도 알
수 없음이니라.
23 나의 모세도 알 수 없었으며 나의 아
들 예수도 또한 알 수 없었음이니라.
24 오로지 창조주 나 여호와요, 그를 행
하는 나밖에는 알 수 없는 것이 하늘
의 뜻이며 역사이니라.
25 다만, 지금 나의 아들이요, 너희들이
나의 성령을 직접 들음이니, 천 년 후
에 역사가 이루어지는 것이며 내가 이
루고자 하는 그 뜻을 아나,
26 너희들은 그 과정에서 어떠한 변화가

이루어지며 어떠한 소용돌이가 휩쓸
고 갈 때 그 속에서 견디고 싸워 이길
수 있는 너희들의 어렵고 힘든 그 모
두는 알지 못함이니라.
27 그 많은 변화 속에서 너희들이 견디고
이길 수 있는 것은, 오늘의 너희들의
믿음이 단단히 굳어지지 아니한 자 지
탱할 수 없으며,
28 오로지 나의 법전이 정녕 나의 뜻이라
믿어 순교자의 마음으로 가지 아니한
다면, 너희들이 몰아닥치는 그 태풍에
견딜 수 없음을 알라.
29 너희들은 항상 깨어 있는 자로서 항상
긴장하는 마음으로 나의 법전을 정독
하고 또 나의 성령의 가르침을 깨우쳐
너희 것으로 만드는 그와 같은 삶을
살아야 될 것이니라.
30 그렇지 아니하면 너희들이 쓰러짐을
알라.
31 항상 나의 법전을 너희들 가슴에서 떼
지 말며 너희 손에서 놓지 않는 그와
같은 마음 자세로 살라.
32 그렇지 아니하면 사탄이 너희들을 유
혹함이니, 배고픈 자가 아무것이나 먹
고자 하듯이 그와 같이 사탄의 유혹에
넘어져 가는 것이 사랑하는 백성 너희
들이니라.
33 이를 견디고 이기기 위해서는 너희들
이 항상 기도하며, 나의 법전을 손에
서 놓지 말라.
34 이것이 너희들이 가야 하고 지켜야 할
길임을 알라.
35 이와 같이 어렵고 힘든 그 역사를 너
희들에게 내리는 나 여호와의 아픈 마
음을 알라.
36 이제는 너의 제자들이 경지가 높으며
깨달음이 높으며, 그리하여 그들이 하
나의 마음으로 이루어질 날이 머지않
았음이니,
37 그들이 서로 손을 잡고 웃음으로써 하
나가 되었을 때 모두는 이루어질 것이
니라.
38 이 세상에 모든 역사하는 것은 너희들
의 힘으로 할 수 없으며 나 여호와의
주관하에 이루어짐이니, 너희들은 그
와 같은 이치를 깨닫고 알라.
39 오로지 너희들이 지탱할 수 있는 훈련
의 과정으로 오늘의 이와 같은 역사가
이루어짐을 다시 한 번 너희들에게 명
하노니 그리 깨우쳐 행하도록 하라.

3,789 번째 하나님 말씀

2002년 10월 27일 21시 12분

1 사랑하는 나의 아들아!
2 "네, 아버님! 말씀하옵소서."
3 무거운 짐을 지고 가는 나그네가 길을
물었을 때, 그 길을 알지도 못하는 자
가 아는 체하여 그가 원하는 길의 반
대 방향으로 가르쳐 준다 하면 과연
어떠한 형국이 이루어지겠느냐?
4 그 알지도 못하는 자가 가르쳐 준 길
이 정녕 자기가 갈 방향인 줄 알며 무
거운 짐을 지고 있는 나그네는 그 길
로 갈 것이니라.
5 그러나 그는 머지않아서 제가 정녕 잘
못 간 것을 깨닫게 될 것이니 그 마음
이 얼마나 착잡하겠는가?
6 차라리 모르면 모른다 말하는 것이 얼
마나 그 나그네를 위하여 도움이 되는

일을 하는 것인가?
7 이와 같은 이치 하나를 너희들이 깨닫
는다면, 알지 못하는 자가 아는 체해
서는 세상사 너희들이 살아가는 데 득
이 되는 것이 없음을 알아야 될 것이
니라.
8 지금 수천 년 역사 동안에 믿음의 길
이요, 하늘에 오르는 길이라 하여 너
희들이 오는 것이 과연 어떠한 것이던
가?
9 지금 많은 종교 지도자들이 수천 년
역사가 흘러오며 저희들만이 구원의
길을 인도하는 자라 말하고 가르치는
자들이 나의 성서에 가르쳐 준 비유의
뜻을 그 내용과 그 뜻도 모르며, 하늘
에 오르는 길이 무엇이며 내가 이루고
자 하는 것이 무엇인가 그것도 모르고
있음이니라.
10 나로부터 선택된 백성은, 나로부터 선
택된 지도자는 하늘에 오르는 길이 무
엇이며 하늘의 빛이 무엇인가 알고 있
는 자이니라.
11 최소한 그와 같은 뜻을 깨우쳐 만백성
을 깨우치고 가르칠 자격이 있는 자이
니, 그와 같은 자 나로부터 선택된 자
임을 알아야 될 것이니라.
12 그조차도 모르는 자는 나로부터 선택
된 백성이 아님을 알아야 될 것이니라.
13 지금에 너희들이 오는 그 과정에서 어
찌 가르치는가?
14 성서의 깊이요, 비유의 뜻도 모르는
자들이 가르치기에 정녕 내가 불로 써
내린 계명이요, 너희들의 영혼의 양식
인 그를 지킬 수 없다 그리 말하며,
15 알지도 못하는 자들이 지금 나의 피조
물 만백성을 이끌어 하늘이요, 천국의
문으로 인도한다 함이니, 그 길은 천
국의 문이 아니요, 지옥으로 가는 그
와 같은 길로 인도함이니라.
16 나그네가 잘못 가르치는 자의 말을 듣
고 짐을 이고 짊어지고 먼 길을 갔다
가 그 길이 잘못되어서 돌아설 때 낙
담하듯이,
17 지금 나에게 하늘에 오르는 길이라 가
르치는 잘못된 종교 지도자들의 안내
요, 가르치는 그 뜻을 믿고 따르는 자,
너희들은 그와 같이 지옥문 앞에 들어
섰을 때 과연 어떠한 형국이 되겠는가?
18 길을 잘못 물은 자, 잘못 가르친 자,
그는 돌이켜 갈 수 있으나,
19 너희 육신이 죽어 영혼은 나에게 와
심판을 받는 그와 같은 형국에 도래했
을 때는 너희들은 돌이킬 수도 없으며
후회해도 그 길을 다시 돌아갈 수 없
는 것이 너희들의 운명이며 죽음에 직
면하여 재판을 받는 그 형국임을 알아
야 될 것이니라.
20 지금 많은 종교 지도자 너희들은 깨달
아야 될 것이니라.
21 하늘에 오르는 길이 무엇이며, 성서에
서 내가 가르치는 것이 무엇이며, 내
가 미래에 열고자 하는 그 뜻을 모른
다 하면,
22 차라리 너희들은 정녕 종교 지도자로
서 자격이 없음을 시인하며, 나의 피
조물 만백성을 지옥 불로 인도하는 그
와 같은 형국에서 손을 떼야 함을 알
아야 될 것이니라.
23 아무것도 모르는 자가 안다 하여 길을
안내하는 것처럼 지금 그와 같이 너희

들이 무서운 죄를 짓고 있음을 알라.
24 그리하여 너희들이 잘못 가르치고 잘
못 인도하는 그것을 바로잡기 위하여
내가 나의 법전을 내려 나에게 오는
길을 인도하며, 하늘에 오르는 그 찬
란한 빛이요, 천국의 문을 들어올 수
있는 그 이치를 깨우쳐 주고자 함이니,
25 너희들은 잘못 길을 인도하는 자의 그
가르침에 따라, 그 손끝에 따라 무한
정 잘못된 반대 방향으로 돌아가는 그
와 같은 나그네의 삶을 살아서는 아니
될 것이니라.
26 너희들이 이 세상의 모두는 나 여호와
가 창조했으며 내가 필요로 하여 세상
의 모든 것은 다 존재한다 그리 말하
지 아니하는가?
27 그 하나의 이치를 깊이 깨우쳐 세상사
를 본다 하면, 나의 법전이요, 나의 성
령이요, 하늘에 오르는 길이라 하는
이 책이 나의 뜻에 의하여 세상에 나
온 것이라는 그 하나의 이치를 깨우친
다면, 나의 법전의 뚜껑을 열고 그를
정독하여 깨우침을 얻을 수 있을 것이
니,
28 바로 인도하는 자요, 길잡이인 나의
법전을 너희들이 버려두고 아무것도
모르는 자가 반대로 가르치는 그 길에
연연하여 인생을 망치고 버리는 그와
같은 삶을 살지 말라.
29 이것이 내가 너희들에게 원하는 길이
며 너희들에게 보여 주고자 함이니,
이제 바른길을 안내하는 자가 너의 제
자들임을 알아야 될 것이니라.
30 이제 만백성의 종교 지도자라 말하는
너희들은 너희들이 그 길을 알지도 못
하면서 아는 체하여 나의 사랑하는 피
조물 만백성을 지옥 불로 안내하고 이
끌어 가는 안내자의 역할을 중단할 때
가 되었음이니라.
31 그렇지 아니하면 너희들이 그 죄를 내
앞에 와 감당키 어려울 것이니, 이제
바로 너희들이 깨우쳐야 할 것이니라.
32 이제 내가 바른길을 인도하여 바른길
을 일깨워 주며 옳은 길을 인도해 주
는 나의 법전을 세상에 내보내며, 이
를 보고 깨우치는 나의 선택된 백성들
이 너희들을 인도할 것이며 안내자로
서 내가 내려보냄이니,
33 그들의 뜻을 알며 그들의 말을 들으며
그들이 안내하는 길을 보고 너희들이
바른길을 찾아가 목적을 이룰 수 있
는, 천국의 문을 들어올 수 있는 그와
같은 현명함을 얻도록 그리하라.

3,790 번째 하나님 말씀

2002년 10월 27일 21시 38분

1 사랑하는 나의 아들아!
2 "네, 아버님! 말씀하옵소서."
3 성서에 기록되어 있기를, 나의 아들이
무어라 너희들에게 기록하여 주었던
가?
4 나의 아들이 앉은뱅이를 일으켜 세우
며 눈먼 자를 눈을 뜨게 하며 병든 자
를 고치며 그와 같은 역사를 이루는
것은 무엇이라 기록되어 있는가?
5 그 모든 역사를 이루며 기적을 이루는
것은 곧 너희들의 믿음에 의한 것이라
그리 기록되어 있음을 너희들은 알아
야 될 것이니라.

6 너희들이 정녕 나 여호와가 존재함을
얼마나 믿으며 너희들이 나를 향하는
마음이 과연 얼마나 믿느냐에 따라서,
그 믿음에 따라 너희들이 구원을 받으
며 그 역사의 기적을 얻을 수 있음이
니,
7 너희들이 병든 자 고치며 앉은뱅이 일
으켜 세우는 그와 같은 역사의 기적을
이룬 것은 그들이 스스로 믿음이 그만
큼 진실되었으며 진실한 믿음을 가졌
기 때문에 그와 같은 기적을 얻게 된
것이라 나의 아들이 성서에 그리 기록
하여 너희들에게 전하고 있음을 너희
들은 어찌하여 모르는가?
8 너희들은 어떠한 기적을 이루며 너희
들이 구원을 받으며 영광이요, 축복을
얻는 그것도 다 너희 스스로 믿음에
달렸음을 알아야 될 것이니라.
9 너희들은 너희 자신의 믿음의 한계가
어디에 있으며 너희들이 지금의 서 있
는 자리가 과연 어떠한 것인가 스스로
깨우치지도 못하면서 나로부터 육의
영광의 축복이요, 또한 영혼의 축복을
받고자 그리하고 있음이니, 너희들은
이 이치를 깊이 깨우쳐야 함을 알아야
할 것이니라.
10 내가 일찍이 성서에 기록하여 너희들
에게 모든 역사와 기적을 이루며 너희
들이 축복을 받는 것은 너희 자신의
믿음에 의하여 모든 게 이루어지는 것
이며, 타의에 의해서 이루어지는 것이
아니라고 내가 너희들에게 일찍이 일
깨워 주었거늘,
11 어찌하여 너희들은 이와 같은 이치를
모르며, 타의에 의해서, 또는 주변의
환경에 의해서, 지도자에 의해서, 또
는 너희들을 이끄는 자의 그 기도에
의해서, 그리고 너희들이 지금 이끌어
가는 종교 집단의 그들의 기도요, 그
들의 축복에 의하여,
12 그리고 너희들이 재물과 은혜를 바쳐
거기에 대하여 그와 같은 구원을 받을
수 있다 기도해 주는 자, 그리고 바친
것만큼 말로써 다 축복을 내려 주는
것과 같이 하는 형국 속에서 너희들은
구원을 얻을 것이며 믿음을 얻을 것이
라 그리 말하고 살아감이니,
13 이게 얼마나 어리석고 우매한 자들인
가 너희들은 알아야 될 것이니라.
14 내가 너희들에게 무어라 일렀느냐?
15 세상에 너희들이 수억의 재물을 내놓
는다 해도 이웃이 알고 많은 사람이
알도록 너희 이름 석 자를 기록하면,
그것은 너희들이 육의 세상의 지상에
서 그에 대한 축복을 다 받고 영광의
은총을 받았음이니, 하늘에 와 나에게
는 받을 것이 없다 그리 일깨워 주었
거늘,
16 너희들은 어찌하여 지금 너희들이 이
룬 역사며 너희들이 행한 그 모두에
대하여 그 대가를 받으며 너희들이 한
것만큼 얻으려 하는 그와 같은 믿음을
가지고 있음이니,
17 이것이 얼마나 어리석고 우매한 믿음
이며, 나와는 아무런 관계도 없는 그
와 같은 믿음으로써 너희들이 가고 있
는지를 스스로 깨우쳐야 될 것이니라.
18 아무리 큰 일을 하고 봉사를 했다 해
도 너희들이 그것으로써 남에게 자랑
하며 남으로부터 칭송을 받도록 너희

자신이 그를 선전하고 너희들이 주변
으로부터 그와 같은 칭송을 받았을 때
나에게 와 받을 것이 없다 내가 말하
였음이니,
19 그러니 너희들이 하는 것 자체도 오른
손이 하는 것도 왼손이 모르도록 그리
은밀히 하는 자를 내가 기억하며 나로
부터 은혜와 그 대가의 축복을 받을
수 있다 하였거늘,
20 너희들은 작은 것 하나 역사하면서도
거기에 대한 기대 심리요, 너희들이
성전에 와 재물을 바치며 기도하고 경
배하는 모든 것이 무엇인가를 얻고자
하는 그와 같은 너희들의 계산된 곳에
서 행함이니,
21 너희들은 그와 같은 것을 하고도 어떠
한 축복과 영광을 얻을 수 있다 그리
생각하는가?
22 그는 아무것도 얻을 수 없으며, 나와
는 관계도 없는 자들임이니라.
23 이제는 내가 성서에 기록하여 너희들
에게 전했으며, 나의 법전을 통하여
너희들에게 깨우쳐 주었음이니, 너희
들은 그 뜻을 깊이 알아야 될 것이니
라.
24 모두의 얻고 잃는 것은 너희들의 믿음
의 자세에 달렸음이니,
25 너희들이 정녕 얼마나 진실된 믿음으
로써 진실된 속에서 나 여호와가 존재
함을 믿고 생활하며 너희 마음을 그리
다스려 가는가, 거기에 너희들의 모든
답이 있음을, 스스로 답을 얻어 평가
해 보라.
26 그렇다면 나에게 무엇을 얻고자 구원
하고자 기도하는 너희들이 얼마나 추
한 모습이며, 얼마나 부끄러운 행위
며, 나와는 아무런 관계없는 자들이
하는 행위인가를 알게 될 것이니라.

3,791 번째 하나님 말씀

2002년 10월 27일 21시 46분

1 사랑하는 나의 아들아!
2 "네, 아버님! 말씀하옵소서."
3 내가 성서에 기록하여 전했으니 나의
아들이 무어라 말했던가?
4 너희들이 기도하는 그 성전 안에서 물
건을 사고파는 매매행위를 함이니, 나
의 아들이 너희들에게 그와 같은 행위
를 해서는 안 된다 엄히 다스렸으며,
5 그와 같은 행위를 하는 자 다 쫓아내
버리며 성전에 발을 들여놓을 수 없다
그리 말하여 가르쳤음이니라.
6 그러나 지금 너희들은 과연 어찌하고
있는가?
7 그와 같은 나의 아들의 깨우침을 파괴
하고 있으며 그를 원천적으로 거부하
며 그를 순종치 아니하고 살아가는 것
이 지금 바로 너희들의 종교 집단이
이끌어 가는 형태임을 알아야 될 것이
니라.
8 너희들이 가는 믿음의 길이요, 잘못
가르치는 자, 잘못 배우는 자, 그리고
바르게 가르치는 자, 너희들이 다 한
입으로 말할 수 있는 것은,
9 하늘에 오르는 것은 나의 아들 예수가
행했던 삶을 그대로 사는 자만이 구원
을 받으며 그 모습대로 살도록 노력해
야 된다는 것이니, 그것은 너희들이
누구나 다 알 것이니라.

10 그러나 나의 아들이 그 성전에서 매매
하는 짓 하지 말며 거래하는 짓 하지
말라 엄히 명하여 너희들을 다스렸거
늘,
11 지금 너희들이 지은 그 성전에서 종교
지도자요, 너희들의 집단이 과연 어찌
하고 가는가?
12 너희들은 우리 부자를 팔아먹으며 나
의 아들이 그렇게 고통스럽게 죽어 간
그 보혈을 팔아먹는 그와 같은 형국이
되어 있음이니, 너희보다 더 흉악하게
거래하는 자가 없음을 알아야 될 것이
니라.
13 너희들이 무엇 하나를 이루기 위하여
거기에 축복이 있으니 바치라 하며,
너희 손으로 지은 그 성전에 높이 십
자가 하나를 걸어 붙이기 위하여, 나
의 아들이 그리도 고통스럽게 죽어 간
십자가를, 하늘에서 내려다보는 나의
가슴이 찢어지는 것보다도 더 아픈 그
것을 만들어 내는 자에게 축복이 있다
하여 그를 또 팔아먹으며,
14 너희들이 기도할 때마다 세상 것을 다
얻어 주며 너희들이 신인 것같이 그리
말하면서 그들에게 재물과 금화와 은
화를 거둬들이니 그것이 바로 무엇이
더냐?
15 너희들은 나의 아들 예수가 있던 그
성전에서 물건을 주고 팔던, 짐승을
팔며 거래했던 그 장사꾼들보다도 더
사악한 자들이니라.
16 나의 아들이 그리 고통스럽게 죽어 가
며 너희에게 지키라 하여 언약을 내린
것은 지키지 아니하고 그저 헌신짝처
럼 버리며,
17 아무것도 대가를 지불하지 아니하며
주는 것 없이 그저 우리 부자의 이름
을 팔아먹는 그와 같은 사악한 행위를
하고 있는 것이 지금 너희들의 집단임
을 알아야 될 것이니라.
18 지금 너희 손으로 지은 성전이요, 그
곳에 와 기도하고 경배하는 자 축복을
받는다 하는 그곳이 바로 매매의 현장
이 되어 있으며,
19 너희들은 이와 같이 매매행위를 하면
서도 죄짓는 것을 모르며 너희들이 어
찌하고 있는지 자체도 모르고 있으며,
20 나의 아들 예수를 통하여 성서에 기록
했던 그 뜻을 읽고 깨우쳐 설법이요,
설교라는 것을 수백 번 수천 번 듣고
수천 년 흘러온 동안에도 성전에서 팔
고 사는 그와 같은 장사를 하고 있음
이니라.
21 너희들은 물건을 주는 것도 없이 그저
말로 세 치 혓바닥으로써 모든 것을
다 팔아먹어 너희들의 부귀와 영화와
안락한 생활을 위하여 모든 수단과 방
법을 가리지 아니하고 살아감이니, 이
무서운 사실을 어찌하려 하는가?
22 이것 자체도 깨우치지 못함이니라.
23 그리하여 지금의 종교 집단에서 가르
치는 자, 그곳에서 깨닫는 자는 한 명
도 나로부터 구원받은 자가 없다 하였
음이니, 이 얼마나 무서운 것인가를
알아야 될 것이니라.
24 너무나 사악한 방법으로, 그리고 세
치 혓바닥으로, 너희들 입에서 나오는
그 말로써 나의 피조물 만백성에게 내
가 내려 준 그 재물을 감언이설로 속
여 그와 같이 말을 팔아먹는 매매의

장소가 되어 있는 것이 너희들의 성전
이니,
25 이제 곧 내가 그 문을 닫게 할 것이며,
거기에 거미줄을 치게 할 것이며, 너
희들이 스스로 무너지는 그와 같은 역
사가 이루어짐을 알아야 될 것이니라.
26 그리하여 이제 내가 너희들을 구원하
고자, 너희들이 깨닫는 그 길을 인도
하고자, 너희들이 매매하지 아니하며
나의 뜻에 따라 하늘에 오르는 참진리
를 깨우칠 수 있는 나의 법전을 세상
에 내려보냄이니,
27 이를 보고 깨우쳐 구원을 받지 아니하
는 자, 너희들이 얼마나 말로써 우리
부자를 팔아먹으며 나의 아들이 그렇
게 고통 속에 죽어 가며 흘린 그 피의
보혈로 구원을 받았다 하며 그를 팔아
평생 몇천 년이 계속 되는 동안 장사
를 해 먹으며, 또 앞으로도 계속 그와
같이 장사를 해 먹을 것이니,
28 그것을 단죄하고자 나의 법전이 세상
에 내려와 내가 직접 너희들을 통제하
는 이 엄연한 심판의 시대의 무서움을
너희들은 알아야 될 것이니라.

3,792 번째 하나님 말씀

2002년 10월 27일 21시 59분

1 사랑하는 나의 아들아!
2 "네, 아버님! 말씀하옵소서."
3 내가 일찍이 너희들 성서에 기록하여
깨우쳐 주었음이니라.
4 너희들이 인간사 살아가면서 혐의점
이 있고 의심되는 자, 그리고 의혹이
가는 자, 그와 같은 사람도 너희들 임
의로 의심치 말라 그리 말하였음이니
라.
5 그리고 의혹이 가며 의심이 가며 또한
그가 그와 같은 사악한 짓이요, 잘못
된 것을 행했다는 것을 느낄 수 있는
그와 같은 자라 해도 너희들이 용서하
는 것이 나 여호와 창조주로부터 너희
들 자신이 용서받는 길이라 내가 너희
들에게 그리 깨우쳐 주었음이니라.
6 그러나 지금 너희들의 삶이 과연 어떠
하던가?
7 지금 너의 제자들이요, 나의 법전을
읽고 깨우친 자들이요, 그리고 나로부
터 선택된 백성이요, 신부라 명한 너
희들은 과연 너희 스스로 나로부터 용
서를 받을 수 있는 그와 같은 마음 자
세로 지금 살아가고 있는가?
8 너희들은 다시 한 번 너희 자신을 돌
이켜 봐야 될 것이니라.
9 너희들은 이웃의 형제요, 너희들과 같
이 공부하며 나의 성서를 같이 배우는
자, 너희들이 의심이 가는 자는 덮어
둔다 하더라도,
10 너희들은 스스로 그와 같은 의심을 만
들며 남을 의심하며 남을 신뢰하지 못
하는 그와 같은 마음 자세로 살아가지
않는가?
11 남의 말을 하기 좋아하며, 남의 확실
하지 못한 것을 남의 흉으로 만들어
그를 즐겁게 말하며, 그를 비방하며
그를 적대시하는 그와 같은 마음의 행
동은 하지 아니하는가?
12 너희들은 내가 일찍이 깨우쳐 말하기
를, 의심이 가는 자며 또한 그가 잘못
했다 너희들이 느낄 수 있는 그와 같

은 자도 용서하는 것이 너희들 마음이
라 하였음이니,
13 나의 법전을 읽고 깨우치며 나의 뜻을
직접 듣는다는 너희들의 지금 모습이
과연 어떤가?
14 너희 자신을 스스로 한번 돌아다보도
록 그리하라.
15 너희들이 남을 의심하며 남을 시기하
며 질투하며 남의 의혹된 말을 하지
아니하는가?
16 그리고 남을 험담하는 것을 너희들은
즐겨 그리 생각하며 같이 동조하는 자
는 아닌가?
17 너희들 자신이 얼마나 추하고 더러운
모습으로 서 있는 것인가를 한번 생각
해 봐야 될 것이니라.
18 정녕 너희들이 살아가는 것이 나에게
서 용서받을 수 있는 그와 같은 삶으
로 살아가는가?
19 그와 같이 살아가지 못하는 자, 어찌
나에게 은혜를 받으며 육의 축복을 받
으며 영혼을 구하는 그와 같은 은혜를
받고자 하며 나의 성전에 너희들이 나
의 법전을 들고 찾아오는가?
20 너희 스스로 과연 어떠한 자인가를 돌
이켜 보라.
21 그리고 너희들이 어떠한 형태로 살아
가는 것인가를, 너희들은 지금 너희
자신을 제삼자의 입장에서 냉정하게
냉혹하게 들여다보아야 될 것이니라.
22 정녕 너희들은 부끄러워 내가 내리는
음식에 수저를 댈 자격이 없을 것이
며, 너희들 자신이 인간으로서 인간이
라 말할 수 없을 것이며, 너희들이 감
히 남들 앞에 시비를 가르는 그와 같
은 행위를 할 수 없는 그와 같은 형국
일 것이니,
23 너희들 자신을 냉정히 들여다보는 자,
너희들 말에 쥐구멍이라도 찾고 싶다
는 그와 같은 말이 있듯이, 그보다도
더 부끄럽고 창피한 모습이 너희들이
아닌가?
24 그러면서 그와 같은 형국에서 너희들
의 소원을 바라며 무엇을 이루기를 바
라며 나에게 얻기를 바라는 그와 같은
너희들은 아닌가?
25 나 여호와가 너희들을 바라보는 마음
이 얼마나 아프고 내 가슴이 저려 오
겠는가?
26 그리고 그를 바로잡지 못하는 너희들
을 내가 나의 아들딸이요, 신부라 명
했으며, 너희들의 이름을 낙원의 동산
에 기록해 놓았으니 너희들이 바르게
살라 내가 그리 너희들에게 나의 법전
을 1권서부터 가르쳐 지금 3부가 나
왔거늘,
27 3부의 역사가 다 이루어진 지금에까
지 너희들이 과연 나에게 부끄럽지 않
은 행위를 하며 살고 있는가?
28 내가 보기에 내 가슴이 찢어지도록 아
프며, 너희들의 그 내면의 행위를 볼
때, 나 여호와의 가슴을 너희들이 이
제는 그만 울려야 되지 아니하겠는가?
29 내가 너희들을 사랑한다 함도 한계가
있음이니라.
30 내가 너희들을 사랑함이며 너희들을
믿고 새로운 역사를 이루려 하며 나의
법전으로 천 년의 역사에 걸쳐 새로운
천국을 이루려 하는 그것이 너희들이
거늘,

31 정녕 너희들이 어찌하여 이리도 나를 울리는가?
32 스스로 너희들이 마음을 비우며, 감히 나의 법전을 읽고 깨우친 너희들의 입에서 남을 시기하며 음해하고 질투하고 의심하는 그와 같은 추한 말과 행동으로써 살아간다 하면,
33 이는 너희들이 나 여호와를 불 속에 집어넣는 것보다도 더 고문함이니라.
34 나의 아들이 십자가에 매달려 죽어 가면서 나에게 그 잔을 받지 않도록 원했던 그 기도보다도, 죽어 가는 것을 살릴 수 있는 나 여호와가 그를 내려다보는 그 가슴 찢어지는 아픔보다도 지금 나를 더 고문하는 것이 너희들이니라.
35 이제 마지막 시대에 새로운 시대를 이루며 나의 법전의 역사를 이루려 선택된 너희들이니,
36 너희들이 바로 가지 못할 때 너희들은 나를 불 속에 집어넣는 것이며, 나 여호와를 끓는 기름 가마 속에 인정사정 없이 그저 밀어붙이는 그들보다도 더 잔인하고 가혹한 너희들임을 알아야 될 것이니라.
37 내가 이리 눈물로써 너희들에게 하소연하며 소원하거늘, 너희들 마음자리 하나 비우지 못하겠는가?
38 너희들이 지금까지 살아온 삶이 얼마나 흘렀던가?
39 얼마 남지 않은 너희들의 그 삶을 나를 위하여 단 10년이라도 너희들이 모든 마음을 비우고 나에게 그 마음을 전해 줄 수는 없겠는가?
40 나의 뜻을 따를 수는 없겠는가?
41 내가 눈물로써 너희들에게 이 밤 간곡히 소원함이니, 이 창조주 너희 아버지라는 어버이의 그 뜻을 따를 수는 없겠는가?
42 내가 너희들에게 다시 간곡히 부탁하는 바이니라.
43 나의 뜻을 너희들이 기억해 주기를 바라는 바이니라.

3,793 번째 하나님 말씀

2002년 10월 27일 22시 14분

1 사랑하는 나의 아들아!
2 "네, 아버님! 말씀하옵소서."
3 성서에 너희들에게 일찍이 기록하여 깨우쳤기를, 아이 가진 부인들에게 고통이 따를 것이며 너희 자식에게 환난이 있을 것이라 그리 가르쳤음이니,
4 너희들은 그와 같은 것을 깊이 깨우쳐 그 길을 면할 수 있도록 하여야 됨을 알아야 할 것이니라.
5 내가 너희들에게 무어라 말하였느냐?
6 천 년에 걸쳐 하늘에서 이루어진 것같이 지상에서 이루어지며 천사와 같은 마음, 나의 성령과 같은 심성을 가진 자들만이 세상에 존재한다 하였음이니,
7 너희들은 그 말을 믿지 아니하며 그를 믿으려 하지 아니할 것이니라.
8 너희들은 너희 종교 집단이요, 그와 같은 형국의 그 조직이 무너질 일이 없으며 그는 영원히 존재할 것이라 생각할 것이니라.
9 그러나 너희들이 지금 그 후손의 변화요, 아이 가진 여자에게 고통과 아이

들에게 환난의 시련이 온다 하였음이
니, 너희들은 여기서 하나 깊이 깨우
쳐야 될 것이니라.
10 너희들이 지금 자연의 환경을 스스로
파괴하며 자연을 무너트리는 그와 같
은 속에서 내가 너희에게 벌을 내리지
아니한다 해도,
11 너희 스스로 너희 후손이 앞으로 기형
아를 낳을 수 있으며 정신이 부족한
아이, 모자라고 미달되는 아이들을 낳
을 수 있음이니, 그를 낳는 여인들의
그 고통이 말할 수 없을 것이며,
12 또한 그와 같은 생명으로써 세상에 태
어나 살아가는 그 아이들 자신에게도
그것보다 더 무섭고 어려운 환난이 없
을 것이니, 너희들은 이와 같은 뜻을
깊이 깨우쳐야 될 것이니라.
13 이와 같은 변화의 역사가 이루어 너희
들이 백 년, 2백 년만 흐른다 해도 너
희들이 과연 이 세상을 지금의 종교
집단처럼 그 형태로써 이끌어 가고 지
배할 수 있다 생각하는가?
14 너희들은 통제 불능이 될 것이니라.
15 그리하여 너희들이 관리하고 먹고살
라 한 그 모든 동식물에게 너희들이
지배를 받는 그와 같은 험악한 형국으
로 돌아갈 수도 있음을 알아야 될 것
이니라.
16 내가 밤과 낮을 가리지 아니하고 이
깊은 밤 나의 아들을 통하여 나의 성
령을 그 가슴에 내려보내 '하늘에 오
르는 길'이라 하여 책을 만들어 너희
들을 심판하는 법전이라 하여 세상에
내려보내는 이유는,
17 그와 같은 너희들의 변화를 내가 미리
막고자 하며,
18 그와 같은 처참한 형국을 내가 볼 수
없기에, 그를 보지 않으려 하여 내가
지금 이와 같은 제3의 시대의 역사를
이루어 너희들을 바로잡고자 함이니
라.
19 너희들의 지금의 믿음의 형국으로써
는 너희들이 앞으로 감으로 인하여 기
형아요, 모자란 자식을 둘 것이며,
20 그와 같은 자식들이 인생을 살아가며
너희들의 세속에서 살아갈 때, 얼마나
그들이 고통스러우며 그들의 삶이 환
난의 형국이 될 것인가?
21 너희들은 이제라도 깨우쳐 그와 같은
너희들의 후손을 보아서는 아니 됨을
명심하여야 될 것이니라.
22 지금의 너희들이 가는 믿음의 형태요,
너희들이 마음을 비우지 아니하며 그
리 살아가는 형국으로써는 너희들이
그와 같은 후손의 삶을 면할 길이 없
을 것이니라.
23 너희들이 그와 같은 것을 벗어나고자
하면 나의 피조물 만백성들이 종교 지
도자요, 그 밑에 가 구원을 받는다며
눈물로써 기도하고 광란의 찬송을 부
르며 너희 나름대로 기도하며 경배한
다는 자들,
24 너희들 스스로 변화되지 아니하며 십
계명을 지키며 나의 성령의 마음으로
변하지 아니할 때, 너희들의 후손은
그 길을 면치 못함을 알아야 할 것이
니라.
25 너희들의 후손을 바로 세워 하늘에서
이루어진 천국을 지상에서 만들어 그
곳에서 살 수 있는 너희들의 후손을

이루고자 한다 하면,
26 나의 법전을 읽고 읽어 정독하여 깨우
쳐, 내가 160권에 기록하여 내려보내
는 나의 뜻을 순종하고 지키는 그와
같은 삶을 살아가고자 노력할 때, 그
와 같은 너희들의 후손은 그 환난을
맞지 아니할 것이니라.
27 너희들이 나의 법전이 사탄의 마지막
하는 행위요, 너희들을 혼란케 하는
거짓 선지자가 세상에 나온 것이며,
그리고 이는 너희들을 지옥으로 이끄
는 것이라 하여
28 이를 보지도 못하게 하며 읽지도 못하
게 하며 이 뚜껑을 열지도 못하게 하
며 태우고 찢어 버리는 그와 같은 행
위를 계속 자행한다 하면, 너희들의
후손은 내가 말했듯이 그와 같은 형국
으로써 그 끝을 맺게 될 것이며,
29 오로지 이 법전을 읽고 깨우쳐 천사와
같은 마음이요, 십계명대로 살며 나의
법전대로 살며 나 여호와의 심성과 같
이 변하여 가는 그 후손들만이 남게
됨이니,
30 너희들의 후손을 이 지상에 존속시키
고 존속시키지 아니하는 것은 너희들
의 지금의 깨달음의 시기에 달렸음이
니라.
31 지금 추수의 시절에 너희들이 이와 같
은 너희들의 심판대에서 심판을 받아
가고 있음을 잊지 말라.
32 이것이 내가 사랑하는 너희들에게 내
리는 마지막 경고이니, 이를 깊이 받
아들이고 받아들이지 아니하는 것은
너희들의 자유임을 알라.

3,794 번째 하나님 말씀

2002년 10월 27일 22시 26분

1 사랑하는 나의 아들아!
2 "네, 아버님! 말씀하옵소서."
3 너희들이 지금의 믿음의 가는 형국이
어떠하며, 모든 종교 지도자가 가르치
는 것과 너희들이 배우는 자가 어찌하
는가?
4 이 세상 모든 것은 나 여호와의 주관
하에 탄생되지 않은 것이 하나도 없으
며, 그 모두는 나의 뜻이요, 나에 의하
여 세상에 다 존재하며 태어났다 말함
이니라.
5 그러나 너희들은 어찌 그리 살아가는
가?
6 말로써는 그리하며 말로써는 세상 이
치를 다 아는 것같이 살아감이니라.
7 그리하여 너희들이 살아갈 때, 말로써
하듯이 행동도 그와 같이 하여 모든
사물을 그리 보고 살아간다면 세상은
미운 자 없으며 버릴 자가 없으며 다
소중하고 귀한 것이니,
8 너희들이 사랑하지 아니한다 하여도
사랑하는 마음을 버릴 수가 없으며 사
랑하는 마음속에서 살아갈 수 있음이
니라.
9 말로써는 세상 것이 다 나 여호와 창
조주가 만들었으며 내가 필요로 하여
세상에 내보냈으며 나의 뜻이 아닌 것
이 하나도 없다 너희들이 그리 말하느
니라.
10 그러면서 너희들이 세상사에 보는 것
은 그리 보지 아니함이니, 너희들의
심성이 어떠하던가?

11 너희에게 유리하고 편리하며 이익이
되며 득이 될 때 너희들은 이 모두는
다 하나님의 뜻이라 그리하여 받아들
이느니라.
12 그러나 너희들에게 좀 불리하고 좀 손
해를 본다 생각할 때는 어찌하는가?
13 뜨거운 물에 데인 강아지 도망가듯이
뒤도 돌아보지 아니하고 도망가고 달
려가는 것이 너희들이며,
14 언제 나 여호와가 존재하여 이 세상의
모두를 만들었으며 나 여호와의 뜻에
의하여 나의 주관하에 세상 것이 태어
났다 말했느냐는 듯이, 데인 강아지
도망가듯이 그 생각조차도 없으며 그
마음조차도 없이 등 돌리고 달려가고
도망가는 것이 너희들이며,
15 언제 봤느냐 하는 식으로 살아가는 것
이 너희들의 마음이요, 너희들이 살아
가는 믿음이요, 너희들의 그 형태이거
늘,
16 그 속에서 너희들이 어찌 구원을 받으
며 어찌 하늘에 오를 수 있는 그 길을
볼 수 있단 말이더냐?
17 하늘의 나라는 영원히 사는 것이며,
너희들이 아무리 유능한 화가라도 그
릴 수 없으며 아무리 상상력이 뛰어난
천재라 해도 그를 그려 낼 수 없으며
아무리 유능한 사진작가라 해도 그를
감히 찍어 낼 수 없는 것이 천국이라
하였음이니,
18 그 천국에 그와 같은 마음을 가진 너
희들이 어찌 올라올 수 있으며 너희들
이 그곳에 와 어찌 존재하고 살아갈
수 있다 그리 생각하는가?
19 육에서 너희들이 지금 살아가는 그 형
태만으로도 너희들은 나로부터 과분
한 영광을 누리며 내가 너희에게 크나
큰 축복을 내린 것으로 알아야 될 것
이며,
20 육의 생활 속에서 너희들은 아무것도
받을 자격이 없는 자들과 같으니라.
21 그러한 너희들이 살아갈 수 있는, 육
의 생명을 유지할 수 있는 지금의 내
가 내리는 그것 하나로도 너희들은 나
로부터 너무나 큰 은혜와 은총을 받은
자들임을 알아야 될 것이니라.
22 말로써 이 세상의 하나하나가 나 여호
와의 뜻이며, 내 주관하에 태어나지
아니하며 생성되지 않은 것이 없다 너
희들이 말한다면,
23 행동과 마음가짐을 같이 일치하게 하
여 세상을 볼 때 세상이 얼마나 아름
답고 소중한 것인가?
24 감히 너희들이 형제지간에 핍박하며
이웃을 핍박하며, 나의 성전에 와 같
이 공부하는 한 자식이요, 한 딸이라
내가 명했으며 같이 너희들이 하늘에
와 천국에 오를 수 있는 자격을 주었
다 하는 너희들까지도 감히 어찌 시비
하며 남을 질투하며 시시비비하며 저
만이 옳다 그리 생각하며 너희들이 그
와 같은 마음자리를 가질 수 있겠는가?
25 너희들은 이 이치 하나를 깊이 깨우쳐
언행을 통일하도록 하라.
26 속과 겉이 다르지 않은 삶을 살라.
27 말로써 세상 것이 나 여호와의 주관하
에 나왔다 하면, 너희들은 그와 같이
다 소중한 것으로써 받아들이는, 그리
고 관리할 수 있는, 볼 수 있는 그와
같은 마음자리를 갖도록 그리하라.

3,795 번째 하나님 말씀

2002년 10월 27일 22시 41분

1 사랑하는 나의 아들아!
2 "네, 아버님! 말씀하옵소서."
3 내가 정녕 너에게 무어라 말하였느냐?
4 하늘에 오르는 믿음의 길이요, 하늘의
그 영광의 축복을 받을 수 있는 자는,
너희들이 말하기를 미련한 자라는 소
리를 듣는 자, 그와 같은 소리를 들으
며 그와 같은 자만이 꾸준히 하늘에
오르는 그 계단을 한 계단 한 계단 오
를 수 있다 말하였음이니라.
5 너희들의 머리로 계산하는 자, 약삭빠
르게 계산하는 자, 그리고 나의 성전
에 와 나의 법전을 읽고 세상 것을 다
얻은 것처럼 말하는 자보다
6 말없이 한구석에 앉아 나의 강론을 들
으며 나의 법전을 정독하며 세 번 읽
으라 할 때 세 번 읽는 그와 같은 미련
한 백성이 구원을 받을 수 있으며, 그
가 제자 중의 우등생으로서 믿음의 영
광을 얻을 수 있는 것을 너희들은 알
아야 될 것이니라.
7 믿음이라는 것은 전진밖에 없음이니
라.
8 미련한 만큼 한 계단 한 계단 걸어와
그 믿음의 역사에 축복을 얻는 것만이
너희들이 할 수 있는 길임을 알라.
9 너희들은 거북이와 토끼라는 그 이야
기를 듣지 아니하였느냐?
10 거북이는 느림보지만 그는 땀을 흘리
며 약속한 그 장소를 향하여 쉬지 않
고 기어가지 않았던가?
11 감히 경주하자는 그 자체가 우매하고
둔한 것 같으나 그는 인내와 끈기로써
그것을 대적하고자 하였음이니,
12 재빠르며 몇십 배 빠른 토끼는 얼마나
경망스럽고 자발스러운 행동으로써
그 결과에 우승이라는 것을 느림보 거
북이에게 빼앗겼는가?
13 그와 같이 거북이와 같은 믿음으로 가
는 자만이 우등생이 될 수 있음을 알
아야 될 것이니라.
14 너희 인간이 토끼와 같은 자로서 믿음
을 향한다면 너희들은 정녕 구원받을
수 없으며 하늘에 오르는 길을 볼 수
도 없으며 오를 수도 없음을 알라.
15 거북이처럼 그저 미련스럽게 한 계단
한 계단 믿음을 향하여 깨우쳐 가는
그와 같은 자가 나에게 올 수 있는 자
임을 너는 만백성에게 전해 주어야 될
것이니라.
16 그와 같이 한 걸음 한 걸음 앞으로 나
아가는 것이 하늘을 향하는 길이요,
믿음을 향하여 구원의 길을 오는 가장
보람된 것이거늘,
17 너희들은 지금 뒷걸음질하는 그와 같
은 믿음으로써 믿음을 향하여 너희들
이 하늘에 오를 수 없음을 알아야 될
것이니라.
18 너희들에게 축복이 있으며 영화가 있
으며 너희 마음에 들며 너희들의 생각
과 일치할 때, 너희들은 그와 같이 들
러붙어 그 모두가 너희들을 위하여 있
는 것처럼, 세상사 나 여호와를 위하
여 모두를 다 바칠 것처럼 그와 같은
마음 자세로 행하나,
19 그와 같은 자 앞으로 계속 전진하지
못하며, 앞으로 갈 때 힘들고 어려우

며 함정이 도사리며 그 계곡을 넘어야
할 때는 서서히 남들 뒤로 빠져 뒷걸
음질하기 시작함이니,
20 뒷걸음질하는 자 영원히 구원받을 수
없으며, 그 뒷걸음질하는 자는 계속
뒷걸음질로써 미끄러지는 그와 같은
형국으로 가는 것이 믿음의 가는 길이
니라.
21 그러니 너희들은 뒤로 물러나 뒷걸음
질하는 그와 같은 믿음의 길을 가는
나의 백성이 되어서는 아니 될 것이니
라.
22 오로지 앞만 보고 거북이처럼 한 발짝
한 발짝 그저 미련하리만큼 앞으로 나
아가는 자가 우등생이 될 수 있음을
너희들은 알라.
23 너의 제자들에게 내 뜻을 가르쳐 전하
라.
24 너희들이 한 걸음 한 걸음 뒤로 물러
나기 시작하면 앞에 가는 자를 따라갈
수 없으며 서서히 뒤로 미끄러짐이니,
25 영원히 너희들은 지옥으로 떨어지는
그와 같은 형국이 되며, 하늘에 오르
는 길을 볼 수 없음이니라.
26 어렵다 하여 뒷걸음질하는 습관을 들
이지 말라.
27 그리고 고통스럽다 하여 뒷걸음질하
는 자, 또 너희 뜻에 맞지 아니한다 하
여, 나의 성전에 와 강론하는 것이 너
희 뜻에 맞지 아니한다 하여 뒷걸음질
하는 그와 같은 습관을 버리라.
28 뒷걸음질하기 시작하는 자, 너희들이
힘들고 어려울 때 또다시 뒷걸음질하
게 되어 있음이니, 그러한 자는 영원
히 구원을 받을 수 없음을 너희들은
알아야 할 것이니라.
29 인간사에 너희들이 살아가면서 뭐라
말하느냐?
30 한 번 배신한 자는 영원히 배신하며,
그 배신의 단맛을 아는 자는 그를 버
리지 못하니,
31 제 눈에 보이는 그 이해관계에 따라서
하시라도 배신하며 등 돌릴 수 있는
자라 하였음이니, 바로 뒷걸음질의 맛
을 본 자, 뒷걸음질을 하게 되어 있음
이니라.
32 저희들이 지치고 힘들 때 남의 뒤로
빠지며, 그리고 어려운 고비가 닥칠
때마다 뒤로 물러나는 자, 제 스스로
한 발씩 물러날 때 그는 영원히 구원
할 수 없는, 멀리 떨어지는 자가 됨을
너희들은 알아야 될 것이니라.
33 내가 다시 너희들에게 전하나니, 너희
들이 거북이와 같이 그저 꾸준히 앞으
로 오는 자, 남들에게 미련하다 소리
를 듣는 자, 그와 같은 믿음으로 가는
자가 구원을 받을 수 있음을 알라.

3,796 번째 하나님 말씀

2002년 10월 28일 07시 04분

1 사랑하는 나의 아들아!
2 "네, 아버님! 말씀하옵소서."
3 너희들이 신약에 기록되었기를, 한 여
인이 그 소중하고 소중한 향유를 제
머리털에 발라 나의 아들 예수의 발을
씻겨 줌이니, 그를 보고 나무라는 제
자가 있었음이니라.
4 그는 어떠한 마음이었던가?
5 만백성을 구하기 위하여 발로 뛰는 예

수의 그 고통스러움을 가슴 아파했으
며, 그리고 그가 편안히 만백성을 구
할 수 있는 그 길을 위하여 그는 그 소
중한 향유로써 그의 발을 씻었으며,
6 예수 또한 머지않아 죽음의 길을 선택
한다는 것을 알고 있었음이니 그 마음
이 얼마나 저리고 아팠으면 그와 같은
일을 했겠는가?
7 그 여인은 그 무엇과도 바꿀 수 없는
것, 더 소중한 것, 더 귀한 것이라도
그를 위하여 그 모두를 바치고 싶은
마음이었으며 그 정성이었음이니라.
8 그렇지 못한 자, 그 제자는 그가 그리
하는 것을 질투하고 시기하지 아니하
였다면 어찌하여 그를 나무랄 수 있었
겠는가?
9 너희들은 여기서 돌이켜 생각하여야
될 것이니라.
10 한 여인이 세상에 소중했던 그 향유를
발라 제 머리카락으로써 예수의 발을
닦아 줄 때, 너희들은 그 구절을 그냥
읽어 가서는 아니 될 것이니라.
11 그를 위한 정성과 그를 따르는 마음이
얼마나 애절하고 그가 소중했으면 그
리했겠는가?
12 그렇지 못한 자, 그와 같은 행위를 할
수 없는 자, 남이 제가 도저히 할 수
없는 그와 같은 일을 하니 그와 같은
마음으로 따르는 여인을 나무라는 자
가 있었음이니, 그 또한 예수의 제자
였음이니라.
13 저는 할 수 없고 남이 하는 것을 시기
하고 질투하는 마음이었음이니, 그 제
자들 또한 서로 반목하며 질투하고 시
기하는 그와 같은 시대의 형국이었음
을 들여다보는 대목임을 알아야 될 것
이니라.
14 지금 나의 아들이 너희에게 말하여 전
하느니라.
15 이 법전의 160권이 세상에 나오는 것
이 만백성을 구하는 길이며, 나 여호
와 창조주의 뜻이며,
16 그는 머지않아 나의 법전만을 기록하
기 위해 너희들과 인연을 접어 두고
제 스스로 아무도 만나지 아니하며 작
은 한 공간에서 나의 법전만을 써 낸
다 그리 말함이니,
17 한 인간이 그리 살아가며 저희 스승이
그리 살아가야 되는 그 길을 보고, 그
스승이 불쌍하고 가련하여 모두를 다
바쳐 그가 세상에 남아 있는 동안 그
를 편안하게,
18 또 그가 가장 법전을 잘 쓸 수 있도록
그 마음을 다스려 주고자 모두를 다
바쳐 따르는 제자들을, 그와 같이 옆
에 따르는 그 제자들을 보고 저희들은
그리할 수 없으며 그리 역사할 수 없
기에
19 그 제자들을 시기하고 질투하고 나무
라는 자, 그러한 자들의 그 심성을 조
심하여야 될 것이며, 그러한 자들을
너희들은 경계해야 될 것을 잊어서는
아니 될 것이니라.
20 예수의 시대에도 제가 하지 못하는 것
을 남이 하는 것을 보고 꾸짖고 욕했
던 제자, 그가 과연 어찌 행했던가?
21 불만이요, 그 예수에 대한 섭섭함이
요, 또한 그와 같이 시기와 질투와 제
마음속에 진심으로 예수를 따르지 아
니하는 그와 같은 마음이 노출된 그

증거이며 그를 보여 준 것이니,
22 그 제자들이 서로 시기하고 질투한 것
을 너희들은 알 수 있을 것이니라.
23 지금 또한 너희들이 그러하니라.
24 나의 아들 옆에서 그를 따르며 그에게
모두를 다 바쳐 충성하고자 하며, 그
리고 오로지 160권의 나 여호와 창조
주의 뜻인 법전이 세상에 나오게 하기
위하여
25 제 스스로 모든 것이 아까운 것이 없
으며, 소중한 것이 없으며, 나의 아들
이 편안히 160권을 써낼 수 있도록 그
를 돕고 그를 위하여 모두를 다 바치
는 자들을 시기하고 질투하고 음해하
는 자들, 그와 같은 자들을 너희들은
경계하고 조심하여야 됨을 알아야 할
것이니라.
26 향유로써 발을 닦아 준 그 여인을 핍
박하고 나무랐던 자가 과연 어떠한 짓
을 행했던가?
27 제가 못하는 것을 남이 대신해 주는
것에 감사하고 고마운 마음을 갖는
자, 그리고 이 법전을 쓰기 위해서 밤
과 낮을 가리지 않는 나의 아들이요,
그리고 3부를 쓰고 세상을 등지고 하
나의 토굴 속으로 들어가고자 그 준비
를 하는 그가 불쌍하고 가련하여
28 그에게 따뜻한 물 한 잔, 그리고 여름
에 시원한 냉수 한 잔 주며 그리하여
그를 보살피고 그를 편안하게 하고자
하는 그를 따르는 제자들의 정성이 얼
마나 가련하고 얼마나 아름다운가?
29 그를 행하지 못하며 제가 하지 못하는
자가, 저는 감히 그와 같이 하지도 못
하는 자가 질투하고 시기하는 것, 그
와 같은 자를 조심하여야 됨을 알아야
할 것이며, 너희들은 시기하고 질투하
는 그런 마음을 가져서는 아니 될 것
이니라.
30 옆에서 나의 아들을 따르며, 그를 보
필하는 자들에게 너희들은 감사하는
마음으로써 항상 그들을 격려하고 위
로하며 그들을 도와주고 같이 가는 그
와 같은 마음으로 가야 함이니,
31 그와 같이 하지 못하면서 시기하고 질
투하고 음해하는 자, 그와 같은 자를
조심하여야 됨을 너희들은 알아야 될
것이니,
32 나의 아들 예수에게 그들이 어떠한 행
위를 했던가?
33 그와 마찬가지인 자들이니라.
34 이를 조심하고 경계하도록 그리하라.
35 사랑하는 나의 아들의 제자요, 나의
법전을 읽은 백성 너희들은 그와 같은
자들을 경계하도록 그리하여야 될 것
이니 그리 알라.
36 그렇지 아니하면 너희들이 마리아요,
향유를 제 머리카락에 발라 닦아 준
그를 나무랐던 자의 행위와 똑같은 짓
을 할 자이니, 너희들은 그를 경계하
고 조심하도록 그리하라.

3,797 번째 하나님 말씀

2002년 10월 28일 07시 17분

1 사랑하는 나의 아들아!
2 "네, 아버님! 말씀하옵소서."
3 내가 너희들에게 나에게 오를 수 있는
그 마음이 뭐라 말하였느냐?
4 눈보라 치는 추운 날에 남의 자식은

등에 업고 제 자식은 손잡고 걸리는
것이 사랑하는 마음이요, 나에게 오를
수 있는 기초요,
5 너희들이 정녕 남의 아들과 네 아들
중 하나를 버려야 할 때 네 아들을 계
산 없이 버리며 남의 아들의 생명을
소중히 건져 주는 그와 같은 행동을
하는 자,
6 그게 곧 나의 심성이요, 천사의 심성
이요, 나와 닮은 자라 말하였음이니,
그와 같은 마음을 갖는 자만이 구원의
길을 볼 수 있다 하였음이니라.
7 그러나 너희들은 말로써는 그와 같이
모두를 다 이룰 것처럼 하나, 막상 그
와 같은 행위를 한 자를 본받고 그와
같은 마음 자세로 살아가는 것이 아니
라,
8 남의 자식을 업고 오며 제 자식을 버
리고 온 그 아픈 마음의 여인에게 그
를 표독한 자며 독한 자며 인정머리
없는 자라 욕하는 그러한 사람들이 있
을 것이니, 그와 같은 자가 바로 무엇
이더냐?
9 매사에 제가 하지 못하면서 남이 하는
그 아름다움을 보고 배워 부끄러운 줄
을 아는 것이 아니라, 제 사악한 마음
에 그 모두를 맞추고자 그와 같이 선
한 일을 한 자를 비방하며 그를 욕함
이니,
10 그는 나의 뜻에 따라 행했으며 내가
명한 대로 행한 자이거늘 감히 그를
핍박하며 나무라는 자이니, 그것은 얼
마나 사악한 자인가 너희들은 알아야
될 것이니라.
11 그와 같은 자, 말로써는 세상 것을 다
주며 세상의 이치를 다 아는 듯하나,
유사시에 등 돌리는 것을 밥 먹는 것
보다도 더 쉽게 할 자들이며,
12 그와 같이 아름다운 역사를 이룬 자를
그저 비방하지 못하여 입이 근지러워
견디지 못하는 그와 같은 사악한 자이
니, 그와 같은 자가 곧 어떠한 자인 줄
아는가?
13 살인하는 자와 똑같으며, 살인하는 자
보다도 더 잔인한 자임을 알라.
14 제 자식과 남의 자식 중 하나를 버려
야 할 때, 나 여호와의 뜻을 따라 제
자식을 버리고 남의 자식을 들쳐업고
온 그 여인이 얼마나 한 맺히며 그 가
슴이 얼마나 아프겠는가?
15 그 마음을 달래고 위로하지는 못할망
정, 그를 독한 여자라, 그리고 저는 둘
을 업고 나오면 나왔지 하나만 업고
나오는 그런 매정한 어머니는 되지 않
을 것이라 그리 말하는 그 여인네들
이, 또 그리 말하는 나의 아들이요, 딸
들이 얼마나 사악한 자인가?
16 그들은 살인하는 것보다도 더 지독한
자며 더 사악한 자임을 알아야 될 것
이니라.
17 지금 내가 너희들에게 뭐라 말하였느
냐?
18 너희들이 나로부터 받은 그 모든 은혜
는 나의 아들이 조용히 160권의 법전
을 세상에 기록하여 전할 수 있도록
그 마음에 파장을 이루지 아니하는 것
이 너희들이 가장 나를 위하며 나에게
은혜를 받는 길이며,
19 선한 마음으로 나의 아들 옆을 지켜
주는 그와 같은 마음으로써 너희들이

인내하고 같이 가라 내가 그리 명하였
거늘,
20 저는 그와 같이 하지 못하면서 남이
그와 같이 하는 것을 비방하고 그를
시기하고 질투하는 자, 그가 바로 나
의 아들에게 파장을 이루어 나의 160
권의 법전이 세상에 나오는 것을 멈추
게 하며, 나의 아들의 마음에 시련을
겪도록 함이니,
21 그게 바로 사탄인 것이며, 그는 바로
산 사람을 죽이는 살인자보다도 더 사
악한 자며, 그보다도 더한 험악한 짓
을 할 수 있는 마음자리를 가지고 있
는 자들이니,
22 너희들은 그러한 자들과 어울리지 말
며 그러한 자의 말에 현혹되지 말며,
그러한 자는 달래고 달래도 돌이킬 수
없음이니라.
23 제가 세상에 가장 잘난 자요, 가장 높
은 자요, 제가 하고 있는 것만이 다 옳
다 생각하는 것이니
24 나의 뜻에 따라 제 자식을 버리고 남
의 자식을 업고 온 그 여인을 위로하
고 격려할 수 있는 마음이 아니요, 그
를 독한 자요, 인정머리 없는 여인이
라 말하니, 그는 바로 무엇이더냐?
25 나의 뜻을 따른 것도 잘못했다 비방하
는 자며, 그를 시기하고 질투하는 마
음에서 그리함이니,
26 그가 세상에 옳은 것이 어디 있으며
그가 정의로운 게 어디 있으며 그에게
정답이 어디 있겠는가?
27 내가 명하는 대로 목숨을 내거는 그
고통 속에서 행한 자도 잘못됐다 말함
이니,
28 그 눈에는 세상 아무것도 제가 하는
것 외에는 아름다운 것이 없으며, 진
리가 없으며, 진실된 것이 없으며,
29 오로지 사악한 짓이요, 도둑질하며 남
에게 거짓 해도 제가 하는 것은 옳은
것이요, 남이 선행을 베푸는 것은 나
쁜 것이라 그리 말함이니,
30 그는 세상에 아름답고 좋은 것이 없으
며, 진리가 없으며, 사랑하는 것 자체
도 그는 사악한 자라 몰아붙이는 그와
같은 자이니라.
31 제가 하는 것만이 옳다 생각하는 가장
어리석은 자요, 가장 사악한 자이니,
32 그러한 자들의 말에 현혹되지 아니하
며, 그들을 들여다보지 말며, 그와 더
불어 갈 생각을 하지 말라.
33 그보다 악한 자 세상에 없음이니라.
34 그 모두를 다 무너트리고 선한 것을
파괴하니, 그게 바로 사탄의 자식이
요, 사악한 자로서 변해 있는 자니,
35 사탄의 말에 귀 기울이는 나의 백성이
되지 말라 하는 나의 뜻이 여기 있음
을 너희들이 알아야 할 것이니라.

3,798 번째 하나님 말씀

2002년 10월 28일 07시 42분

1 사랑하는 나의 아들아!
2 "네, 아버님! 말씀하옵소서."
3 이 세상 모든 나의 피조물 만백성 너
희들은 살아가며 더우면 옷을 얇게 입
으며 추우면 두텁게 입느니라.
4 배가 고프면 먹이를 찾게 되어 있으며
배부르면 먹이를 손에서 놓게 되어 있
음이니,

5 육을 가지고 있는 너희들은 그리하여 정녕 신이 될 수 없다 내가 너희들에게 말함이니라.

6 인간 형태의 살아가는 육을 가지고 있으며 형체를 가지고 있는 너희들은 추우면 많은 옷을 걸치며 더우면 옷을 벗어 던지는, 보통 나의 백성들은 그 틀을 벗어날 수가 없으며 그 한계를 넘을 수가 없는 것이니라.

7 배고픈 자 밥 먹고자 하는 그 욕심이요, 배부른 자 손을 놓는 그 당연한 이치를, 그와 같은 삶을 벗어나지 못하고 살아가는 것이 너희들의 육의 형체를 가진 자이기에

8 그리하여 형체를 가진 자, 세상에 신이 될 수 없으며 신이 없다 내가 말함이니라.

9 그러하니 너희들이 나의 심성이요, 천사와 같은 마음으로 변하여 하늘에 오른다는 것이 얼마나 힘들고 어려운 길인지 아는가?

10 이 세상에 너희들이 추우면 두꺼운 옷을 입으며 더우면 옷을 벗어 버리듯이, 그와 같은 너희들 인간의 보통 생각이요, 보통 사람들이 가지고 가는 그 한계를 인간의 의지로써 넘기는 결코 그리 쉬운 것이 아니고 너무나 어렵고 힘든 길이니라.

11 그러나 그 길을 가야 하는 것이 너희들이며, 그 모두를 초월해서 가는 것이 바로 구원의 길이며, 너희들이 깨달음을 얻어 행할 수 있는 자들이니라.

12 그러니 너희들에게 좋게 말하는 자는 너희들이 웃음으로써 맞이하며, 너희들의 잘못된 것을 지적하는 자는 너희들이 웃음이 가신 얼굴로써 그를 대함이니,

13 항상 웃는 모습으로써 살아갈 수 있는 그 마음의 한계는 인간으로서 이룰 수 없는 것이니라.

14 그리하여 지금까지 너희들의 믿음의 길이요, 살아왔던 그 모든 방법으로써는 그와 같은 심성으로 너희들이 변할 수가 없으니, 이는 즉 무엇이더냐?

15 구원의 길을 볼 수도 없으며, 구원을 받을 수 없음이니라.

16 그리하여 너희들의 마음을 다스리며 그 모두를 초월할 수 있는 것이 무엇이더냐?

17 바로 내가 제3의 시대에 역사하기 위하여 내리는 160권의 법전 속에 그를 읽고 정독하는 자, 그 모든 것을 초월하여 자신을 다스릴 수 있으며 자신이 바로 설 수 있는 그와 같은 역사를 이룰 수 있는 것이니라.

18 그리하여 나의 법전을 읽으라 하였으며, 나의 법전을 가슴에 안고 정독하여 하늘에 오르는 길을 보라 하였으며,

19 나의 법전을 읽지 않는 자, 이게 하늘에 오르고 못 오르는 기본이요, 그 기초의 가르침이기에 이를 접하고 터득하지 않은 자, 심판대에 서지도 못한다 하였음이니,

20 나의 법전을 읽고 정독하지 아니하는 자, 너희들이 더우면 그저 벗어 버리고 추우면 그저 두꺼운 옷을 입듯이 그 한계를 벗어날 수 없으며 그 외의 깨달음을 얻을 수 없음이니라.

21 그러하니 나의 법전을 읽고 정독하는 자, 그 속에서 그를 초월하는 깨달음

을 얻을 것이며 그 인내하는 것을 배
울 수 있음이니,
22 그를 배우지 아니하고 터득하지 아니
하는 자는 심판의 대상이 되지 못한다
함이 여기 있음을 알라.

3,799 번째 하나님 말씀

2002년 10월 28일 21시 38분

1 사랑하는 나의 아들아!
2 "네, 아버님! 말씀하옵소서."
3 내가 나의 피조물 만백성을 구하는 길
은, 내가 내린 계명을 지키고 그 뜻에
따라 하늘에 오르는 길을 올 때 그들
은 구원을 받을 것이며 그 길을 볼 수
있다 하였음이니라.
4 그러나 지금 너희들이 수천 년 동안
믿음의 길을 흘러오는 그 세월 속에서
과연 어떠한 형태로써 흘러왔는가?
5 너희들은 하늘에 오르는 축복을 받은
자요, 구원을 받는다 그리 말하고 있
으나,
6 정녕 너희들의 삶의 형태를 너희 스스
로 바라볼 때 내 앞에 와 '한 점의 부
끄럼이 없이 바르고 곱게 산 자요, 그
리하여 나는 천국의 문에 들어갈 수
있는 자며 하늘나라에 갈 수 있다.' 말
할 수 있는 자 있는가?
7 너희 스스로 자신을 돌아다보며 너희
자신을 스스로 한번 진단해 볼 때가
되지 않았는가?
8 이제 추수의 계절로서, 내가 너희들을
버릴 자와 구할 자를 구분하는 그와
같은 역사의 심판이 시작되었다 하였
음이니,
9 과연 너희들이 어떠한 심판대에 설 수
있는 것인가를 너희들 자신이 돌아다
보았는가?
10 지금 나의 피조물 만백성 너희들이 구
원의 길에 들어서는 자요, 나의 아들
예수 보혈로써 구원을 받았으며 천국
에 올 수 있다 하여 너희 손으로 지은
그 성전에 가 경배하고 찬송하며 광란
의 짓을 하고 나오나,
11 너희들이 그와 같은 행위를 하고 너희
스스로 혼자 있을 때, 정녕 지금의 믿
음이요, 너희들이 만든 성전에서 너희
들을 가르치는 종교 지도자의 그 설법
이요, 설교를 듣고는 구원을 받을 수
없다는 걸 너희들 스스로 알고 있으
며, 너희들 스스로 너무나 잘 알고 있
는 것이니라.
12 너희들은 너희 스스로 정녕 하늘에 오
를 수 없으며, 천국의 문을 들어올 수
없이 추하고, 너희들이 너희 자신을
생각해도 너희 자신들을 저주하리만
큼 추한 모습이 너희들을 감싸고 있음
이니,
13 너희 스스로 구원을 받을 수 없다는
것을 잘 알고 있음이니라.
14 그러면서도 너희들은 말로써 구원을
받았다 하며, 구원을 받을 수 있다 하
며 너희 스스로 위안을 얻으며 너희
스스로 위로를 하고 살아감이니, 그와
같은 너희들의 모습을 바라보는 나 여
호와가 어떠하겠는가?
15 간악한 죄를 지으며, 남의 것을 도둑
질하며, 살인하며 강도질한 자가 '잡
히지 않겠지, 잡히지 않겠지?' 하는 그
와 같은 마음의 형태를 가지고 하루하

루 불안하게 살아가는 자들과 너희들
이 다른 점이 하나도 없음을 알아야
될 것이니라.
16 그들은 범죄하고 잡히지 않을 수 있으
며 너희들을 속일 수도 있으나, 너희
들이 지금의 믿음을 오는 길에 잘못된
것이며 이는 나 여호와로부터 구원을
받을 수 없다 그리 느끼고 알면서도
그 길에 변화를 갖지 아니하며,
17 나의 계명대로 살며 그를 지키고자 너
희 모두를 바쳐 그리 행하지 아니하
며, 죄짓고 피신하며 도망 다니는 자
처럼 잡히지 않으면 된다는 그와 같은
생각을 하는 자들처럼
18 너희들이 지금 정녕 이는 구원받을 수
없다 하면서 요행을 바라는 마음이요,
너희 스스로 위안을 하고 살아가나,
너희들이 정녕 나에게 왔을 때 너희는
속일 수가 없음이니라.
19 인간 세상에서 너희들이 죄를 짓고 속
일 수는 있으나, 그 죄 또한 너희들이
지금 잘못 믿어 가고 있으며 잘못된
것을 알면서 너희 스스로 변하지 못하
며 그저 그 세월 속에 그러려니 하며
구원을 받을 것이라는 그와 같은 막연
한 기대치에서 나에게 오르고자 기도
하고 경배한다 하면,
20 그는 죽어 내 앞에 왔을 때 너희들이
얼마나 잘못 살았으며 무모한 인생을
살았으며 헛된 삶을 살았는가,
21 너희들은 단 몇 시간이라도 진정한 나
의 계명이요, 나의 율법대로, 그리고
내가 만백성을 위해 내리는 지금 이
법전을 읽고 깨우치는 자만이 구원을
받는다 하였으니,
22 단 한 시간이라도 나의 법전을 읽으며
깨우치지 않은 것을 후회하고 통곡할
날이 머지않았음을 너희들은 알아야
될 것이니라.
23 너희들은 죄를 짓고 사악한 죄를 지으
며 살인한 자가 잡히지 아니할 것이라
하여 조심하며 숨어 사는 그와 같은
것보다도 더 불안한 마음으로 지금 살
아가는 것이 너희들이니, 그 불안한
마음을 떨쳐 버려야 될 것이니라.
24 정녕 그 불안한 마음이요, 그를 믿지
못하거든, 너희들이 새로운 믿음이요,
새로운 길을 찾을 수 없거든, 십계명
을 기록하여 너희 가슴에 안고 그 십
계명대로 살아가는 노력을 다하는 자,
정녕 영혼의 구원을 받은 자라는 것을
알라.
25 너희들이 손으로 지은 그 성전에 가서
잘못 가르치는 자의 설교를 들으며 항
상 다람쥐 쳇바퀴 돌듯이 성서요, 구
약과 신약을 가지고 또 돌고 돌아 평
생 듣고 들은 소리를 가지고 너희들이
구원을 받는다 생각하지 말라.
26 그는 정녕 너희들이 구원을 받을 수
없으며, 너희들이 얼마나 어리석고 우
매하게 살았는가를 너희들 인생이 얼
마 남지 않은 자 그를 알게 될 것이니,
27 너희들은 정녕 지금 불안한 마음이 있
거든 그 마음을 털어 버리고 계명대로
살아가는 그와 같은 삶을 너 혼자 살
아가라.
28 혼자 계명대로 지키고 깨우쳐 그리 행
하고 살아가려고 노력하는 자, 구원의
빛을 볼 수 있음을 알라.

3,800 번째 하나님 말씀

2002년 10월 28일 21시 41분

1 사랑하는 나의 아들아!
2 너희들은 형체를 가진 인간이요, 형체
를 가진 인간은 정녕 신이 될 수 없다
하였음이니라.
3 그러하니 너희들이 마음으로써는 모
두를 다 행할 수 있으며 마음으로써는
나의 계명을 지키며 나의 십계명을 지
키며 나의 율법을 자키고 사는 것이
구원을 받는 것이며,
4 또한 너희들이 말로써는 세상사에 착
하고 선한 일을 다 하면서 살아갈 수
있다 그리 생각하고 또한 그리 마음먹
고 사느니라.
5 그러나 너희들은 육을 가진 자로서 그
육의 부딪치는 환경 속에서 너무나도
너희 자신이 약해짐이니,
6 육을 가진 그 삶을 넘지 못하고 살아
가는 것이 너희들이니라.
7 너희들이 마음으로는 천사와 같이 생
각하며 생각으로써는 세상에 다시없
는 천사와 같은 마음으로 생각하고 살
아가고자 하나,
8 육의 세상에서 육을 가진 너희들이 그
육의 삶을 벗어나지 못하는 한 정녕
마음과 행동과는 정반대인 생활을 하
며, 그대로 행하지 못하고 사는 것이
너희들이니라.
9 그리하여 육을 가진 나의 백성 너희들
이 약하고 나약함이니라.
10 그러나 너희들은 여기서 깨우쳐야 될
것이니라.
11 백 년도 안 되는 육의 삶을 위하여 너
희들이 모두를 다 바치듯이, 너희들이
영원히 사는 그 나라에, 나의 천국에
오른다는 것은 무엇이더냐?
12 죽지 아니하며 변하지 아니하며 영원
히 너희들이 존재하는 그 삶을 천국에
서 살 수 있는 그 영광을 얻기 위해서
는
13 너희들이 육의 삶에서 육을 지탱하는
것보다 열배 백배 더 노력하며 더 깨
달음 속에서 살아가야 할 것이니,
14 너희들이 마음으로 착한 생각, 선한
생각을 하거든 바로 육으로 그를 실천
하여 행하는 자만이 구원을 받을 수
있음이니, 행하지 못하는 자 구원을
받을 수 없음이니라.
15 그리하니 너희들이 선하고 착한 마음
이, 그 생각이 들거든 그대로 실천하
고 행하는 것이 구원의 길에 들어설
수 있음을 내가 너희들에게 깨우치니,
16 마음으로는 천사가 되나 행동으로써
사악한 자가 되어서는 아니 됨이니라.
17 생각도 선한 자요, 행동도 선한 자만
이 구원을 받는다는 것을 잊지 말라.
18 이를 꼭 너희들이 생각하고 기억하여
그리 삶을 살아가도록 하여야 될 것이
니라.

3,801 번째 하나님 말씀

2002년 10월 28일 21시 45분

1 사랑하는 나의 아들아, 너의 제자들에
게 일깨워 전하라.
2 너희들이 온 인류요, 만백성에게 법전
을 전하여 나의 백성들을 깨우치는 그
역사가 얼마나 위대한 것인가?

3 그 역사는 2천 년 전부터 그리 이루려
하였으나 그걸 이루지 못한 것이니라.
4 그리하여 지금 내가 나의 아들을 통하
여 제3의 시대에 나의 성령을 법전이
라 하여 책으로 만들어 나의 만백성에
게 전하여 깨우치고자 함이니,
5 이는 2천 년 전에 역사하려던 것을 역
사하지 못하였기에 이제 행하는 것이
니, 너희들이 얼마나 소중한 나의 뜻
을 이루는 것인가를 알아야 될 것이니
라.
6 나의 아들 예수가 그와 같은 고통 속
에 숨을 거두며 그 제자들에게 뭐라
말하였는가?
7 너희들은 나의 복음을 전파하고 세상
에 전하여 만백성이 구원을 받는 그
일의 대명을 수행하라 그리 그들에게
가르쳤음이니라.
8 나의 아들은 그 제자들에게 복음을 전
하는 그 사명을 부탁했으며, 나의 아
들 예수가 가지고 있는 마음의 모두를
다 그들에게 전한 것이 바로 그것이니
라.
9 나의 아들이 너희들에게 전하고 깨우
쳤던 그 복음을 온 세상에 전하도록
하는 것이 제자 너희들의 임무라 그리
말하였느니라.
10 그 당시 그 제자들이 말로써 전했으
며, 말로써 깨우쳐 오고자 하였음이
니, 그리하여 그것이 변하고 또 변하
여 원래의 그 뜻과는 정반대이며 그
뜻과는 맞지도 않는 그와 같은 형국으
로 지금 변하여 그 복음서가 잘못되었
음이니,
11 내가 이를 바로잡기 위하여 나의 아들
을 통하여 법전이라 하여, 지금은 말
로써 예수의 제자들에게 전하기를 부
탁했던 그와 같은 역사의 현실이 아니
라, 내가 글로써 문자로써 너희들에게
기록하여 만백성에게 책으로 만들어
전하고자 하는 것이 지금 나의 뜻이니,
12 너희들은 나의 피조물 만백성에게 나
의 법전을 전하여 그들을 구원하는 것
이 창조주 나의 뜻임을 알아야 될 것
이며, 내가 간곡히 바라고 바라는 것
이 바로 나의 법전을 세상에 전함이니
라.
13 나의 아들 예수가 그 제자들에게 죽음
으로써 그 복음을 전파하는 것이 너희
들의 임무라며 그 마지막 부탁을 하고
숨을 거뒀으나, 그 역사가 잘못 전해
졌으며 그 역사가 이루어지지 못하였
음이니,
14 지금 내가 제3의 시대에 직접 나의 성
령을 나의 아들을 통하여 너희들에게
전함이니, 곧 나의 법전이 복음서이니
라.
15 이 복음서를 만백성에게 전하여 깨우
치는 그 대명을 너희들이 소홀히 해서
는 안 되는 것이며,
16 너희들의 모두를 다 태워 그를 이루며
그를 행하는 것이 나의 아들의 제자
요, 나의 법전을 읽고 깨우친 백성 너
희들이 하여야 할 것이니,
17 이를 전하고 여기에 모두를 바치는
자, 고통이 따른 만큼, 너희들에게 시
련이 따른 만큼 나 여호와로부터 상이
있음을 알아야 될 것이며,
18 나로부터 천국에 와 너희들이 받는 그
상이 얼마나 영광되고 축복된 것인지

그를 받을 때 너희들이 알게 될 것이
니 그리 알라.

3,802 번째 하나님 말씀

2002년 10월 28일 21시 51분

1 사랑하는 나의 아들아!
2 "네, 아버님! 말씀하옵소서."
3 너희들이 백 년이라는 그 세월도 살지
못하는 삶이라 하였음이니라.
4 하루살이라는 벌레가 하루를 살기 위
해서 그 모든 노력을 다하는 것을 보
고 너희들은 불쌍타 그리 생각하지 아
니하더냐?
5 내가 뭐라 말하였더냐?
6 지구의 그 변하지 않는, 그리고 끊이
지 않는 세월 속에 너희들이 살아왔다
가는 그 생명은 잠깐 켜졌다 꺼지는
불빛만도 못한 것이니, 그것이 너희들
의 삶이라 하였음이니라.
7 그러나 너희들이 그와 같은 짧은 삶을
위하여 너희 모두를 다 바치며 거기에
연연하며 삶이니,
8 영원히 사는 그 세상에 올라와 나로부
터 축복과 은혜의 영광 속에 나의 천
국에 너희들의 죽지 않는 그 영혼이
존재하는 삶을 살라 내가 너희들에게
말하였음이니,
9 너는 너의 제자들에게 이르라.
10 잠깐 켜졌다 꺼져 가는 그 불빛만도
못한 너희들의 생활의 삶을 위하여 너
희들이 죽어 나에게 와 심판을 받을
때 얼굴 붉히고 돌아서며 나를 보지
못하는 그와 같은 부끄러운 삶을 살지
말라 내가 너희들에게 명함이니라.
11 내가 너희들을 깨우치고자 나의 아들
을 보냈으며, 그 복음서를 전하였으며,
12 그를 보고 너희들이 구약과 신약을 보
고 공부하고 깨우쳤으나, 너희들이 너
희 인간 계명의 너희 뜻에 맞도록 그
리 변질시키며 고치고 수정하여 너희
것으로 만들었음이니,
13 거기에 나의 진정한 뜻이요, 진리가
없기에 너희들이 하늘에 오르는 길을
모르고 방황함이니라.
14 너희들이 길 잃은, 목동이 없는 양떼
처럼 흩어져 있으며 길을 잃었음이니
라.
15 나에게 오르는 길이요, 너희들이 죽어
구원을 받을 수 있는 그 길을 위하여
너희들이 육의 형체로써 어렵고 힘든
이 길을 가고 고통 속에 헤매기에,
16 내가 너희들을 사랑하기에 나의 성령
을 나의 아들을 통하여 세상에 내려보
내 글로써 책을 만들어 너희들에게 이
기회를 다시 한 번 줌이니,
17 정녕 너희들은 내가 너희를 얼마나 사
랑하고 소중히 아끼는지 그 뜻을 알아
야 될 것이니라.
18 밤길에서 방황하며, 길을 모르며, 너
희 스스로 그저 하늘에 오르는 길이라
목메어 부르짖는 것이 지옥으로 가는
그 속에 매달리는 너희들의 그 비참한
형국을 볼 수 없기에 내가 마지막으로
직접 성령의 내 마음을 담아 책으로
만들어 세상에 내보내니,
19 이 책이 나의 성령이요, 나의 성령의
책이라 내가 너희들에게 수없이 말하
여 주었음이니라.
20 그리하여 내가 나의 아들을 통하여 너

의 제자들에게 전함이니, 너희들이 살
아서 만백성에게 심판을 받을 때, 그
리고 하늘에 와서 심판을 받을 때 너
희 자신이 부끄러워 고개 돌리는 그와
같은 삶을 살지 말라 내가 너희들에게
전함이니라.
21 그러나 많은 백성들은 저희들이 살다
가 죽어 왔을 때 나에게 심판을 받으
나,
22 나의 아들과 아들을 따르는 제자 너희
들은 죽어서 나에게 와 심판을 받기
전에 너희들이 인간 세상에 살면서 인
간 세속에서 그 많은 백성들로부터 심
판을 한 번 받게 되어 있음이니, 너희
들이 얼마나 바르고 곱게 살아야 되는
것인가를 알아야 될 것이니라.
23 나의 법전을 읽고 깨우치는 평범한 나
의 백성들은 나의 법전대로 행하고 살
다 죽어 나에게 와 심판을 받으면 그
것으로써 모든 게 끝나나,
24 너희들은 그와 같은 것이 아니라 한
번의 심판이 더 있음을 알아야 될 것
이니라.
25 나의 아들을 따르는 너희 제자들이요,
나의 법전을 읽고 깨우쳐 그 나의 제
자를 따르는 모든 백성 너희들은 지금
믿음의 길을 가고 있는 그들에게 무한
한 심판을 받을 것이며,
26 그들로 하여금 너희들이 갈기갈기 헤
쳐져 너희들의 옳고 그름을 육의 세상
에서 무서우리만큼 심판을 한 번 받음
이니, 그 심판을 받을 때 부끄러워 고
개를 들지 못하는 너희들이 되어서는
아니 될 것이며,
27 육의 세상에서 나의 백성들로부터 너
희들이 육을 가진 그 형태에서 심판을
받아 너희들이 고개를 못 든다 하면,
28 너희들은 죽어 나에게 왔을 때 그 영
혼이 또한 내 앞에 부끄러워 고개를
들 수 없는 자가 됨이니, 너희들이 천
국의 나의 나라에 살 수 없는 것이 너
희들의 운명임을 알아야 될 것이니라.

3,803 번째 하나님 말씀

2002년 10월 28일 21시 54분

1 사랑하는 나의 아들아!
2 "네, 아버님! 말씀하옵소서."
3 너희들이 인간 세속에서 죄를 지으며
추하게 살며 나의 계명을 지키지 아니
하고 사는 자는,
4 나의 법전을 내가 나의 성령을 태워
너희들을 구하고자 책으로 장장 160
권의 대장서를 만들어 너희들에게 전
하니, 이를 단 한 권이라도 읽고 깨우
쳐 하늘에 오르라 하였음이니라.
5 만일 너희들이 계명대로 지키지 아니
하며 나의 법전대로 행하고 살지 아니
하는 자, 그리고 추하고 더러운 죄를
지은 자, 너희들을 내가 천국에 갖다
놓는다 하여도
6 너희들은 숨이 막히고 가슴이 터질 듯
고통스러워서 그 천국에 있지 못하며
스스로 지옥의 문으로 기어들어가는
그와 같은 자가 될 것이라 그리 말하
였음이니라.
7 천사와 같은 삶이요, 나의 심성과 같
은 마음으로 살지 않는 자, 죄지은 자
는 천사가 살며 나 여호와가 존재하는
천국의 그 나라에 아무리 갖다 놓는다

하여도 살 수 없다 말하였음이니라.
8 하늘에서는 내가 너희들을 천국에 갖
다 놓는다 하여도 죄지은 너희 영혼이
나의 나라에 존재하지 못하며 너희들
스스로 숨이 막히고 가슴이 터지며 찢
어질 듯한 그 고통 때문에 천국에서
있지 못하고 스스로 자처해서 지옥의
문으로 기어들어가는 그와 같은 자가
된다 하였음이니,
9 바로 지상에서는 나의 성전이니라.
10 나의 성전이요, 나의 아들이 존재하여
나의 법전이요, 나의 성령을 깨우치는
나의 성전에서 마음을 비우지 아니하
며 깨우쳐 가고자 노력하지 아니하는
자, 너희들 스스로 그 사악한 마음이
발동함이니, 나의 성전에 너희들이 존
재하지 못함이니라.
11 그리하여서 너희들이 떠나는 것이니
라.
12 정녕 하늘에 오르는 길이요, 나 여호
와 창조주의 말씀이라 하여 내가 너희
들에게 직접 강론을 하며 책으로써 너
희들에게 깨우치도록 하나,
13 나의 성전을 떠나는 자, 너희들이 마
음을 비우지 못하여 천사요, 나의 심
성과 같은 자로 변할 수도 없으며 변
하지 아니하기에 너희들 스스로 이 성
전에서 지탱할 수 없는 그 고통 때문
에 떠나가는 자이니,
14 지상에서는 죄지은 자가 여기 나의 성
전에 와서 견딜 수 없듯이, 그보다도
백배 천배 더 고통스러운 것이 죄짓고
온 너희들의 영혼을 내가 천국에 받아
들인다 하여도 너희들이 견디지 못함
이니,
15 하늘나라에서는 너희들이 지옥으로
기어들어가는 것이며, 이곳에서는 너
희들이 여기 성전에 와 배움의 길을
가지 못하고 등 돌리고 가는 것이니,
그게 무엇이더냐?
16 바로 너희들은 천국으로 가는 꽃가마
를 타는 것이 아니라 지옥으로 가는
열차를 타고자 떠나는 것이니, 그 형
국임을 너희들이 알아야 될 것이니라.
17 그리고 이와 같은 뜻을 나의 피조물
만백성 너의 제자들에게 또한 전하여
야 될 것이니 그리 알라.

3,804 번째 하나님 말씀

2002년 10월 29일 0시 38분

1 사랑하는 나의 아들아!
2 "네, 아버님! 말씀하옵소서."
3 너희들이 믿음이라는 그 세월을 수십
년 동안, 평생 찬송하고 기도하며 그
리 믿음을 위하여 재물을 바치며 시간
과 그 모두를 바쳐 믿음을 향하여 왔
으나, 그 속에서 과연 얻은 것이 무엇
이 있는가?
4 너희들은 정녕 얻은 것이 없음이니라.
5 그리고 너희들 자신이 구원의 길을 가
고 있는 것인지 가지 아니하는 것인지
그것까지도 확신을 얻지 못하며 그 많
은 세월 동안을 너희들은 그곳에서 믿
음이라는 그 길을 달려왔음이니라.
6 그리하여 그곳에서 정녕 이는 너희들
이 구원의 길이 아니요, 정녕 믿음의
길이 아니라 하여 나의 법전을 읽고
깨우쳐 나의 성전에 오는 너희들은 과
연 지금 어떠한 마음을 가지고 있는가?

7 몇십 년 동안 너희들이 모든 재물을
바치며 시간을 바쳤으며 각종 헌금을
다 바쳐 믿어 온 그 종교 집단에서 너
희들이 깨달음이 없으며 얻은 것이 없
음이니,
8 그리하여 너희들이 나의 성전에 와 나
의 법전을 보며 나의 아들을 통하여
내리는 그 강론을 듣고 배움이니,
9 너희들은 거기서 아흔아홉 가지를 얻
으며 하나가 의혹이 갈 때 그를 붙잡
고 늘어지며 그를 갖고 나의 아들에게
시시비비를 함이니,
10 이것이 너희들의 지금 마음 자세이니,
어찌 너희들의 이 마음을 다스려야 할
것인가?
11 내가 너희들에게 뭐라 말했느냐?
12 나의 법전이 나의 성령이요, 나의 아
들이 나의 아들임을 먼저 믿는 그 속
에서 너희들이 하늘에 오르는 이치를
깨달을 수 있다 내가 말하였거늘,
13 너희들은 수십 년 동안 하늘에 오르는
길이라 하여 모든 헌금과 재물을 다
바치며 시간을 바쳤으며, 그와 같은
속에서 너희들이 얻은 것이 없으며 깨
달음이 없었음이니,
14 너희들이 짧은 기간에 나의 성전에 와
나의 법전을 읽고 깨달으며 나의 아들
이 강론하는 것을 듣고 깨달은 것이
몇십 년 동안 다닌 그 믿음의 세계에
서보다도 얻은 것이 더 크거늘,
15 어찌하여 너희들은 그 모두를 가지고
시시비비를 하며 그 이치를 따지며 무
엇을 알고자 하는가?
16 너희들이 정녕 모르는 것은 무엇인 줄
알겠는가?
17 너희들이 깨달음이 높고 너희 마음이
비어 있다면 내가 법전에 기록한 내용
을 알 수 있으나,
18 너희들이 그 뜻을 이해 못 하며 그 뜻
을 알아듣지 못하며 내가 전하고자 하
는 그와 같은 이치의 뜻과 내가 원하
는 것을 알지 못하며 깨닫지 못하는
것은 너희들의 마음 자세가 되어 있지
아니함이며, 너희들의 믿음이 약하며
깨달음이 약하기에 너희들이 그 뜻을
모름이니라.
19 믿음이 약하며 깨달음이 약한 너희들
이 나의 법전을 이해를 못 한다 하여
만백성 다른 사람들도 이해를 못 한다
그리 생각하지 말라.
20 너희들은 수십 년 동안 잘못 믿어 온
그 종파 속에서 아직도 그 습성이요,
믿음의 관습이요, 거기서 너희들이 들
었던 설교의 그 방법을 머릿속에서 지
워 버리지 못함이니,
21 내가 내리는 순수한 나의 성령이요,
나의 가르침을 너희들이 받아들이지
못하며 이해를 못 함이니라.
22 지금의 믿음의 길을 가지 아니하는
자, 그리고 순수한 삶을 살다 나의 이
성전에 와 나의 법전을 읽는 그 백성
들은 그 순수한 마음에서 내가 전하는
그 뜻을 너희들보다 더 깊이 이해하며
그 뜻을 알고 순종하며 따름이니,
23 이것이 그 순수한 백성과 지금의 믿음
의 길을 와 그것을 버리지 못하는 너
희들과의 차이점이니라.
24 내가 너희들의 구원의 길이요, 하늘에
오르는 길을 볼 수 있는 것은 지금까
지 너희들이 잘못된 종파 속에서 배워

왔고 들어 왔던 그 모두를 접어 두는
것부터 먼저 시작한다 하였음이니,
25 너희들이 지금까지 믿어 왔던 그 습성
을 버리지 못하면 너희들은 나의 법전
의 그 깊이를 알 수 없음이니라.
26 이는 너희들이 지난날의 그 고리요,
끈을 놓지 못하기에 너희들 마음이 순
수하지 못하며 너희들 마음이 비워져
있지 아니하기 때문에 나의 법전의 뜻
을 이해를 못 함이니라.
27 그리하여 너희들이 이해를 못 하는 것
을 순수한 나의 백성들까지도 그 이치
를 모르며 이해를 못 한다 너희들이
그리 생각하고 착각하고 있음이니, 너
희 스스로 마음을 비우는 데 모든 역
점을 두도록 그리하라.
28 그러면 나의 법전에서 너희들에게 전
하고자 하는 그 뜻을 너희들이 알아들
을 수 있으며, 가슴에 와 닿는 것을 알
게 될 것이니라.

3,805 번째 하나님 말씀

2002년 10월 29일 0시 45분

1 사랑하는 나의 아들아!
2 "네, 아버님! 말씀하옵소서."
3 사탄들이 나의 아들 예수를 시험할
때, 나의 아들이 그들에게 뭐라 말하
였느냐?
4 '이 사악한 사탄아! 창조주인 나의 아
버지를 시험하지 말라.' 그가 말하였
음이니라.
5 그리하여 그는 그 사탄들에게 감히 창
조주인 아버지를 시험하지 말라 그리
하였음이니, 너희들은 지금 어떠한 형
국으로 가고 있는가?
6 하늘에 오르는 길을 깨우치며 만백성
을 인도하며 너희 손으로 지은 성전에
와 기도하고 경배하는 것이 정녕 하늘
에 오르는 길이라 가르치는 너희들이
각종 헌금을 거둬들이며 또한 십일조
를 거둬들일 때, 뭐라 말하느냐?
7 나의 피조물 만백성이요, 너희들의 신
도라는 자 앞에 지도자가 하는 말이,
너희들이 십일조를 어떻게 얼마나 열
심히 잘 바치고 못 바치는가 그에 따
라서 창조주인 나 여호와가 너희들에
게 상을 주고 안 주고 함이니,
8 너희들이 십일조를 많이 바치며 십일
조를 착실히 한번 내 보라, 그리하여
나 여호와를 시험해 보도록 하라, 그
리 너희 종교 지도자들이 지금 가르치
고 있지 아니하는가?
9 너희들이 십일조를 정녕 잘 내 보며
그리하여 나 여호와를 시험해 보라.
10 너희들이 열심히 내면 나 여호와가 그
만큼 큰 상을 줄 것이며 안 내면 상을
받지 못하니, 너희들이 십일조를 먼저
내어 나 여호와를 시험해 보고 그를
한번 점검해 보라, 그리 종교 지도자
가 감히 지금 가르치고 있는 것이 너
희들의 형국이 아니던가?
11 재물을 바치고 그 축복이 있나 없나
나 여호와를 시험하라 하는 것이 종교
지도자들이니, 사탄에게 나의 아들이
여호와 나를 시험하지 말라 그리 말하
였거늘,
12 나의 뜻에 따라 만백성을 내가 있는
천국으로 인도하는 자요, 나로부터 명
을 받아 가르친다는, 그리고 만백성을

인도한다는 너희들이 나의 뜻에 따라 행함이 아니요, 그 백성들에게 나 여호와를 시험해 보라 그리 말하고 있음이니,

13 이는 바로 너희들이 어떠한 형국의 백성들이던가?

14 너희들이 나의 아들 예수를 시험했던 그 사탄들의 후손이라는 것을 자칭하는 것이 아니던가?

15 나의 아들을 시험했던 그 사탄들의 후손이 지금 와 그 백성들에게 뭐라 말하느냐?

16 십일조를 한번 바쳐 보고 나 여호와를 시험해 보라 그리 말함이니, 그 후손이 지금 너희들이라 내가 말한다면, 너희들은 과연 여기에서 뭐라 대답할 수 있겠는가?

17 어찌 너희들이 감히 나에게 십일조를 바치면서 나를 시험해 보라 그리하는가?

18 나의 백성이며 나에게 선택받은 자요, 만백성을 구하여 하늘에 오른다는 지도자요, 그 밑에서 가르치는 자들이 어찌하여 그와 같은 말을 할 수 있는가?

19 사탄들이 나의 아들 예수를 시험할 때 나의 아들 예수가 감히 나 여호와 창조주를 시험하지 말라 그리 꾸짖었거늘, 그 후손이, 지금 너희들이 그와 같은 행위를 함이니라.

20 감히 재물을 바치면 저희들이 거둬들이며 그 많은 십일조를 다 거둬들일 때, 너희들이 나로부터 상을 받나 안 받나 철저히 내고 시험을 해 보라 하니,

21 평생 그들이 바친들 무슨 축복이 내릴 것이며 무슨 은혜가 있단 말이던가?

22 너희들이 나의 백성이요, 나의 뜻에 따라 만백성을 구원하는 종교 지도자요, 나로부터 선택된 자라 말하며, 나로부터 선택된 자이기에 너희들이 추악한 짓을 해도 많은 신도들이 감히 그를 심판할 수 없으며 단죄할 수 없으며, 나 여호와만이 단죄할 수 있다 그리 제왕적인 자리를 지키는 자들이 나의 백성들을 가르치면서 뭐라 하는가?

23 많이 바쳐 보라, 그러면 그 결과를 알 것이니, 정 의심 가거든 나 여호와 창조주 아버지라는 그분을 시험해 보라 그리 가르침이니,

24 바로 너희들은 나의 아들 예수로부터 그를 시험하다 혼난 사탄의 후손이며 또 그와 같은 행위를 하는 것임을 알아야 될 것이니, 이는 엄연한 사실임을 너희들이 알 것이니라.

25 그리고 너희들이 또 알아야 될 것이니라.

26 감히 나 여호와를 시험해 보라는 말을 내 백성이 할 수 있겠는가?

27 이는 할 수 없는 짓이니라.

28 인간 세속의 너희들이 살아가는 그 속에서도 감히 그와 같이 말할 수는 없음이니라.

29 어찌 자식이 부모가 너희들을 사랑하나 사랑하지 않나 그 마음을 시험하라 말하는가?

30 부모의 사랑을 너희들이 어찌 알며, 부모가 자식을 사랑하는 마음을 너희들이 어찌 알며, 과연 너희들이 부모

의 마음을 시험하여 그 마음을 점검하
며 그 사랑의 깊이를 측정할 수 있다
말하는 것인가?
31 육의 인간관계의 자식도 그리하지 아
니하거늘, 어찌하여 창조주인 나를 놓
고 너희들이 재물을 많이 바치는 자
그 축복을 받나 못 받나 시험을 해 보
라 그리 당당히 말하는가?
32 그게 바로 예수를 시험했던 그 사탄의
후손임을 너희들은 알아야 될 것이며,
이 또한 엄연한 사실임을 알라.

3,806 번째 하나님 말씀

2002년 10월 29일 0시 54분

1 사랑하는 나의 아들아!
2 "네, 아버님! 말씀하옵소서."
3 성서에 기록되어 내가 너희들에게 전
하기를, 선지자라 선택된 자, 그 고향
에서 환영받지 못하며, 칭송받는 자
없다 내가 너희들에게 일찍이 기록하
여 주었음이니라.
4 그러니 이 동양의 작은 나라에서 지금
나의 아들이 존재하여 나의 법전이요,
나의 뜻을, 내가 내리는 그 성령을 받
아 160권의 장서의 법전을 만들어 만
백성을 구하고자 그가 밤낮을 가리지
아니하고 지금 그 고통의 길을 가고
있음이니라.
5 그러나 너희들은 어찌하여 이를 들여
다보지 못하는가?
6 이 동양의 작은 나라에, 또한 너희들
의 언어요, 너희들의 습관으로써 만백
성을 다스리고자 하며 나의 아들이 너
희들과 더불어 이 동양의 작은 나라에
거주하여 그가 존재하며,
7 지금 나의 법전을 만들어 제3의 시대
에 내가 이루고자 하는 그 역사를 이
루는 그것이 너희들에게 얼마나 영광
이요, 축복된 것인가를 모르고 있음이
니,
8 어찌하여 너희들은 내가 성서에 기록
했던 그 대목을 반대로 생각해서 너희
마음을 바로잡지 못하는가?
9 성서에 그 고향에서 선지자들이 환영
받지 못하였다면,
10 너희들은 지금 동양의 너희 작은 나라
에서 나의 아들이 나의 성령을 받아
장장 160권이라는 대장서의 법전을
세상에 내 제3의 시대의 역사를 열며,
11 천 년에 걸쳐서 천사와 같은 자만이
이 지상에 사는 낙원을 이루고자 하는
그 대역사가 진행되고 있건만, 어찌하
여 너희들은 그 위대함을 모르는가?
12 이제는 내가 성서에 기록했던 그 뜻을
너희들이 반대요, 역으로 생각하여,
동양의 너희 작은 나라에서 나의 아들
이 지금 존재하며 나의 법전이 너희들
의 언어요, 글자로써 세상에 나오는
것을 너희들은 영광이요, 축복이요,
그 이상의 은혜가 없다는 마음 자세로
바꾸고 돌아다봐야 될 것이니라.
13 정녕 그와 같은 영광을 모르고 가는
자, 죽어 나에게 왔을 때 얼마나 너희
들이 우매하고 둔한 자인가 통곡할 것
이며, 얼마나 슬기롭지 못하며 미련한
자인가를 너희들은 알게 될 것이니라.
14 너희들이 지금의 이 축복과 영광을 모
르며, 이를 사탄이요, 이단이요, 또는
마지막 시대에 오는 거짓 선지자요,

만백성을 혼란케 이루는 자라 하여 나
의 법전을 태워 버리며 찢어 버리며
던져 버리며 짓밟아 뭉개는 그와 같은
행위를 하고 있음이니,
15 지금 이것이 너희들이 가고 있는 형태
며, 너희들이 하고 있는 행위며, 사랑
을 베풀며 사랑으로써 모든 백성을 하
늘로 인도한다는 종교 집단 너희들이
하고 있는 그와 같은 행위이니라.
16 과연 너희들이 이 세상의 모든 것은
나 여호와의 뜻과 내가 주관하여 만들
어지지 아니한 것이 없다 말하면서,
너희들을 구원하고자 하는 나의 성령
이 직접 내려가는 나의 법전을 가지고
너희들이 거짓이요, 사기꾼이요, 도둑
이요, 강도와 같이 그리 몰아붙이며,
17 이는 너희들을 무는 짐승이요, 독사보
다도 더 무섭고 더러운 것처럼 그리
행하며 감히 그에 근접하려 하지 아니
하는 것이니,
18 너희들은 말로써는 나를 칭송하며 모
든 것은 나의 뜻이라 하나, 너희 마음
속에는 사탄이요, 사악한 자들이 도사
리고 있기에 너희들은 사랑을 모르며
그를 역행하며 살아가는 것이니라.
19 너희들은 내가 명한 것을, 내가 원하
는 그 뜻이며 내가 너희들에게 가르치
며 그 길이 나의 진리라 가르치는 것
을 엄연히 시행하지 아니하며, 지키지
아니하며, 그를 거부하는 행동을 하면
서 너희들이 나의 백성이요, 하늘에
오른다는 그와 같은 생각을 하지 말라.
20 너희들은 지금 동양의 작은 나라에 선
택된 백성임을 알게 될 것이며, 나의
법전이 세상에 나가 눈이 덮이듯 덮었
을 때 그 축복과 영광을 그때 알 것이
니라.
21 그러나 너희들은 나의 아들이 다 이루
어 놓으며 다 역사한 다음에는 이미
때가 늦음이니,
22 지금 너희들이 축복이라 그리 생각하
며, 너희들이 고향에서 그 선지자요,
예언자를 예우하지 아니하고 대우하
지 아니하였듯이, 그리고 그를 박해했
듯이 그와 같은 형국으로 가서는 아니
될 것이니라.
23 너희들 시대에 너희 동양의 작은 나라
에 나의 선지자가 존재함을 너희들은
축복이요, 영광으로 알며, 그가 강론
하는 그 말 한마디 한마디는 나 여호
와가 직접 그를 통하여 너희들에게 내
리는 것이니,
24 이는 너희들의 새로운 생명수요, 너희
들의 목숨을 구하는 길이며, 하늘에
오르는 찬란한 빛의 기초임을 너희들
이 알라.
25 나의 아들의 강론을 듣고 변하는 자,
나의 법전을 읽고 깨닫는 자, 그와 같
은 자만이 하늘에 오를 수 있는 반석
위에 올라서게 되어 있음이니,
26 반석 위에 서서 하늘에 오르는 빛을
보는 자, 지옥으로 가지 아니하며 하
늘로 올라올 수 있음을 알라.

3,807 번째 하나님 말씀

2002년 10월 29일 01시 03분

1 사랑하는 나의 아들아!
2 "네, 아버님! 말씀하옵소서."
3 나의 피조물 만백성 너희들을 구약 시

대에 내가 약속한 그 낙원의 땅으로
인도하여 너희들이 천사와 같은 마음
으로 살도록 하고자 했던 것이 나의
뜻이었으며,
4 또한 그 구약 시대에 그를 실패하여
나의 아들 예수를 보내 너희들이 약속
의 땅에 안주하도록 그리하여 영원히
안식된 그 삶을 살아갈 수 있도록 하
고자 하였으나, 또한 그를 실패하였음
이니라.
5 너희들이 지금 그와 같은 종교 집단이
흘러온 역사가 내가 어찌 퇴색되어 변
했다 말하였더냐?
6 나의 아들 예수가 너희들에게 복음을
전할 때는 금과 같은 뜻이었으며, 그
금과 같은 전함을 세월이 지나며 인간
인 너희들이 뜯어고치고 너희들의 취
향에 맞도록 고쳤으며 너희들의 환경
에 맞도록 그를 다스려 나가니 그가
은과 같은 시대가 되었으며,
7 또한 너희들이 2천 년의 역사가 흘러
오는 그동안에 은이 또 동으로 변했으
며, 동이 무쇠로 변했으며, 무쇠가 지
금 녹고 썩어 그 가루가 다 떨어져 썩
어 나갔음이니,
8 과연 무쇠의 가루를 어디다 쓸 수 있
으며 그것을 무엇에 쓰겠는가?
9 이 지상의 공해요, 이 지상을 병들게
하는 것 외에는 아무 데도 쓸모가 없
는 것이니,
10 바로 지금의 수없이 생긴 그 종파의
집단이 무쇠가 녹아 썩어서 떨어진 가
루와 같다 하여 그만큼 지금의 종교
집단이 번성해 있으며, 그와 같은 가
치 없는 짓을 하고 있는 것이 너희들
의 믿음의 길이라 내가 말하였음이니
라.
11 그 속에서 배우고 깨닫는 자, 너희들
이 가슴에 손을 얹고 조용히 깊은 밤
에 생각해 볼 때, 너희들이 지금의 지
도자요, 너희들이 가고 있는 것이 잘
못된 길임을 아나,
12 너희들이 새로운 말씀이요, 새로운 깨
달음이 없음이니 두려워 그 길을 어쩔
수 없이 가고 있는 것이 지금의 너희
들의 형국이 아니더냐?
13 내가 무쇠 가루가 떨어져 썩어서 세상
을 공해에 멍들게 하였듯이 지금의 모
든 종파들이 그와 같이 썩어져 있어
이 지상을 멍들게 하며 나 여호와의
진리를 멍들게 하며,
14 하늘에서 이룬 것같이 지상에 낙원을
이루고자 하나 그를 멍들게 하며 그를
이루지 못하게 한 것이 너희들이니라.
15 그러나 나 여호와는 창조주요, 내가
만든 백성 너희들을 사랑하여 지금 제
3의 시대에 나의 법전을 세상에 내려
보내 너희를 깨우치고자 하는 것은,
16 내가 너희들을 버리고자 하며 내가 너
희들에게서 등 돌리고자 하며 내가 너
희들로 하여금 손을 놓고자 함이 아님
을 알아야 될 것이니라.
17 내가 지금 이와 같이 나의 아들을 통
하여, 나의 성령을 한 인간을 통하여
밤과 낮을 가리지 아니하며 대장정의
역사를 이루어 너희들에게 전하는 것
은 바로 사랑하는 너희들을 내가 구원
하고자 하는 뜻이 여기에 있음을 너희
들은 어찌 그리도 모르는가?
18 내가 너희들을 구원하기 위해 나의 법

전을 세상에 내려보내거늘, 어찌하여
너희들은 구원의 빛이요, 너희들을 구
원하는 것을 사탄이요, 이단이요, 사
악한 자라 그리 말하며 짓밟는가?
19 그리고 나의 성전에 와 나의 아들이
가르치는 그 강론을 들으려 하지 아니
하는가?
20 그리고 수많은 법전이 세상에 나가 너
희들의 손에 쥐여 주거늘, 어찌하여
너희들은 그를 보고 깨우치지 못하며,
나의 성령의 뜻이라는 것을 알지 못하
는가?
21 내가 이와 같이 제3의 시대를 역사하
는 것은 너희들을 버리고 심판하여 지
옥으로 보내고자 함이 아니요,
22 고통스러운 그 지옥으로 가는 너희들
을 구원하여 영원히 사는 나의 나라에
오르게 하고자 하는 것이 첫 번째 나
의 뜻이니라.
23 나의 애절한 마음이 여기 있음을 너희
들은 알아야 될 것이니라.
24 이를 거부하는 자, 너희들이 얼마나
고통스러운 영혼의 삶을 살아가야 되
는 것인지를 직접 당하지 않으면 모를
것이며,
25 내가 말로써 너희들에게 아무리 설명
한다 해도 너희들이 그 의미를 알 수
없을 것이며, 지옥 불의 무서움을 모
를 것이니라.
26 하늘의 역사는 누구도 상상할 수도 없
으며 그릴 수도 없다 내가 말했듯이,
너희들이 인간의 육을 가지고 사는 그
마음으로써는 지옥 불의 그 벌이 얼마
나 두렵고 무서운 것인가를 모르니,
27 그 많은 형편 속에 너희들이 허덕이고
고통스러운 그 삶을 사는 것이 얼마나
너희들로서 인내할 수 없는 시련인가
를 너희들은 알아야 될 것이니라.
28 수천수만 가지의 그 너희들의 죄의 죄
목에 따라 그곳에 가 너희들이 고통을
당하는 것을 내가 볼 수 없기에 너희
들을 구원하고자 법전을 세상에 내려
보냄이니,
29 나의 뜻을 너희들이 깊이 깨우쳐 나의
애절한 이 마음을 단 한 번이라도 나
의 법전을 읽은 자는 들여다보며 나의
마음을 좀 깨달아 주기를 바라는 것이
나 여호와의 간절한 소망임을 알아야
할 것이니라.

3,808 번째 하나님 말씀

2002년 10월 29일 01시 15분

1 사랑하는 나의 아들아!
2 "네, 아버님! 말씀하옵소서."
3 2천 년 전 나의 아들 예수가 세상에
나왔을 때 믿음의 길을 가는 자들은
어찌하였는가?
4 너희들이 안식일이라 하여 쉬는 날을
정해 놓고 그날에 성전에 와 기도하고
경배하며 만백성에게 재물을 거둬들
이는 그와 같은 행위를 하는 그날에
나의 아들 예수는 병든 자를 고쳤으며
선한 일을 하며 그와 같이 행하고 갔
음이니라.
5 그러나 너희들이 만들어 놓은 그 안식
일이란 날에 나의 아들이 선한 일을
행했다 하여 그를 이단이라 몰아붙였
으며, 그를 죽이고자 하였으며,
6 너희들이 만들어 놓은 그 안식일에 나

의 아들 예수가 선함을 행함으로 하여
흥분하고 광란하여 그를 죽이고자 하
였던 것이 그 시대의 믿음의 길을 가
는 백성들이 가지고 있던 자세며 형국
이었음을 너희들은 나의 성서를 통하
여 깨우쳐 알고 있을 것이니라.
7 그와 같이 역사를 이루며 만백성을 구
하는 기적을 이루며 나의 복음을 전하
는 그와 같은 나의 아들이 안식일이라
는 날에 선한 일을 행했다 하여 너희
들은 그것 하나로써 나의 아들 예수를
죽이고자 했으며 모함하려 했으며 광
분된 모습으로써 그를 박해하였으니,
8 그것이 바로 그 당시에 사랑을 가지고
믿음의 길을 간다는 그 백성들이 행하
는 자세였으며, 그들의 형국이었음이
니라.
9 그러니 과연 너희들은 어찌 생각하는
가?
10 지금의 믿음의 길을 가는 백성 너희들
은 과연 어떠한 길을 가고 있는가?
11 성전이라 지은 그곳에 와 기도하고 경
배하는 자만이 구원을 받는다 그리 말
하고 가르침이니,
12 귀가 있어도 듣지를 못하며 눈이 있어
도 보지 못하는 눈먼 자들이 지금의
너희들인 것이니라.
13 너희들은 지금 깨우쳐야 될 것이니라.
14 나의 아들 예수의 시대에 너희들이 안
식일이라 하여 쉬는 날 예수가 선행을
베푸는 걸 단죄하려 그와 같이 아우성
을 쳤듯이, 그 백성들이나 지금의 믿
음의 형태로 가고 있는 너희들이나 무
엇이 다르단 말인가?
15 그 당시의 백성들과 지금의 종교 집단
속에 몸담아 있는 너희들이 하나도 다
른 것이 없음이니라.
16 그리하여 너희들은 이성을 잃고 살아
가며 무분별한 상태에서 살아가고 있
는 것을 어찌 그리도 깨우치지 못하는
가?
17 그리하여 내가 그와 같이 잘못된 너희
들을 바로잡기 위하여 나의 아들을 통
하여 뭐라 말하였느냐?
18 너희들이 만들어 놓은 안식일이라는
그 쉬는 날이요, 너희들이 성전에 와
기도하며 재물과 헌금을 거둬들이기
위해 만들어 놓은 그날에도 너희들이
정녕 죄지은 자는 그와 같은 것을 사
함을 받아야 할 것이며,
19 남의 것을 갚을 것이 있는 자, 빚진
자, 남의 것을 떼먹은 자, 또 도둑질한
자, 그와 같은 자는 그 쉬는 날을 지킬
수 없다 내가 나의 법전에 기록하여
전하였음이니라.
20 남에게 빚진 자, 남에게 갚을 것이 있
는 자가 너희들이 만들어 놓은 그 쉬
는 날이라 하여, 그 안식일이라 하여
너희들과 다 같이 너희 성전에 가 재
물을 바치며 복을 빌며 그와 같은 행
위를 할 수 없다 내가 일찍이 법전에
기록하여 너희들에게 깨우쳐 주었음
을 알아야 될 것이니라.
21 남에게 갚을 것이 있는 자는 쉴 시간
이 없다 말하였음이니라.
22 정녕 그와 같은 자격이 없는 것이니라.
23 그러나 지금 믿음을 인도하며 믿음의
길을 지도한다는 너희들이 과연 어떠
한 형태로 가고 있는가?
24 너희들은 나의 피조물 만백성들로부

터 재물을 거둬들임이니, 거기에 눈이
어두워 그저 재물을 거둬들이는 데만
혈안이 되어 있음을 알아야 될 것이니
라.
25 정녕 믿음의 길을 인도하며, 하늘에
오르는 길을 인도하는 나로부터 선택
된 백성은 나의 피조물 만백성에게 재
물을 거둬들이는 것이 아니라, 그들을
도와주는 것이 그들이 하여야 할 일이
며,
26 그들을 위하여 모두를 다 받쳐 주는
것이 너희들 지도자가 하여야 할 일임
을 알아야 될 것이니라.
27 지금의 나의 아들이 5달란트의 그 역
사의 사업을 하고 있음이니,
28 그 제자들 중에 실력 있는 자에게 그
가 재물을 부어 주며 모든 것을 그를
위하여 투자하여 그가 편안한 마음으
로 살아갈 수 있도록 그리하며,
29 육으로부터 은혜를 받으니 나 여호와
가 존재함을 믿으며 그들은 영혼을 구
원받기 위하여 온갖 정성을 다하여 나
에게 경배하고 기도하는 것이니라.
30 종교 집단 너희들이 거둬들이고자 하
며 있는 자에게서 거둬들이고 너희 것
으로 챙기고자 하는 마음이 없다면,
31 있는 자로 하여금 어려운 자를 도와줄
수 있는 그 교량의 역할을 할 수 있으
며, 없는 자를 위하여 그 길을 터 줄
것이며, 있는 자가 오른손이 하는 것
을 왼손이 모르도록 그리 행하지 못하
는 것을 그에게 깨우쳐서 그가 가지고
있는 재물로 어려운 자를 도와주는 것
이 얼마나 기쁘고 즐거움이며 나 여호
와로부터 축복을 받는 것인지 깨우쳐
주며,
32 가진 자가 천국으로 오지 못한다 하나
가진 자가 천국을 갈 수 있으며 구원
을 받는 길이 있으며 너는 구원을 받
을 수 있는 자라 그리하여 용기와 희
망을 주며, 그들을 깨우쳐 어려운 자
를 도와줄 수 있는 그 교량의 역할이
요, 안내자의 역할을 하는 것이 너희
들이 해야 하는 일이거늘,
33 너희들은 이를 과연 시행하고 있는
가? 너희들은 그리하지 아니하고 있
음이니라.
34 너희들은 안식일에 쉬지 아니하며 빚
있는 자 빚을 갚기 위하여 일을 하라
하는 나의 아들을 사탄이요, 이단이
요, 사악한 자라 말함이니라.
35 이는 곧 그와 같이 행해졌을 때 너희
들이 재물을 거둬들일 수 없으며, 금
화와 은화를 거둬들일 수 없으며,
36 너희들이 과욕을 부려 지금 지어 놓은
성전이요, 궁전보다도 더 위대하게 지
은 그 성전에서 그를 지탱할 수 있는
모든 물질적인 능력에 이제 얽매여 너
희들이 그것들의 종이 되어 가는 그와
같은 형국이 되어 있음이니,
37 너희들은 그를 면하기 위하여 수단과
방법을 가리지 아니하고 너희들이 챙
기고 거둬들이기 위하여, 있는 자로
하여금 없는 자에게 베푸는 그와 같은
기회를 가르쳐 주지 못하며, 깨우쳐
주지도 못하며, 가진 자가 선행을 베
풀려 하는 그와 같은 안내자의 역할을
너희들이 못 하고 있음이니,
38 그저 너희들이 거둬들이기에 혈안이
되어 그를 달래고 어르며 그저 말로써

그에게 온갖 축복을 다 내려 주는 양,
너희들이 나 여호와요, 신인 것처럼
그와 같은 사기극을 벌이고 있는 것이
니라.
39 지금 너희들의 마음 자세를 바로잡지
아니한다 하면, 너희들은 나의 아들
예수가 쉬는 날에 선행을 베풀었다 하
여 그를 보고 광분하며 그를 죽이려
했던 그 백성이 너희들의 뿌리요, 너
희들은 그들의 후손임을 입증하는 것
임을 잊지 말라.
40 예수를 죽게 했던 그와 같이 험악한
백성의 후손이 바로 너희들이요, 나의
뜻을 거역하는 자는 그 후손임을 너희
들이 입증하며,
41 그 후손이 지금 이 세상을 썩어 가게
하며 병들어 가게 하고 있음을 너희들
은 알아야 될 것이니라.
42 이를 바로잡기 위하여 내가 나의 아들
을 통하여 나의 아들의 제자들을 육성
하며 만백성이 그 자리에서 나의 법전
을 읽고 깨우쳐 바로 서는 그를 위하
여 내가 지금 역사하고 있음을 알라.

3,809 번째 하나님 말씀

2002년 10월 29일 01시 21분

1 사랑하는 나의 아들아!
2 "네, 아버님! 말씀하옵소서."
3 너의 제자들에게 이르라.
4 너희들이 나의 아들을 따르며 나의 법
전을 만들어 세상에 전하며, 나의 성
전이라 하여 너희들이 공부할 수 있는
곳을 이끌어 가며 어렵고 힘든 길을
가고 있음이니,
5 어렵고 힘들고 지쳐 가는 너희들에게
많은 이 동양의 작은 나라의 백성들이
너희들이 나 여호와의 뜻을 전하기 위
해서 선택된 백성이라 하여 너희들을
위로하며 격려하며 축하의 박수를 보
내지 아니하는 것이 지금의 형국이며,
6 너희들이 고달프고 어려운 그 길을 가
고 있음이니, 만인이 돌아다보지 아니
하며, 만백성이 돌아다보지 아니하며,
그들이 너희들을 적대시하며 경원시
하며, 너희들을 사탄이요, 이단이요,
사악한 자라 그리 말하는 속에서,
7 그들의 지금의 믿음의 길을 가는 그
종파의 모든 백성들이요, 저희들이 나
의 아들 예수의 그 보혈로써 구원을
받았다는 꿈을 깨지 못하고 있는 그
백성들, 환상에 젖어 있는 자들, 자신
을 망각하고 사는 그들이 지금 너희들
에게 뭐라 핍박하는가?
8 그와 같은 종교의 믿음이요, 지금 하
늘에 오르는 길이 아니라 지옥의 열차
를 타고 달려가는 그들이 머지않아 추
락하는 것을 모르며 그 무서운 대가를
치르는 그 자체도 모르며 그저 달리는
열차를 타고 가는 그 기쁨에 지금 저
희 자신을 모르고 있는 그와 같은 자
들이 너희들에게 어찌 핍박하는가?
9 너희들을 벌레 보듯이 하며 너희들을
미워하는 마음이 극에 달했으며 너희
들을 죽이고자 하는 마음이 그들의 온
마음을 불태우고 있음이니,
10 너희를 핍박하며 멸시하며 너희들에
게 이단이요, 사탄이요, 사악한 자라
저주하고 손가락질하는 자들이 많으
면 많을수록 너희들에게는 복이 있으

며 나로부터 축복이 있음을 알아야 될
것이니라.
11 나의 법전을 태워 버리는 자, 찢어 버
리는 자, 그리고 너희들에게 마지막
사탄이며 사악한 자라 핍박하는 자,
그와 같은 자들이 많고 많을 때 너희
들은 정녕 나로부터 축복의 영광을 받
음을 알아야 될 것이니라.
12 너희들의 뺨을 때리는 자, 너희들의
재물을 뺏어 가는 자, 너희들에게 고
통을 가중하는 자, 그리고 너희들을
비웃으며 비방하는 자, 그리고 너희들
의 재물이요, 재산을 부수고자 하는
자,
13 그와 같은 사악한 자들이 많으면 많을
수록 너희들은 나로부터 축복을 받을
것이며, 너희들이 죽어 하늘에 왔을
때 그 상이 크고 큼을 알아야 될 것이
니라.
14 너희들이 오늘의 육신의 고통과 마음
의 고통이요, 그 상처가 크면 클수록,
너희들의 고통이 크면 클수록 고통을
받는 만큼, 너희들이 견딜 수 없는 그
시련을 받음으로써 그 속에서 너희들
이 나를 보게 되며 내가 너희들을 더
사랑하게 될 것이며, 너희들이 나에게
왔을 때 얼마나 큰 상이 너희들에게
내려지는지 알아야 될 것이니라.
15 많은 자들이 그와 같이 들끓으며 너희
들을 핍박하고 원성을 보낼 때, 그 속
에서 그들이 깨우침을 얻게 되며, 그
원성을 보고 나의 피조물 만백성이 나
의 법전을 읽게 될 것이며, 나의 법전
을 읽고 깨우치는 백성이 있어 그들이
구원을 받게 될 것이니,
16 너희들을 핍박하고 욕하며 나의 법전
을 찢고 너희들을 짓밟고자 하는 자,
너희들의 뺨을 와서 때리고자 하는
자, 너희들의 옷을 갈기갈기 찢어 버
리고자 하는 자, 너희들과 겸상하기를
싫어하는 자, 너희들과 대화하기를 싫
어하는 자, 그와 같은 사악한 자들이
많고 많이 늘어날수록 너희에게 축복
과 상이 있음을 알라.
17 그리하여 너희들이 법전을 전하고 또
전하여 많은 이들이 또 이를 보고 따
라 너희들과 같이 하늘에 오르는 그
참진리의 길을 가는 자가 있는가 하면,
18 너희들을 핍박하고자, 너희들을 죽이
고자, 너희들을 쓰러트리고자 그와 같
이 하는 자들, 나의 아들 예수를 죽였
던 자들처럼 그와 같이 그들이 왕성히
일어날 때, 너희들에게는 크나큰 하늘
에서 내리는 은총과 영광이 있을 것임
을 알라.

3,810 번째 하나님 말씀

2002년 10월 29일 01시 33분

1 사랑하는 나의 아들아!
2 "네, 아버님! 말씀하옵소서."
3 너희들이 그리도 갈망하고 소원하며
하늘에 오르는 길이요, 구원의 영광의
길이 무엇이던가?
4 너희들이 사랑을 베풀고 나누며 살며
내가 불로 써 내린 그 십계명을 지키
고 살며, 지금 내가 제3의 시대에 너
희들을 구원하고자 내리는 나의 법전
의 내용을 지키고 그를 정독하여 너희
것으로 만들어 그리 평탄하고 곱게 살

아간다면,
5 그게 곧 나의 자식이요, 나의 아들딸
인 것이며 너희들이 내 앞에 오를 수
있는 것을, 너희들은 어찌하여 그 간
단한 이치 하나를 깨우치지 못하는가?
6 너희들에게 그리 살라 하였거늘, 나의
성전에 와 나의 법전을 읽고 정독하며
나의 아들로부터 강론을 듣는 너의 제
자들이요, 나의 성전에 오는 백성들이
요, 열여섯 가정의 신부라 말했던 너
희들이 지금 어찌 살아가는가?
7 너희들은 앞에 가는 자를 시기하며,
남을 평하기를 좋아하며, 남의 아픈
마음을 건드리며, 남의 상처를 건드리
며, 남의 약점을 건드리며, 남의 말을
하는 것을 즐거이 생각하고 있음이니,
너희들은 어찌하여 그리도 어리석고
우매한 삶을 사는가?
8 너희들이 남을 평하며 남의 약점을 드
러내어 말할 때 너희들이 그를 즐겨
하는지는 모르겠으나,
9 남의 말을 한마디 하는 자, 많은 사람
들이 너에 대한 그 모든 약점이요, 너
의 성격이요, 너의 내면에 가지고 있
는 성격까지도, 너의 생활까지도, 네
가 하고 있는 그 행동까지도 그들이
다 모두 알며 모두 너를 더 갈기갈기
헤쳐서 너희들이 평가의 대상에 오른
다는 것을 어찌도 그리 모르는가?
10 너희들이 남을 평가하는 그 말을 한마
디 함으로 인하여 네가 많은 사람으로
부터 수만 가지를 그들에게 평가를 받
으며, 그로 하여금 너희들의 가치가
절하되며, 그들이 너희들과 대화하기
를 싫어하며 만나기를 싫어하며, 너희
들과 같이하기를 거부하는 그와 같은
사람으로서 너희들 스스로 무덤을 파
며 고립되는 삶을 살아가는 것이 남을
평가하고 욕하는 것이라는 것을 어찌
그리 모르는가?
11 그와 같이 많은 사람들이 갈기갈기 헤
쳐 놓고 너를 흉보며 너의 단점을 말
하며 너의 약점을 말하며 너희들의 추
한 삶이요, 속내의 마음까지도 다 파
헤쳐 너희들을 평가한다는 것을 어찌
그리 너희들은 모르고 사는가?
12 이제 너희들은 그와 같은 이치를 깨달
아야 할 것이니라.
13 너희가 지나가는 말로 한 사람을 평가
했을 때, 모든 동료요, 너를 아는 사람
들이 너를 완전히 헤쳐 놓고 평가한다
는 사실을, 그 두렵고 무서움을 알라.
14 이제 그와 같은 이치를 깨달았다면 앞
에 가는 자, 시기 질투하지 말며 남을
평가하지 말라.
15 내가 성서에 일찍이 기록하여 너희들
에게 가르쳤으며, 나의 법전에 또한
기록하여 너희들에게 깨우쳐 주었음
이니라.
16 너희들이 남을 용서하고자 하면 그는
곧 무엇이더냐?
17 많은 사람들로부터 너희들이 용서를
받으며 축복을 받는 것이라 내가 말하
지 아니하였던가?
18 남을 용서하지 못하는 자, 많은 사람
으로부터 용서받을 수 없으며 너희들
이 고통이요, 시련이요, 너희 자신을
구렁텅이에 몰아넣는 그와 같은 형국
의 삶이 남을 용서하지 못하며 남의
말을 하는 자의 삶이니라.

19 이제 너희들은 남을 용서함으로 인해
서 수천 가지, 수만 가지를 많은 사람
으로부터 용서를 받을 수 있으며,
20 너희들이 남을 시기하고 질투하는 말
한마디를 함으로써 너희들의 머리카
락까지 모두가 다 헤쳐 보고 있다는
것을, 그리고 너희가 남들이 평가하는
그 대상에 서 있다는 것을, 네 이름과
네 육신이 모든 사람들의 평가 대상에
올라서 너희들이 갈기갈기 헤쳐진다
는 그 무서운 사실을 잊지 말라.

3,811 번째 하나님 말씀

2002년 10월 29일 01시 49분

1 사랑하는 나의 아들아!
2 "네, 아버님! 말씀하옵소서."
3 너희들이 하늘의 뜻이요, 하늘의 이치
를 말하기 전에 너희들이 인간 세상에
살아가는 생활 방식과 너희 인생의 사
는 방법이 어떻게 살아가던가?
4 너희들은 바르고 곧은 부모 밑에서 자
란 자식들이, 그 자녀가 또한 곧고 바
르게 자라며 흐트러짐이 없는 것이 아
니던가?
5 악한 부모 밑에서 자란 아이들이 악한
짓을 하게 되어 있으며, 저희 부모들
이 살아오는 그 생활의 형태를 자신도
모르게 닮아 가며 그와 같이 되어 살
아가는 것이 너희들이니,
6 바로 이것이 너희들의 인간관계의 너
희 후손이 살아가는 형태며, 그들이
형성되며 이루어지는 과정이 그와 같
은 것이니라.
7 그러니 너희들은 인간 세상에서도 그
와 같이 너희들이 보고 듣는 환경에
따라서 변화됨이니,
8 지금 너희들이 구원을 받는 길이라 하
여, 하늘에 오르는 길이라 하여 너희
모두를 바치며 그 길을 향하여 살아가
는 너희들은 바로 어떠한 길을 선택하
여야만 되겠는가?
9 너희들은 바로 진리의 참빛이요, 정녕
나의 성령의 뜻이요, 하늘에 오르는
길을 바라보는 것만이 구원을 받을 수
있는 것이니,
10 너희들이 진정한 하늘에 오르는 참진
리를 볼 수 있는 것은 너희들이 나의
성령이요, 내가 내린 너희들에게 지키
며 살라 한 계명이요,
11 지금은 제3의 시대에 새로운 역사를
위하여 내가 직접 내린, 그리하여 나
의 음성을 들어 나의 뜻을 받아 책으
로 만들어 하늘에 오르는 길이라는 이
책이요, 나의 법전을 정독하고 그 내
용을 행하며 실천하고 살지 아니하면
너희들은 정녕 구원의 길을 받을 수
없음이니라.
12 곧고 바른 그 부모 밑에 자식들이 바
르고 곧게 자라듯이, 너희들이 하늘에
오를 수 있는 길이요, 정녕 구원의 길
을 받을 수 있는 그 정답은 바로 나의
법전을 정독하고 그대로 실행하는 것
이 너희들의 삶의 길임을 알아야 될
것이니라.
13 그러나 지금 너희들은 어찌 살아가는
가?
14 너희들은 지금 나의 뜻과는 전혀 관계
도 없는 길이요, 나의 십계명을 지킬
수 없다 말하며, 나의 법전을 정독하

지 아니하려 하며 이를 찢어 버리고
짓밟아 뭉개는 그와 같은 형국으로써
너희들이 구원을 받는다 그리 말함이
니,
15 이는 사탄의 자식이 되어 너희들이 그
리 변화되어 가며 악한 지도자요, 잘
못 가르치는 그 지도자 밑에서 배우고
깨우침이니, 너희들은 정녕 구원의 길
을 볼 수도 없으며 구원을 받을 수 없
다 함이 여기에 있음이니라.
16 바른 참진리의 빛을 보지 아니하고 그
길을 향하여 오지 아니하는 것은 너희
들이 구원을 받을 수 없음이니,
17 지금의 너희를 가르치는 종교 지도자
요, 너희들이 가고 있는 그 집단이요,
스스로 구원을 받으며 축복 속에 살아
간다는 착각 속에 생활하는 그 습관을
버리고 거기서 뛰쳐나오지 아니하는
자, 구원을 받을 수 없음을 알아야 될
것이니라.
18 그와 같이 지금의 믿음의 형국이요,
지금의 형태로써 너희들이 가는 것은
정녕 바른 자세요, 바른길인 나의 법
전이요, 계명을 버리고 살아가니,
19 너희들은 당연히 구원을 받지 못하며
지옥으로 간다는 것을 너희 스스로 깨
우쳐야 할 것이니라.

3,812 번째 하나님 말씀

2002년 10월 29일 01시 57분

1 사랑하는 나의 아들아!
2 "네, 아버님! 말씀하옵소서."
3 나의 성전에 와 공부하는 너의 제자들
이요, 나의 법전을 읽고 깨우치며 내
성령을 직접 듣는 너의 제자들이 뭐라
말하며 그들의 마음 자세가 무엇이며
그 믿음의 한계가 어디에 있던가?
4 너의 제자들이 뭐라 말하느냐?
5 나의 성전에 와서 공부하며 깨우치는
그들 입으로써 나의 법전은 정녕 창조
주의 말씀이라 그리 말하면서, 너희들
은 나의 뜻대로 과연 그리 행하며 살
아가는가?
6 그리고 나의 법전에 기록되어 있는 대
로 살아가며 그리 지키고 살아가는가?
7 하나하나 너의 제자들을 놓고 네가 돌
이켜 봐야 될 것이니라.
8 지금 너의 제자들의 형태가 과연 어떠
한가?
9 그들은 말로써 모두를 다 행하고자 한
다 하며, 행할 수 있다 하며, 행하는
것같이 말하며 그들은 나의 뜻에 모두
를 순종하는 것처럼 그리 말함이니라.
10 그러나 말로써는 그리하나 그들이 행
하고 실천함은 과연 어디에 있는가?
11 감히 그들이 말하기를, 나의 법전이
요, 나의 성령은 창조주 나 여호와의
뜻이라 그리 말하면서 여기서 뛰쳐나
가는 자, 그리고 그들이 법전을 들고
나가 이는 진정 여호와 하나님의 말씀
이라 그리 말하면서도 그대로 행하지
아니하는 자, 그리고 저희들이 말은
그리하나 또한 마음속에는 나의 법전
을 저주하며, 이는 정녕 나 여호와 창
조주의 말씀이 아니라 그리 말하고 생
각하는 자들은 과연 없는가?
12 이것이 너의 제자들이 지금 가지고 있
는 마음의 형태임을 너는 알아야 될
것이니라.

13 감히 너희들이 나의 법전이 창조주의 말씀이요, 나의 뜻이라 말한다면, 그 속에 기록되어 행하라는 것을 하나도 놓치려 하지 아니할 것이며, 하나도 빼놓지 않으려 할 것이며, 그대로 순종하고 지키고자 몸부림치는 그와 같은 모습으로써 가는 자들이 그와 같이 말할 수 있음이니라.
14 감히 창조주 나의 뜻이요, 너희들이 구원을 받을 수 있는 길이라 말하면서 나의 법전에 기록된 그 내용을 기억하지도 아니하며 정독하지도 아니하며 그에 따라 순종하고 행하지 아니하는 그와 같은 삶을 산다는 것은 바로 너희들이 어떠한 자들인가?
15 말과 행동, 그 언행이 일치하지 아니함이니, 너희들은 그와 같은 너희 자신을 돌이켜 봐야 될 것이니라.
16 내가 오늘 나의 아들을 통하여 너희들에게 전함이니, 말로써는 나의 법전이 하나님의 말씀이라 하나 이를 지키지 아니하는 자, 말로써 모두를 다 이루려 하며 말로써 때우려 하는 자, 그는 악에서 악을 낳는 그와 같은 행위를 하는 자임을 알아야 될 것이니라.
17 말로써 나의 법전을 다 읽었으며 말로써 나의 법전의 내용을 다 알았으며 말로써 하늘에 오르는 길이 무엇이며 지금 내가 역사하는 것을 다 아는 것처럼,
18 행동은 하지 아니하고 말로써 다 하는 자, 그는 악한 자로서 악에서 악을 낳는 그와 같은 행위를 하는 자이니, 그와 같은 자 경계해야 될 것이며, 그와 같은 자가 결국 무엇을 원하는가?
19 나의 아들을 팔아넘기며, 나의 아들을 해하며, 나의 법전이 세상에 나가는 것을 막고자 하며, 그 빛을 보지 못하도록 하는 사악한 자들이니라.
20 아는 자가 그 집에 가 도둑질할 수 있으며 아는 자가 상대방을 해할 수 있듯이, 아는 자가 사탄이 되어 너희들에게 형용할 수 없는 타격을 가할 자들이니, 그들을 너희들이 경계하고 구분해야 될 것을 잊지 말라.

3,813 번째 하나님 말씀

2002년 10월 29일 02시 08분

1 사랑하는 나의 아들아!
2 "네, 아버님! 말씀하옵소서."
3 너희들이 정녕 믿음의 구원을 받고자 한다면, 너희들이 어렵고 힘든 그 모든 역경을 견디고 넘어서 단단한 반석 위에 서서 그때 하늘에 오르는 빛을 볼 수 있는 영광을 얻게 된다 내가 말하였음이니라.
4 바로 너희들이 그 믿음의 반석 위에 서서 그곳에서 하늘에 오르는 그 빛을 보며 거기서 너희들의 깨달음의 경지가 오름에 의하여 하늘로 구원의 영광을 얻게 되는 것이니,
5 단단히 믿음의 반석 위에 너희들이 일어서야 함이니라.
6 너희들이 반석 위에 일어설 수 있는 것은 나의 계명을 지키며 그대로 행하고자 살아가는 그 노력과 이제 제3의 시대에 새로운 역사를 이루고자 내려보낸 나의 법전을 읽고 깨우쳐 그대로 지키고 행하고자 하는 그 노력과 인내

와 고통 속에서 견디고 나갈 때,
7 너희들이 반석 위에 서서 하늘에 오르
는 그 찬란한 빛을 보게 되는 영광을
얻게 되어 있음을 알아야 될 것이니라.
8 너희들이 보통의 마음이요, 허술한 마
음이요, 그저 대충 너희 인간사에 살
아가는 만큼, 이래도 좋고 저래도 좋
은 그와 같은 형국으로써는 반석 위에
일어설 수 없으며 하늘에 오르는 그
빛을 볼 수가 없음이니라.
9 아무리 급하고 다급하다 하여도 너희
들이 일순간에 그와 같은 깨우침의 역
사를 또한 이룰 수가 없음이니라.
10 꾸준히 변하지 않는 마음 자세로써 나
를 향하여 경배하며 나의 법전을 읽고
깨우쳐 너희 것으로 만들어 가는 그
노력에서만이 너희들이 반석 위에 일
어설 수 있는 이치를 터득하고 알게
됨을 알아야 될 것이니라.
11 내가 너희들에게 성서에서 가르치지
아니하였던가?
12 아무리 너희들이 급하게 서두른다 하
여도, 빨리 가고자 한다 하여 모든 믿
음의 역사가 이루어지는 것이 아니라
하였음이니라.
13 너희들이 아무리 집을 짓는다 하여도
모래 위에 집을 지을 수는 없으며, 모
래 위에 지은 집은 비바람에 무너지며
또한 탁류에 쓰러진다 하였으며, 기초
를 단단하게 하지 아니하는 집은 견딜
수가 없다 하였음이니라.
14 그러니 반석 위에 집을 지었을 때 탁
류에 견딜 수 있으며 비바람에 견딜
수 있는 그와 같은 형국이 이루어지듯
이, 믿음 또한 그와 같이 가는 것임을
알아야 될 것이니라.
15 너희들이 하늘에 오르고자 한다면 너
희 자신이 반석 위에 서서 하늘에 오
르는 그 찬란한 빛을 볼 수 있는 굳건
한 자리를 지켜야 함이니,
16 그는 너희들이 믿음의 뿌리를 내려 흔
들리지 아니하며 기초가 단단히 되어
있는 그 믿음 속에서 하나하나 깨우쳐
계명을 지키며 법전의 뜻을 너희 것으
로 만들어 가 다져 나가는, 그와 같이
깨우치며 가는 길만이 반석 위에 일어
설 수 있는 것임을 알아야 될 것이니
라.
17 너희들이 믿음의 가는 길은 그저 형식
적이요, '설마' 하며 그저 '이 정도면
되겠지, 이 정도면 이루어지겠지?' 이
와 같은 생각에서는 갈 수가 없음이니
라.
18 완벽한 마음 자세에서 완벽하게 깨우
쳐 그와 같이 가야만 된다는 것을 내
가 너희들에게 일찍이 깨우쳐 주었음
이니,
19 그 깨달음을 얻어 너희들이 단단한 믿
음이요, 뿌리 깊은 믿음이요, 흔들리
지 않는 그 믿음의 자세에서 너희들이
단단한 반석 위에 올라설 수 있는 그
와 같은 역사를 이루라.
20 곧 반석 위에 일어서는 것이 지상에서
너희들의 육의 삶에 최대의 영광이며,
21 그 반석 위에 서서 너희들이 이제 변
하며 경지에 오를 때 하늘에 오르게
됨을 알아야 될 것이니라.
22 하늘의 구원을 받게 됨을 너희들이 알
아야 될 것이니라.

3,814 번째 하나님 말씀

2002년 10월 29일 02시 14분

1 사랑하는 나의 아들아!
2 "네, 아버님! 말씀하옵소서."
3 지금 썩어져 가고 병들어져 간 나의 피조물 만백성을 구하는 길은 네가 160권의 법전을 세상에 펴내야 함이니,
4 이 법전이 세상에 나와 그를 읽고 깨우치는 백성들을 병든 자 바로 세우며 죽어 가는 자를 구원의 길로 인도한다 하였음이니라.
5 그러니 이 대장정의 160권의 법전이 세상에 나와 만백성을 구하고 구하지 아니하는 것은 너를 따르는 너의 제자들의 그 마음 자세에 달렸으며, 그들의 노력 여하에 달렸음을 알아야 될 것이니라.
6 너의 제자들의 그 노력과 그들이 시련과 고통을 견디고 넘으며 너와 더불어 가고자 할 때,
7 그곳에서 너희들이 160권의 법전을 세상에 내 만백성을 구할 수 있는 그와 같은 역사가 이루어짐을 알아야 될 것이니라.
8 이제는 너의 제자들에게 일깨워 주어야 될 것이니라.
9 너의 제자들은 이 길을 가야 될 것이며, 너희들은 이 운명을 돌이켜 갈 수도 없으며, 피해 갈 수도 없으며, 오로지 이 길을 가는 것밖에 다른 길이 없음을 알아야 될 것이니라.
10 너희들이 고통과 시련을 겪은 만큼 하늘의 영광이 너희들에게 있다 내가 하였음이니,
11 너희들은 다음 세상의 차원 높은 영혼의 세계의 그 영광을 위하여 오늘의 육의 고달프고 힘든 길을 견디고 인내할 때, 너희들이 나의 법전이 세상에 나가 만백성을 구하는 그 역사를 이룰 수 있음이니라.
12 사랑하는 나의 아들아!
13 너의 제자들에게 내가 뭐라 말하여 일깨워 주었느냐?
14 '인생은 빈손으로 왔다가 빈손으로 간다.' 그리 말하였으며, 그 빈손으로 간다는 깨우침이 얼마나 위대한 것인가를 내가 너희들에게 전하여 일깨워 주었음이니라.
15 이제 너의 제자들이 경지에 오르며 나의 법전을 읽어 깨우침이 높으니, 그들이 하나를 더 알고 가야 될 것이니라.
16 이제 너의 제자들과 나의 법전을 읽고 깨우친 백성들은 너희 인생은 빈손으로 왔다가 빈손으로 간다는 그 위대한 깨달음에 대하여 거기에서 머물러서는 아니 될 것이니라.
17 너희들은 올 때는 빈손으로 왔다 하나 갈 때는 빈손으로 가는 그와 같은 삶의 인생이 아니니라.
18 그와 같이 말하는 것은 너희들이 육의 삶에 의하여 살다 육의 모두를 끝나는 그와 같은 한계에서 이루어지는 것이니,
19 너희들은 이제 육의 삶보다 더 소중한, 영혼을 구원받으며 영원히 살며 나의 나라에 와 너희들이 변하지 않는 그 천국의 삶을 살아갈 수 있는 다음

의 세상을 준비하며 그를 위하여 대비
하는 삶을 살아감이니라.
20 너희들은 죽어 갈 때 육으로써 삶의
그 모두를 마치고 죽어 가나, 빈손으
로 왔다가 빈손으로 가는 것은 육이
가는 것을 의미하며 그 깨달음이니,
21 너희들은 그와 같은 말을 이제는 해서
는 아니 되며 하나를 더 깨우치라.
22 너희들은 더 소중한 것이 있음이니 그
게 무엇이더냐?
23 영혼의 구원이니라.
24 그리고 너희들이 나에게 심판받음이
며, 너희들이 어찌 살아왔느냐에 따라
서 그 심판의 대가를 치르고 산다는
그 이치를 너희들은 알아야 될 것이니
라.
25 너의 제자들은 이제 빈손으로 왔다가
빈손으로 가는 그 위대한 깨달음을 한
계단 더 벗어나,
26 육으로써 끝나는 삶이 아니라 너희들
은 영혼의 삶을 위하여 준비하며 그를
위하여 대비하는 자이니, 빈손으로 왔
다가 빈손으로 가는 삶이라는 그 의미
를 초월하는 삶을 살도록 해야 될 것
이니 그리 알라.

3,815 번째 하나님 말씀

2002년 10월 29일 06시 52분

1 사랑하는 나의 아들아!
2 "네, 아버님! 말씀하옵소서."
3 배고픈 자가 남의 집 담을 넘지 않는
것이 깨달음이 훌륭한 자며, 남의 것
을 도둑질하지 아니하면 견딜 수 없는
그와 같은 상황에서 도둑질하지 아니
하며 그 분위기가 그리되어 있어도 그
리하지 않는 자, 남에게 보이지 않는
환경이 이루어진 곳에서 인내하고 참
는 것이 위대한 것이니,
4 그게 곧 깨달음이요, 너희들이 그 깨
달음의 경지에 오름을 알아야 될 것이
니라.
5 내가 너희들에게 뭐라 했는가?
6 열흘을 굶은 고양이가 생선 한 토막을
놓고 먹지 않는 그 훈련을 받는 것보
다도 더 인내하며 어렵고 힘든 그와
같은 길을 가는 것이 너희들이라 하였
음이니,
7 너희들이 그와 같이 사악한 행위를 할
수 있는 방법이요, 너희들이 인간 세
상에 죄를 지을 수 있는 것이요, 죄를
짓지 아니하면 견딜 수 없는 그 고통
스러움 속에서 그 죄를 짓지 아니하며
인내하고 견디는 그와 같은 것이 깨달
음이요, 경지이니라.
8 너희들이 열흘을 굶었든, 하루를 굶었
든, 배가 부르든, 밥 한 그릇을 보는
그 감정이요, 생각이 같은 자요, 그와
같은 마음을 가진 자가 깨달은 자라
하였음이니,
9 열흘을 굶어도 밥 한 끼를 훔쳐 먹지
않는 그와 같은 마음으로 인내하는 자
가 곧 깨달은 자요, 경지에 오른 자라
함을 너희들은 알아야 될 것이니라.
10 어떠한 이유에서든지 너희들이 열흘
이라는 기간을 굶었기에 한 끼의 밥을
훔쳐 먹었으며 남의 것을 부정하게 취
했다, 그리하여 어쩔 수 없다 그리 변
명할 수 있고 그와 같이 이유를 다는
것은 너희들이 하늘에 오를 수 있는

길이 아니며, 정녕 깨달음의 길을 달
리는 너의 제자들은 그리할 수가 없는
것이니라.
11 열흘을 굶었든, 너희들이 목숨을 그로
하여금 잃든, 그 한 끼를 훔쳐 먹지 않
는 마음이요, 그 부정한 행위를 하지
않는 자, 그것이 곧 깨달음이요, 그것
이 경지이니라.
12 그러한 여건이 갖추어져 있는 그 속에
서 죄를 짓지 않고 바로 서는 것, 바로
그것이 너희들의 깨달음이요, 하늘에
오르는 것이며 경지에 오른 삶이라는
것을 너희들은 알아야 될 것이니라.
13 '오른뺨을 때리면 왼뺨을 내놓으라.'
하는 것은, 너희들이 단순히 오른뺨을
맞고 왼뺨을 내놓으라는 것이 아니니
라.
14 오른뺨을 맞았을 때, 너희 감정이 격
화되며 너희 마음에 불화가 생기며 불
과 같은 성격을 너희들이 인내할 수
있는 그 자체의 깨달음이 더 위대함을
알아야 될 것이니라.
15 오른뺨을 때린다 하여 너희들이 왼뺨
을 그저 내놓는 그와 같은 그 의미의
상징이 아니니라.
16 너희들이 격분하고 인내할 수 없고 참
을 수 없는 그와 같은 상황에서 그를
참고 인내하는 것, 도저히 이해할 수
없는 것을 이해하고 넘어갈 수 있는
것, 그와 같은 것이 경지에 오름이요,
깨달은 자가 가는 길이며 행하는 길이
니, 모든 가르침이 거기에 있음이니라.
17 내가 너희들은 나의 성서의 깊이를 알
수 없다 함은, 너희들이 그저 써 내려
간 그 내용만을 가지고 나의 피조물
만백성을 깨우치고 가르치고 있음이
니, 그리하여 거기에 있는 진정한 그
뜻을 모른다 함을 알아야 될 것이니라.
18 남들이 인내하고 참을 수 있는 것을
참는 것은 깨달음이 아니요, 도저히
참을 수 없고 인내할 수 없는 상황에
서 그 모두를 스스로 다스려 견디고
인내하는 것, 그것이 바로 경지에 오
르며 깨달은 자가 하는 행위이니라.
19 생각으로써 너희들이 죄를 짓는 것보
다도 행동으로써 너희들이 죄지을 수
있을 때 그를 짓지 않는 마음, 그 또한
소중함을 알아야 될 것이니, 그와 같
은 마음을 갖고 너희들은 살아야 될
것이니라.
20 어떠한 상황에서도, 어떠한 환경에서
도 다 인내하고 견딜 수 있는 그 마음,
부딪치는 고통을 인내할 수 있는 것,
마음으로써 고통이 어떨 것이라 생각
하여 그를 인내하는 것보다 너희들이
부딪치는 속에서, 정녕 그 고통 속에
서 그 고통을 인내하는 것이 바로 깨
달음이며 경지에 오르는 것이니라.
21 남이 아파 수술하는 것을 아플 것이라
그리 생각하는 것보다도 자신의 몸에
칼을 대는 그와 같은 환경에서도 그를
인내하고 참는 자가 정녕 인내하는 자
요, 깨달음이요, 하늘의 경지에 올라
나에게 오를 수 있는 그와 같은 행위
이니,
22 너희들은 내가 이와 같이 깨우치는 그
이치를 깊이 깨우쳐 그리 행하며 살아
가야 하늘에 오를 수 있음을 알라.

3,816 번째 하나님 말씀

2002년 10월 29일 06시 55분

1 사랑하는 나의 아들아!
2 "네, 아버님! 말씀하옵소서."
3 너희들이 살아가면서 세상에 뭐라 말
하느냐, 공것은 비싼 것이며, 공으로
주는 것은 아무것도 없다 말하였음이
니라.
4 너희들이 공으로 해 주는 것이며 소위
공짜라 하는 그와 같이 이루어지는 것
이 싼 것 같으나 그게 비싼 것이며, 거
저 이루어지는 것은 하나도 없다 하였
음이니, 너희들은 이 말뜻이 무엇이라
말하는가?
5 너희들은 세상 이치의 공평함을 알아
야 될 것이니라.
6 그러니 세상사에 공평하지 않은 것이
없다는 뜻임이니라.
7 내가 너희들에게 세상에 나가 창조주
로서 너희들이 먹고살 수 있는 그 모
두를 무상으로 주었다 하였음이니,
8 그는 인간의 60점의 그 속에서 너희
들이 다 취하고 얻고 그리 살라 내가
너희들에게 만들어 주었으며 내려 주
었음이니, 너희들은 그 모든 것이 다
거저 이루어진다 그리 생각하나,
9 내가 너희들에게 60점이라는 그 점수
속에서 세상의 모두를 통제하며 세상
속에서 취하고 살아갈 수 있도록 만들
어 주었다 하면, 내가 너희들에게 바
라는 것이 있음을 알아야 될 것이니라.
10 내가 너희들에게 무엇을 바라겠는가?
11 세상사 너희들이 살아가며 노력 여하
에 따라서 모두를 얻을 수 있는 그와
같은 환경이요, 또한 너희들에게 세상
에 생명을 내려보내 준 것은 바로 나
의 계명을 지키고 하늘에 올라오는 그
것을 내가 너희들에게 바람이니라.
12 그리하여 내가 너희들에게 모두를 주
고 바라는 것은 그것뿐이거늘, 너희들
이 영원히 사는 그 나라에 올라올 수
있는 그와 같은 삶을 살라는 것이 나
의 뜻이요, 내가 너희들에게 바라는
것이거늘,
13 어찌하여 그 하나를 나에게 지켜 주지
아니하며 그를 너희들이 시행하지 못
하는가?
14 창조주인 내가 너희들에게 생명을 줌
을 감사하며, 너희들이 모든 동식물을
취해 세상을 살아갈 수 있도록 내려
준 그 은혜에 보답하는 것이
15 바로 너희들이 계명을 지키며 지금 제
3의 시대에 내려가는 나의 법전을 지
키고 그대로 행하여 구원을 받으라 함
이니,
16 이게 내가 너희들에게 바라는 것임을
알아야 될 것이며, 창조주가 바라는
뜻이니 그 하나 너희들이 들어줄 수는
없겠는가?
17 오로지 너희들은 그를 듣고 행하는 것
만이 구원을 받는 길이라는 것을 깊이
새겨 그리 행하는 삶을 살기를 나 여
호와가 간곡히 바라는 것이니라.

3,817 번째 하나님 말씀

2002년 10월 29일 12시 06분

1 사랑하는 나의 아들아!
2 "네, 아버님! 말씀하옵소서."

3 나의 법전을 읽고 또 읽으며 내가 너
를 통하여 내리는 그 강론을 듣고 깨
우치는 너의 제자들에게, 너는 그들을
다스려 일깨워 주어야 될 것이니라.
4 너희들이 진정한 나 여호와의 뜻이요,
참진리요, 하늘에 오르는 길과 아닌
것을 구분하며 알 수 있는 것은,
5 진정한 참진리요, 나의 뜻이라는 것은
너희들이 듣고 배워 깨우쳐 너희 머릿
속에 남음이 있으며,
6 너희들이 생활에 기억하여 아름답게
쓸 수 있으며,
7 또한 그 참진리는 아름다운 결과가 있
다는 것을 너희들은 알아야 될 것이니
라.
8 참진리요, 나 여호와의 가르침은, 결
과가 있는 것이 나의 뜻이요, 나의 가
르침이며 하늘에 오르는 길이며 그것
이 하늘에 오르는 빛임을 너희들이 알
아야 될 것이니라.
9 사악한 자요, 사탄의 행위가 하는 것
은 너희들이 듣기에 아름다우며 듣기
에 황홀하나, 그는 남는 것이 없으며
깨달음이 없으며 너희들에게 가르침
이 없음이니라.
10 사탄이요, 사악한 자가 하는 행위는
결과가 없음이니라.
11 오로지 허전함이요, 허무함만이 너희
마음속에 남는 것이 사탄이요, 사악한
자가 가는 길이니라.
12 참진리라는 것은 너희들이 깨우치고
공부하며 연구하고 터득하면 거기에
너희들이 곳간에 쌀이 차듯이, 곳간에
곡식이 그득히 차 훈훈함을 얻듯이 너
희들의 마음이 변하며 너희 스스로 변
하는 그 마음속에 훈훈함을 느끼는 것
이니라.
13 너희들이 지폐요, 금화와 은화를 가지
고 있는 자, 한 끼를 굶는다 하여도 초
라하지 아니하며 추위를 모르듯이, 그
훈훈한 마음을 가지고 지탱할 수 있는
것처럼
14 너희들이 참진리요, 그를 깨닫는 자는
너희 마음속에 훈훈함이 쌓이게 되어
있으며, 너희들이 편안한 모습으로써
그 모두를 알게 됨이니라.
15 그리하여 그 뜻에 따라 살아옴이 쌓이
고 쌓였을 때, 하늘에 오르는 영광이
요, 축복을 받게 되는 것이니라.
16 그러나 잘못 가르치는 길이요, 사탄이
라 하는 것은 너희들이 평생을 바치고
매달려도 너희 가슴속에 남음이 없으
며 너희 생활에 남는 것이 없으며,
17 너희들이 무엇을 공부했으며 어떠한
길을 지금까지 왔는가 허무함이 너희
가슴을 적시는 것이 사탄이요, 사악한
자요, 잘못 가르치는 길이요, 너희들
이 잘못 가는 길임을 알아야 될 것이
니라.
18 이제 너희들은 깨달아야 될 것이니라.
19 과연 나의 법전을 너희들이 읽고 정독
하며 나의 강론을 들을 때 너희 가슴
속에 남음이 있으며 너희 스스로 변화
되는 그와 같은 삶을 살아가며,
20 세상에 인간이라는 그 기본의 도리로
써, 너희들이 하늘의 뜻이요, 하늘의
천국의 뜻이요, 하늘의 신비를 알기
전에, 인간의 도리요, 인간의 세속에
살아가는 속에서 남에게 부끄럽지 아
니하며 남에게 추하지 아니하며 당당

한 모습으로 살아갈 수 있도록 변화되
는 그 자체로,
21 그것 하나만 얻는다 하여도 이는 나의
진리요, 참진리임을 너희들은 알아야
할 것이니라.
22 너희들이 수많은 교육을 받으며 수많
은 믿음의 설교를 들으며 깨우침을 받
으며 구원의 길이라 하여 달려오나,
23 너희들이 죽어 올 때 아무것도 남는
것이 없으며 너희 마음이 추우며 마음
의 아픔을 느낀다 하면, 이는 너희들
이 진정한 나의 진리를 공부함이 아니
니라.
24 나의 진리를 공부했으며 나의 뜻을 공
부하여 그대로 행한 자는 너희들이 육
신의 눈을 감을 때, 너희 영혼이 하늘
에 오며 육은 한 줌의 흙으로 돌아가
는 그 순간에도 당당하며 훈훈하며 행
복함을 느끼는 것이 참진리를 가지고
깨우친 백성이니, 이것이 그렇지 못한
백성과의 차이임을 알라.
25 참진리요, 나 여호와의 뜻은 너희들의
가슴에 남으며, 그 가슴에 남고 깨우
친 만큼 너희들이 나로부터 상을 받으
며 축복을 받는 것이며, 미래가 보장
되는 것이며, 근거함이 있으며, 역사
가 이루어지는 것이 있음이니라.
26 그러나 사탄이요, 사악한 자의 가르침
은 미래가 없으며, 남는 것이 없으며,
너희 머릿속에 기억됨이 없으며, 너희
들이 죽어 나에게 와 심판받을 때, 그
때까지도 아무런 도움이 되지 아니하
는 그것이 바로 사탄임을 너희들은 이
제 구분할 때가 되었음을 알라.

3,818 번째 하나님 말씀

2002년 10월 29일 23시 29분

1 사랑하는 나의 아들아!
2 "네, 아버님! 말씀하옵소서."
3 이 세상 모든 동식물은 다 그들의 순
리대로 살아감이니라.
4 계절이 되어 그 열매가 익어 그를 너
희들이 취할 수 있도록 그와 같이 익
어 가며, 또 그는 다음 해에 그와 같은
삶이 반복되며 그와 같이 역사를 이루
는 것이며,
5 모든 것은 다 제자리에서 제 직분을
다하며 살아가는 것이 지금 내가 만든
이 지상에 동식물들이 존재하며 살아
가는 형태이니라.
6 그러나 유독 너희들만이 그 궤도를 벗
어나며, 너희들만이 가야 할 본분을
망각하며 살아가는 것이니라.
7 가장 내가 지혜를 높게 주어 모든 동
식물이요, 이 지상을 통제하며 살아갈
수 있도록 크나큰 은총과 영광을 내린
것이 너희들이거늘,
8 오로지 그 순리요, 그 뜻을 지키지 아
니하며 궤도를 이탈하여 살아가는 것
이 바로 인간 너희들인 것이니라.
9 너희들은 정녕 옳은 길이라 하여 가르
치는 그 길을 가지 아니하며, 또한 이
것이 너희들이 구원을 받는 길이라 하
여 너희들에게 깨우침을 주며 책으로
써 글로써 만들어 전해 주나,
10 이것이 사탄이요, 사악한 자라 하여
이를 들여다보지 아니하는 것이 너희
들의 성격이며 지금의 너희들이 살아
가는 형국이니라.

11 그리하여 이 세상 그 모두가 제자리를
지키며 제 위치를 지키며 제 직분을
다하며 존재하고 있음이니,
12 제자리를 지킬 때 모든 것은 제 궤도
를 갈 수 있건만, 인간인 너희들만이
그 모두를 파괴하며 너희들의 직분이
요, 그 자리를 지키지 아니하고 살아
가느니라.
13 그리하여 이 지상의 모든 질서를 파괴
하며 모든 너희들이 지켜야 할 순리의
그 삶을 살지 못하도록 모든 것을 바
꿔 놓고 뒤집어 놓는 것이 너희들이니,
14 너희들로 하여금 이 세상이 지금과 같
이 험악해졌으며 사악해졌으며 돌이
켜 질서를 잡을 수 없는 이와 같은 형
국이 되었음이니라.
15 너희들이 몇천 년 동안 살아오는 그
속에서 너희들은 질서를 파괴하는 것
을 즐거움으로 생각했으며, 질서를 파
괴하며 나의 뜻이요, 나에게 순종함을
거역하고 사는 것이 너희들의 즐거움
이요, 인간의 근본이라 그리 착각하고
살아가니,
16 너희들로 하여금 나의 이 아름다운 지
상이 다 파괴되었으며, 하늘에서 이루
어진 것과 같이 지상에 낙원이 이루어
지지 아니하였음이니,
17 그 모두는 인간 너희들의 책임이요,
너희들에게 죄가 있음을 알아야 될 것
이니라.

3,819 번째 하나님 말씀

2002년 10월 29일 23시 33분

1 사랑하는 나의 아들아!
2 "네, 아버님! 말씀하옵소서."
3 너희들이 믿음이요, 구원의 길을 간다
하여, 천국의 문에 들어서기 위하여
너희 삶의 모두를 거기에 다 바치고
산다 해도 과언이 아닐 것이니라.
4 그리하여 너희들은 그 믿음을 위하여,
구원의 길을 위하여 지금 살아가고,
또 그를 위하여 노력하고 있음이니라.
5 그러나 너희들은 아무리 그 믿음이 굳
어지고 강한 믿음으로써 간다 해도,
많은 세월 속에 믿음에 매진하고 또
거기에 전진하나 정녕 참진리를 찾지
못하며 진리의 말씀대로 살아가지 못
하고 있음이니,
6 아무리 너희들이 살아가려 노력하며
변하고자 한다 하여도, 너희들이 아름
답게 변하며 한 계단 한 계단 깨달음
의 경지에 오르며 그만큼 너희 마음이
곱고 아름다워졌을 때, 너희들을 그냥
두지 않는 것이 있으니,
7 마귀들이 바로 너희 마음으로 하여금
너희들이 구원의 길을 가지 못하며 너
희들이 가고 있고 정진하여 깨달아 가
는 그 마음을 중단시키며 거기에서 너
희 마음을 사악한 쪽으로 돌리도록 그
와 같이 너희 자신을 이용하며 너희들
을 유혹하며 희롱하여 끌고 감이니,
8 그 마귀들은 너희들이 깨우쳐 가고 곱
게 하늘에 오르는 길이요, 아름답고
천사처럼 변하고자 노력하는 그 마음
을 그리 놔두지 아니하며 너희들을 악
하게 만들고 있음이니라.
9 너희들의 선한 마음을 악하게 만들며
그리 몰아가는 마귀와의 싸움에서 너
희 자신이 이기지 못한다면 너희들은

구원의 길을 받을 수가 없음이니라.
10 그리하여 많은 세월 동안에 너희들이
처음에 시작할 때의 그 믿음은 금과
같은 믿음으로써 가나, 너희 마음이
깨끗해지며 경지에 더 오를 때쯤 되면
마귀들이 너희 마음을 흔들어 놓으며
너희들을 유혹하여 그들의 세계로 끌
어들이고자 하는 것이니,
11 마귀요, 사탄들이 그와 같이 너희들을
유혹하고 희롱하고 있음이니, 이를 너
희들은 알아야 될 것이니라.
12 그리하여 많은 세월 속에 믿음을 가진
자들도 하루아침에 무너지는 것이 그
와 같은 형국이니,
13 마귀가 너희들의 깨끗해진 마음을 흔
들어 놓고 무너트리려 할 때 이 싸움
에서 이길 수 있는 것은
14 너희 자신이 선한 마음의 뿌리를 깊게
내리는 그와 같은 자신과의 싸움만이
구원의 길을 받을 수 있으며 존재할
수 있음을 알아야 될 것이니라.
15 너희 마음이 깨끗해지며 너희들이 변
화되며 경지에 오르면 그와 같이 변하
는 것을 그 누구도 지켜 줄 수 없음이
니라.
16 오로지 마귀요, 사탄이 너희들을 무너
트리고 저희 집단으로 끌어들이고자
하는 것은 누구도 막아 줄 수 없음이
니,
17 스스로 자기가 지키며 너희 자신이 지
켜야 된다는 것을 잊지 말고 명심하여
너희들 스스로 쓰러지는 일이 없도록
그리하라.

3,820 번째 하나님 말씀

2002년 10월 29일 23시 37분

1 사랑하는 나의 아들아!
2 "네, 아버님! 말씀하옵소서."
3 내가 너에게 뭐라 말하였는가?
4 정녕 나의 뜻을 따라 만백성을 구하는
대명을 받은 자요, 나로부터 명받은
진정한 종교 지도자라 하면,
5 너희들의 소중한 가족이요, 자녀요,
형제요, 이웃의 모든 사람들을, 또한
너희들을 낳아 주고 길러 준 그 부모
까지도 모든 백성들을 똑같은 입장으
로 똑같은 마음으로 대중적으로 봐야
한다 내가 가르쳐 주었으며, 너희들이
그리 마음을 가져야 한다 함이니라.
6 너희들이 부모와 형제와 모든 만백성
을 대중적으로 그리 보지 못한다면,
너희 마음이 바로 설 수 없으며, 너희
들이 깨달음의 그 경지에 오를 수가
없기 때문이니라.
7 너희들은 지금 모든 인간관계요, 육의
세상에서 맺어진 그 인연보다도 믿음
이요, 내가 내리는 나의 법전이요, 나
의 계명대로 살아가고자 하며 그를 정
독하고 깨우쳐 나의 진리요, 나의 품
안에서 나의 뜻대로 살아가고자 하는
백성들 그 모두가 다 너희들에게 소중
하기 때문이니라.
8 너희들은 나의 뜻을 따라가는 너희 이
웃이요, 나의 명에 따라 순종하며 나
의 계명을 지키고 살아가고자 변하며
노력하는 자, 너희들과 더불어 변하여
노력하는 그 형제요, 이웃이 얼마나
소중한가를 알아야 될 것이니라.

9 그리하여 너희가 그들을 볼 수 있으며
변해 가는 그들을 너희들이 인도할 수
있으며, 그들을 소중히 받아들일 수
있는 그 마음이 얼마나 너희들에게 중
한 것인가를 내가 깨우쳐 주고자 함이
니,
10 그리하여 너희들에게 그 모두를 다 대
중적으로 보라 함이 여기 있음이니라.
11 너희들이 대중적으로 보지 못하면 진
정한 참진리요, 나의 뜻을, 복음을 전
하며 나의 뜻에 의하여 만백성을 구하
고자 하는 그와 같은 백성들을 너희들
이 볼 수 없기 때문임을 알아야 될 것
이니라.
12 너희들이 얼마 살지 않아 육은 흙으로
돌아가며 영혼은 나에게 구원을 받으
니,
13 너희들이 나에게 와 영혼을 구원받으
며 같은 뜻이요, 같은 나의 제자요, 나
의 자식이요, 아들딸로서 같은 깨달음
속에서 변해 가는 그 백성들이 얼마나
소중한 자들인가를 너희들은 깨우쳐
야 될 것이니라.
14 그리하여 그와 같은 자들 또한 소중하
며 너희들의 육의 인간관계의 부모와
형제요, 너희들의 소중한 자식들까지
도 다 그들과 똑같이 볼 수 있는 마음
을 가져야 한다 하였음이니,
15 영으로써 깨달음이요, 영의 세계로 그
를 바라보며 아름답게 살아가며 만백
성에게 나의 뜻의 복음을 전하며 살아
가는 그들도 너희 형제요, 너희 부모
못지않은 더 소중한 자들이며, 그들을
더 너희들이 챙겨야 되며, 그들과 더
불어 대역사를 이루어야 되기 때문에,
16 너희들이 그들을 볼 수 있으며 너희
육의 부모요, 형제요, 사랑하는 자녀
들을 볼 수 있으며, 그 마음이 다 똑같
이 대중적으로 볼 때 너희들이 다 볼
수 있는 이치가 거기 있기에
17 내가 너희들에게 대중적으로 보라 하
며, 다 소중한 그 뜻이 같기에 내가 똑
같이 볼 수 있는 눈을 뜨라 함이니라.
18 한쪽으로 치우쳤을 때 너희들이 한쪽
의 대역사를 이루지 못하는 그와 같은
오류를 범할 수 있기 때문이니, 나의
이 뜻을 깊이 깨우쳐 행하도록 그리하
라.

3,821 번째 하나님 말씀

2002년 10월 30일 09시 34분

1 사랑하는 나의 아들아!
2 "네, 아버님! 말씀하옵소서."
3 모든 너희들의 인간사에 살아가면서
그 자리를 지킬 자격이 있는 자가 그
자리를 지킴으로 인하여 그 모두가 빛
이 나며 모두가 정상적으로 그 역할을
다할 수 있음이니라.
4 지금 수천 년 동안 믿음의 역사의 세
월이 흐르며 그보다 더 큰 집단이 없
으며 그보다 더 큰 교육기관이 없으며
그보다 더 깨우치고자 하는 단체가 없
음이니라.
5 수천 년 동안 그와 같이 많은 집단이
커졌으며, 많은 백성이 그를 추종하며
하늘에 오르는 길이라 그리하나,
6 지금 너희들이 말하기를 세상은 도둑
이 들끓으며 말세요, 마지막 시대에
사악한 형국이 되었음은 바로 무엇이

더냐?
7 모든 종교 지도자들이요, 가르치는 자
들이 자격이 미달되며 자격이 부족한
자들이 지도자요, 가르치는 자요, 교
육자라며 그 자리에 서서 지금까지 이
끌어 왔기에 그와 같은 형국이 되었음
을 너희들은 알아야 될 것이니라.
8 자격이 없는 종교 지도자요, 자격이
없는 자가 설교를 하고 가르치며 나의
피조물 만백성을 하늘로 이끌어 온다
그리 왔기에 오늘과 같은 형국이 이루
어졌음이니라.
9 그리하여 너 또한 나의 아들로서, 만
백성을 구하는 자로서, 목자로서 너
자신이 자격이 있나 없나를 수시로 점
검해야 될 것이며,
10 너의 제자들 또한 나의 법전을 듣고
깨우쳐 만백성을 구하는 전사로서 자
격이 있는가 없는가를 제삼자의 입장
에서 냉정히 너희 스스로 평가해야 됨
을 알아야 할 것이니라.
11 내가 만든 아름다운 이 지상의 낙원이
지금과 같이 오염되었으며 이와 같이
썩은 내가 세상을 덮고 진동하는 것은
가르칠 자격이 없는 자들이 지도자라
하여 단상에 서서 설교하고 강론하며,
12 하늘에 오르는 길이 무엇이며 나 여호
와가 하고자 하는 것이 무엇이며 참진
리의 뜻이 무엇인지도 모르는 자들이
저희들이 작은 신이나 된 것처럼 그와
같이 너희들을 이끌어 왔기에 오늘과
같이 엉망인 형국이 되었으며, 풀 수
없는 얽히고설킨 이와 같은 형국이 되
었음이니라.
13 온 세상이 다 썩어져 가며 실타래보다
도 더 얽히고설킨 이 형국을 바로잡을
수 있는 것은 아무것도 없음이니라.
14 이제 자격 있는 자들이 단상에 서며
자격을 갖춘 자들이 만백성을 이끌어
가는 그와 같은 형국이 이루어져야 함
이니,
15 그 자격이 있는 자요, 지도자를 육성
하는 것은 바로 참진리의 나의 뜻을
전하는 창조주인 나의 성령이요, 나의
생각이요, 내가 너희들에게 전하는 법
전을 읽고 깨우쳐 그를 깨달아 너희
것으로 만들어 그곳에서 나오는 지도
자만이 만백성을 하늘로 이끌어 가는
지도자가 될 수 있음이니라.
16 너희들 또한 마찬가지이니라.
17 내가 말하기를, 육의 형체를 가지고
있는 너희들은 신이 될 수 없으며 완
벽한 자가 될 수 없다 하였음이니,
18 그 완벽함을 위하여 너희들이 잠시도
끈을 놓아서는 안 된다는 것을 알아야
될 것이니라.
19 완벽할 수 없다는 것은 무엇을 말하는
가?
20 수시로 너희들이 무너지고 넘어질 수
있는 그 여건이 있기에 완벽할 수 없
다 말함이니라.
21 수시로 접근해 오는 사악한 자요, 마
귀의 그 행동에 마음이 동요되어서 넘
어지고 쓰러지는 그와 같은 일이 있어
서는 아니 될 것이니,
22 항상 다스리고 항상 점검하며 항상 너
희들이 자격이 갖추어져 있는가를 생
각하고 기도하며 너희들을 돌이켜 봐
야 될 것이니라.
23 그리하여 내가 너희들에게 음식을 먹

을 때 과연 너희들이 자격이 있는가
물어보라 하였음이니,
24 너희들이 앉아 있는 그 자리요, 너희
들이 누리고 있는 그 부귀와 영화요,
만백성에게 강론하고 가르치는 지도
자 너희들이 과연 그 자리에 설 수 있
는 것이며 지도자로서 자격이 있는가
스스로 분석하여
25 자격이 없는 자 스스로 물러나야 될
것이며, 자격이 없다 생각되는 자 자
격을 갖추도록 노력하여 당당한 모습
으로 자격을 갖춘 자만이 단상에 서서
나의 피조물 만백성을 이끌어 가는 자
가 되어야 될 것이니라.
26 너희들이 자격이 없다 평가되는 자 스
스로 물러나든, 그렇지 않으면 자격을
갖추는 노력이요, 변화되는 역사 속에
서 바로 서든, 둘 중의 하나의 선택을
해야 되는 것이 지금의 너희들의 자세
이니라.
27 그렇지 아니하면 내가 천 년에 걸쳐
이루고자 하는 새로운 역사의 새 시대
또한 이룰 수 없는 것이 지금의 형국
이니, 너희들 제자들의 마음에 달렸음
이니라.
28 이를 너의 제자들에게 자신을 돌아다
보며 매사에 과연 너희들이 자격이 있
는가를 깨닫고 점검해 보도록 그리 가
르치라.

3,822 번째 하나님 말씀

2002년 10월 30일 21시

(강론을 마치며)

1 사랑하는 나의 아들아!
2 "네, 아버님! 말씀하옵소서."
3 너희들의 육의 삶에 살아가는 그 부귀
와 영화에 너희 자신이 연연해서 살아
서는 아니 되는 것이니라.
4 그리도 하늘에 오르고자 하며 구원을
받고자 하며 영원히 존재하는 나의 나
라에 오르고자 하는 너희들을, 내가
이미 너희들의 이름을 나의 낙원의 동
산에 걸어 놓았다 하였음이니, 그보다
더 큰 은혜와 영광이 어디 있겠는가?
5 너희들은 나로부터 받은 그 은혜와 영
광이요, 너희들의 이름을 나의 낙원
동산에 기록하여 놓은 그것을 알며 그
감사하는 마음과 그 큰 영광을 받은
그 마음속에서 살아가는 마음 자세를
가져야 될 것이니라.
6 그보다 더 큰 영광이 없으며 그보다
더 큰 축복이 없거늘, 너희들같이 그
영화와 축복을 받은 자들이 육의 삶이
며 세속의 삶의 부귀영화에 연연한다
하면,
7 너희들은 너희 말대로 한 치 앞도 못
보는 자와 같이 우매한 자임을 알아야
될 것이니라.
8 내가 나의 아들을 통하여 너희들에게
전하였느니라.
9 너희들이 많은 백성이요, 너희 형제로
부터 핍박받으며 고통당하며 너희들
을 사탄이요, 이단이요, 사악한 자라
그와 같이 핍박하는 자들이 많을수록
너희들이 나로부터 축복받는 영광이
있을 것이며 하늘에 와 너희들이 받는
상은 감히 상상할 수 없다 내가 말하
였음이니라.
10 그것이 너희들이 이루어야 될 역사며

너희들이 행해야 될 책무임을 알아야
될 것이니라.
11 이제 내가 나의 아들을 통하여 밤과
낮을 가리지 아니하고 나의 성령을 내
려 법전 3부가 머지않아 세상에 빛을
냄이니, 그 3부가 세상에 나왔을 때
내가 너희들에게 변화의 역사를 이룬
다 하였으며,
12 4부가 나왔을 때 너희들을 해하고자
하며 해부하고자 하는 자들이, 그리고
너희들을 말살시키고자 하는 자들이
노도와 같이 밀려든다 하였음이니,
13 그때 너희들이 지키고 이길 수 있는
것은 과연 나의 법전을 직접 들었으며
나의 아들로부터 직접 강론을 들었으
며 나의 성령으로 공부한 너희들은 다
르다 하며 너희들의 차별화됨을 만백
성이 느낄 수 있는 그와 같은 변화된
삶이 아니면 그 누구도 너희들을 따를
수 없음이니라.
14 너희들의 힘으로써 물리적으로 물질
적으로 그들을 감히 대적할 힘이 없음
이니라.
15 이는 나 여호와의 주관하에 모든 것이
통제되며 이루어질 것이나, 너희들이
바로 서지 아니하였을 때 내가 너희들
에게 역사할 수 없음을 알아야 될 것
이니라.
16 나 여호와는 공의의 하나님이요, 나의
아들딸은 다 나에게 소중하니라.
17 다른 백성들도 깨우치지 못한 만큼 내
가 체벌하며 그들을 채근하거늘, 어찌
하여 깨우치지 못한 너희에게 내가 상
을 내리며 그리고 또 깨우치지 못한
그 백성에게는 내가 벌을 내리겠는가?
18 그와 같은 생각을 해서는 아니 될 것
이니라.
19 나는 공의의 하나님이라 너희들이 말
하였으며, 창조주 하나님이라 말하였
음이니라.
20 내가 하는 것은 오로지 진리요, 정답
이니라.
21 너희들이 바로 서지 못하였을 때 너희
도 지금 잘못 가는 그 백성들과 똑같
은 벌을 받게 될 것이며, 너희들도 그
와 같은 자들처럼 역사를 이룰 수 없
음이니라.
22 오로지 너희들이 모든 고통과 환난 속
에서 견디고 이길 수 있는 것은 너희
들의 변한 모습이니라.
23 너희들이 변하며 지금의 나의 백성들
과 차별화가 크면 클수록 그 큰 환난
에서 너희들이 이기고 견딜 수 있으며
내가 너희들에게 역사하여 너희들을
구원할 것이니라.
24 너희들이 변하지 못하며 차별화되지
못할 때, 너희들은 고통과 시련을 감
히 감내하지 못할 것이며, 너희들의
육의 능력으로써 육의 힘으로써 모두
를 다 너희 스스로 해결하고 나가야
될 것이니, 그때 너희들의 고통은 이
루 말할 수 없을 것이니 그리 알라.
25 너희들이 변하는 그것만이 너희들에
게 몰아붙이는 그 모든 태풍을 막을
수 있고 이길 수 있음을 알라.
26 3부가 세상에 나와 그를 가지고 사람
들이 갑론을박하며 거기에 4부가 세
상에 나왔을 때 너희들을 존재치 못하
도록 밀려드는 그 파도를 너희들 인간
의 힘으로는 막을 수 없으며, 나 여호

와가 모두를 주관하여 한다 하였음이
니,
27 이는 내가 주관할 수 있으며 너희들에
게 능력과 은혜를 내리는 것은 너희들
이 지금의 믿음의 길을 가는 그 백성
들과 엄연히 차별화된 상태의 변해진
너희들의 모습만이 그 모두를 받을 수
있으며 역사할 수 있음을,
28 내가 오늘 나의 아들을 통하여 하늘의
뜻을 너희들에게 전함이니, 이를 명심
하여 행하도록 그리하라.

3,823 번째 하나님 말씀

2002년 10월 31일 06시 43분

1 사랑하는 나의 아들아!
2 "네, 아버님! 말씀하옵소서."
3 생각이 아무리 아름답고 너희들의 마
음이 아무리 아름다우면 무엇하겠는
가?
4 마음으로써는 세상 것을 다 줄 수 있
으며 세상에 역사를 다 이룰 수 있다
하였음이니라.
5 그러나 마음의 그 생각보다도 작은 실
천함이 소중하며 행함이 소중함이니
라.
6 또한 그중에서도 나의 뜻에 순종하며
나의 뜻에 의하여 역사하며 행함이 얼
마나 소중한 것인가?
7 그 행함 이외에는 아무것도 얻어짐이
없음이니라.
8 너희들이 나로부터 벌을 받으며 나로
부터 상을 받는 것 또한 너희들의 행
함에 따라서 그리 이루어짐이니라.
9 행하지 아니하는 것은 역사할 수 없으
며, 행하지 아니하면 이루어지는 것이
없음이니라.
10 너희들이 아무리 배가 고파도 앞에 있
는 밥 한 그릇을 입에 떠 넣어야 배가
부를 것이며, 너희들이 수저로, 또는
기구로써 밥을 떠 너희 입으로 넣었을
때 배가 부르는 것이며 먹음을 알게
될 것이니라.
11 그와 같은 엄연한 사실을 행하지 아니
하면 아무것도 이루어지는 것이 없으
며, 행하지 아니하면 너희들에게 어떠
한 것도 형태의 변화가 없음이니라.
12 그러한 믿음을 너희들이 무어라 말하
느냐?
13 그저 마음으로 믿으며 입으로 나 여호
와를 찾으며 저희 손으로 지은 성전에
재물만 갖다 바치면 구원을 받는다 지
금 그리 가르치고 있음이니, 그러니
그 누구도 구원을 받을 자 하나도 없
다 함이니라.
14 말로써는 세상 것을 다 주는 듯하나
직접 행하는 것은 없다 하면 아무것도
얻어지고 이루어지는 것이 없음이니,
15 바로 지금의 너희들이 믿음의 길에 가
는 것이 행함이 중요한 것이 아니요,
말로 찬송하며 나를 부르며 눈물로써
호소하며 그저 너희들이 부르는 찬송
에 감동하여 눈물 흘리며 광란의 춤을
추며 그러고 나서 그것에 은혜 받았고
너희들의 스트레스를 해소했다 하여
재물을 바치는 것이 축복이요, 또 재
물을 바치는 데 아까운 줄을 모르니,
16 찬송을 부르는 것이며 너희들을 광란
의 짓으로 이끄는 것이 무엇이더냐?
17 너희들이 정신을 잃고 정신을 잃어버

리며 너희 혼을 빼고 이성을 잃게 하
여 그저 손에 낀 반지요, 지갑에 든 금
전이요, 은화요, 금화를 자신도 모르
게 갖다 바치고 시간이 지나면 후회하
는, 그와 같이 너희들을 몰아가고 만
드는 것이 지금의 종교 집단이 가고
있는 것이니라.
18 눈물의 찬송은 그들이 왜 부르는가?
19 저희들의 가르침에서 너희에게 감동
을 받게 할 수 없기 때문에 그저 노래
로써 흥분시키고 스트레스를 해소하
며 광란의 짓을 하고도,
20 그 광란의 순간에 제가 무엇을 바치며
무엇을 제 몸에 있는 것을 떼어 놓는
줄 모르고 입은 옷가지라도 그저 벗어
던지고 벗어 바치고 싶은 그와 같은
형국으로 나의 백성들을 몰아가니, 그
들이 이성이 있는 행위던가?
21 이성을 잃은 속에서 그것들을 뺏어 감
이니, 혼란케 하여 정신을 잃게 하여
그들의 재물이요, 그들이 가지고 있는
것을 빼앗아 가는 이와 같은 너희들이
사기요, 사기 집단인 것을 알라.
22 너희들이 모든 것을 팔 때 진정한 값
어치가 없는 것은 그들을 현혹하며 노
래로써 그들에게 보이며 그저 어떠한
행동으로써 보이며 웃음으로써 보이
며 갖가지 선물을 그들에게 바치면서
그 필요도 없는 것을 비싸게 팔아먹는
것이 너희들의 상술이 아니더냐?
23 그게 바로 사람을 병들게 하며 나의
백성들을 멍들게 하며, 그와 같이 사
기극을 벌이는 것이 너희들의 지금의
장삿속이 아니더냐?
24 너희들이 필요도 없는 것, 가치도 없
는 것을 팔아먹기 위해 온갖 선물이
요, 온갖 감언이설로써, 또는 노래로
써, 그 풍악으로써 그들의 혼을 빼놓
고 그들을 자극 시켜 놓은 다음에 일
순간에 그저 팔아먹는 상술이 옛날서
부터 전해 오는 너희들의 수법이 아니
더냐?
25 그것은 사기꾼이며, 그것은 사기 짓을
하는 것이니라.
26 그리고 남을 속이는 것이니라.
27 물건을 사고파는 것은 제값으로 정당
히 팔고 사는 것이 정당한 거래이니라.
28 그렇지 못한 건 사기극이며 남에게 거
짓 하는 것이며 이웃에게 거짓 증거하
는 것이니,
29 바로 거짓 증거하며 나를 팔아먹으며
나의 아들을 팔아먹는 그와 같은 형국
으로 가는 것이 너희들이니라.
30 그리하여 너희들이 찬송을 부르도록
하고 눈물을 흘리도록 하고 아우성을
치도록 하며, 그저 앉은 자리에서 펄
떡펄떡 뛰면서 광란의 미친 짓을 하다
보니,
31 그게 이성이 있는 자가 아니며, 그들
의 이성을 다 뺏으며 혼을 빼놓은 상
태이니라.
32 그리고 혼을 빼고 이성을 빼놓은 다음
에 그저 바치라 바치라 하니, 입은 옷
가지요, 손에 낀 모든 것도 다 바치고,
저희들의 지갑에 들어 있는 그 지폐를
바치며 금화와 은화를 다 바치고, 그
리고 그 순간이 지나면 후회하며 제
미친 짓을 후회하며 그리고 미친 짓을
하고 난 다음에 돌아오는 것이 아무것
도 없다는 것을 그때 깨달음이니라.

33 그래도 또 너희들은 광란의 도가니로
이끌어 가면 또 그 광란의 도가니로
빠지는 것이 너희들이니라.
34 그 모두가 사기극이며, 너희들을 위하
여 가장 세상에 말할 수 없는 잔인한
사기극을 벌이고 있는 것이 그들이니
라.
35 아무런 것도 주는 것이 없느니라.
36 사기극으로써 물건을 팔아먹는 자는
그 썩은 물건이라도 있다지만, 너희들
은 말로써 우리 부자를 팔아먹으며 아
무것도 주는 것이 없으니, 너희들보다
왕 사기꾼이요, 왕사탄의 행동이 어디
에 있는가?
37 이러한 형국을 내가 나의 법전에 기록
하여 너희들을 깨우치고자 하니, 이를
읽고 너희들이 바로 보는 그와 같은
광명의 길을 얻으라.
38 그렇지 못하면 너희들은 영원히 지옥
으로 감이니, 다 사탄에게 속아 너희
들이 광란을 하듯이, 광란의 춤을 추
다 그대로 그 광란의 춤추는 것이 너
희들이 지옥 불에서 광란의 짓을 하는
그 형국과 똑같음을 알라.
39 그와 같은 광란의 짓을 할 때, 너희들
은 육에서는 고통이 없으나,
40 그 똑같은 광란의 짓을 하면서 그 고
통이 너희들에게 가중하는 것이 지옥
이요, 지금 너희들과 삶의 차별화가
그것뿐이니, 너희들이 지금 지옥 불에
서 광란의 춤을 추는 것과 마찬가지니
라.
41 뜨거운 양철 지붕 위에서 그저 뜨거워
서 발을 동동 구르는 그와 같은 형국
이 되어 있는 것이 너희들의 지금의
믿음의 길을 가는 형태임을 잊지 말라.

3,824 번째 하나님 말씀

2002년 10월 31일 06시 46분

1 사랑하는 나의 아들아!
2 "네, 아버님! 말씀하옵소서."
3 수천 년 동안 흘러내려 온 그 종교 집
단들이 광란 속에 광란의 춤을 추며
저 자신도 흥분하여 무엇인지도 모르
면서 그저 있는 것 없는 것 갖다 바쳐
대면서 축복받았으며 하늘에 은혜를
쌓았다 그리 말하며,
4 저희들은 나가서 사랑을 실천하며 나
눔을 하며 저희들이 바치는 것이 이웃
에게 주는 것이며 가난한 자에게 주는
것이라 하여 그저 빼 던지고 바치는
그와 같은 형국으로 가는 자들이며,
5 오로지 사랑만이 하늘에 오르는 길이
며 나누며 사는 것이 하늘에 오르는
길이며 선하게 사는 것이 하늘에 오르
는 것이며,
6 이 모두는 다 나 여호와가 내렸으니
나의 은총에서 살아간다 그들이 그리
말하느니라.
7 그러나 그들이 바로 무엇이더냐?
8 그들이 너희들을 가장 핍박하는 것이
며 너희들을 이 세상에 존재치 못하도
록 하고자 하는 자들이니,
9 나의 법전이 세상에 나오지 못하도록
하며 만백성이 하늘의 참진리의 인도
자인 나의 법전을 읽지 못하게 하며
그 인도자를 만나지 못하게 함이니라.
10 나의 법전 한 권이 하늘에 인도하는
너희들의 지도자를 내가 세상에 내보

내는 것이며 너희들이 그와 같은 위대
한 역사를 이룬다 하였으니,
11 그를 보지도 못하며 읽지도 못하게 하
는 것이 바로 지금 그를 실천하고 나
를 따르며 내가 존재함을 믿는다는 백
성들이며,
12 내가 하늘에 오르는 길이요, 만백성을
구원하고자 하는 나의 법전을 읽지도
못하고 보지도 못하게 그리하고 있는
자들이니,
13 내 이름을 팔아서 사는 그들이 가장
간악한 자들이며 사악한 자들임을 너
희들은 알아야 될 것이니라.
14 지금 나를 믿고 구원을 받겠다 하는
자들이 얼마나 너희들에게 그와 같이
포악한 짓을 하며 간악한 짓을 하고
있는가?
15 그러니 그러한 자들보다도 내가 존재
치 아니하다 하며 나를 믿지 아니하며
내가 있다 생각지도 아니하고 그저 살
아가는 자들, 평범한 그들이 너희들에
게 차라리 나은 형제들임을 알아야 될
것이니라.
16 그리하여 그들을 깨우치는 데 너희들
이 모든 역점을 두며 그들을 인도하는
데 너희들이 나의 법전을 전함에 주저
하지 말라.
17 내가 존재하며 나를 믿고 따르라 한
그와 같은 자들, 그들이 가장 나를 핍
박하며 나의 법전을 핍박하며 너희들
을 핍박하는 자들이니, 그들이 마귀임
을 알라.
18 아무것도 모르는 백성, 그들이 더 순
진하며, 그들을 깨우쳐 그들에게 내가
있다 함을 알려 주며 그들이 바로 서
도록 그리하라.
19 그들이 정녕 너희들에게 더 가까운 형
제임을 잊지 말고 그들을 구원하도록
그리하라.

3,825 번째 하나님 말씀

2002년 10월 31일 06시 52분

1 사랑하는 나의 아들아!
2 "네, 아버님! 말씀하옵소서."
3 이 세상 수십억 인구의 나의 피조물
만백성이 있으며 세월이 흘러가며 이
곳 세상에 왔다가 또 한 줌의 흙으로
돌아가는 나의 백성들이 수없이 있으
나,
4 지금의 믿음에 매달려 구원을 받고자
하는 나의 백성들이 수없이 많이 있으
며, 또 그 길을 위하여 달려가는 자 있
으며,
5 계속 그 길을 위하여 향하는 나의 백
성들은 그 울타리에 들어 저희들을 잘
못 가르치는 지도자 앞에 구원을 받고
자 하는 자 수없이 많으며,
6 또 구원을 받을 수 없다 말하며 구원
과 관계가 없다 살아가는 백성들이 있
는가 하면, 깨우치지 못하고 깨달음이
무엇인지 모르며 사는 수많은 백성들
이 또한 있느니라.
7 깨우치지 못한 자가 있는가 하면, 또
깨우치기 위하여 나의 법전을 읽고자
하는 자, 나의 공부를 하고자 하는 자
또 수없이 많이 있음이니,
8 너희들이 지금의 달려가는 믿음을 향
하여 평생 살아가는 자, 그리고 내가
존재하지 아니한다 생각하는 자, 그리

고 스스로 깨닫고자 생각하는 자, 나
의 법전을 보고 진정 깨달음이 무엇인
가 그 길에 들어서서 깨닫고자 하는
자, 그러나 너희들이 정녕 어떠한 깨
달음으로써 가고 있는가?
9 나의 법전을 읽고 깨닫고자 하는 너의
제자들 또한 과연 그들의 깨우침이 어
디까지 와 있는가?
10 아무도 너희들이 구원을 받을 자격이
없다 내가 말함은 바로 너희들 중에
진정한 깨달음이요, 진정한 변화의 역
사가 이루어진 자가 없기 때문임을 알
아야 될 것이니라.
11 이제는 나의 법전을 읽고 나의 아들의
제자라 선택된 너희들은 정녕 나의 법
전을 정독하고 또 정독하여 그곳에서
행하라 함을 행하는 것만이 너희들이
진정 깨달음이요, 구원을 받을 수 있
음을 알아야 될 것이니라.
12 지금의 믿음의 길을 가는 자들은 마귀
의 뜻을 가르치는 자들이며, 그 속에
와서 재물이요, 금화와 시간과 노동을
다 바치며 그저 그것으로써 구원을 받
았다 그리 착각하고 사는 자들이 이
세상을 다 지배하고 있음이니, 그리하
여 그들은 전혀 구원을 받을 수 없다
는 것을 너희들은 알아야 될 것이며,
13 나 여호와가 존재치 않다 생각하는
자, 그들 또한 구원을 받을 수 없는 것
이니라.
14 그러나 나의 법전을 읽고 깨우쳐 살아
가는 나의 백성들 또한 그들의 깨달음
이요, 변화가 정녕 말과 행동이 일치
하지 아니하며, 마음은 앞에 가나 행
동이 그러하지 못함이니, 그들 또한
구원을 받을 자격이 없음이니라.
15 그리하여 나로부터 구원을 받아 하늘
에 오른 자가 없다 하였음이니, 내가
지금 너희들의 구원의 길을 인도하고
자 내리는 이 법전을 읽고 정독하여
그 뜻대로 행함이 너희들이 구원을 받
을 수 있는 길임이니,
16 나의 법전에 기록한 내용과 내가 가르
치는 그 뜻에 의하여 순종하고 행하라.
17 더 행하고 행하는 속에서 너희들이 변
화될 것이며, 행함이 없이는 변화될
수가 없음이니라.
18 그리하여 너희들을 구원의 길에 오르
도록 하여 너희 후손이 천 년에 걸쳐
새로운 역사를 이루는 그 기틀을 만들
고자 함이니,
19 너희들은 내가 구원받은 자 하나도 없
다는 그 뜻을 깊이 깨우치며, 과연 너
희 가슴에 손을 얹고 너희들이 지금
인간 세상에 살아가는 그 형태로써 너
희 스스로 구원을 받을 수 있는가를
깨우쳐 너희들을 돌아다보면, 너희 스
스로 구원받을 자격이 없음을 알 것이
니라.
20 그러하니 너희들이 알다시피 자격이
없는 자, 하늘에 오를 수 없기 때문에
내가 구원받은 자 없다 한 뜻을 너희
들이 깊이 뉘우치고 깨우쳐,
21 구원의 길에 들어설 수 있는 선택된
백성으로서 너희들이 나에게 오는 영
광을 얻기 위한 그 노력이 얼마나 힘
들고 어려운 것인가를 알아,
22 오늘의 생활에서 나의 법전에 기록된
내용이 아무리 고달프고 힘들고 어렵
다 하여도 그를 행하는 데 최선을 다

하는 것만이 구원을 받는 길임을 알라.

3,826 번째 하나님 말씀

2002년 10월 31일 09시 13분

1 사랑하는 나의 아들아!
2 "네, 아버님! 말씀하옵소서."
3 하늘과 같은 천국의 낙원을 지상에서
만들어 주었으며 너희들에게 그리 살
라 내가 너희들에게 준 것이거늘,
4 지금 너희들이 살아가는 그 형태를 창
조주 나 여호와가 바라보는 형국이 어
떠한지 알겠는가?
5 너희들은 사치와 향락이 극치에 달하
였으며, 더 이상 향락의 극치에 갈 수
없을 만큼 그리 너희들이 호화로우며
사치스러운 삶을 살고 있음이니라.
6 그뿐이던가?
7 가진 자는 이웃을 도우며 오른손이 하
는 것을 왼손이 모르도록 남을 도와주
며 나누며 그리 살라 하였거늘,
8 가진 자는 가진 자대로 저희들의 육신
의 향락을 위하여, 온갖 저희들의 즐
거움을 위하여 모두를 다하며, 그보다
더 사치스럽고 그보다 더 호화로운 삶
을 사는 자가 없으며,
9 너희들이 더 좋은 것, 더 맛있는 것을
취하고 더 편하고자 하는 데 극치에
달하였음이니라.
10 그러니 저 자신을 돌보고 저 자신만을
위해서 살아가는 그 극치의 한계에 달
했으니, 배고프고 어렵고 힘든 자들을
돌아다볼 수 있는가?
11 그렇지 못하느니라.
12 그게 바로 너희들 개인의 욕심이요,
'나'를 위주로 살기 때문임이니, 가진
자의 그 향락이, 가진 자의 즐거움이
더 이상 눈을 뜨고 볼 수 없으며 더 이
상 내려다볼 수 없는 형국이며,
13 없는 자 또 극에 달하여 끼니가 없어
굶주려 가는 나의 백성들이 수없이 많
이 있음이니, 그들에게 너희들은 빵
한 쪽을 집어 주는 것이 사랑을 베푸
는 것이며, 그것이 그들을 위해서 나
의 뜻에 따라 행하였다 그리함이니라.
14 그리하여 너희들은 그걸 빙자하여 나
의 피조물 만백성에게 수많은 재물과
헌금을 받아들이며, 금화와 은화를 거
둬들이고자 붙일 수 있는 이름과 각종
명분을 다 붙여 그를 거둬들이며,
15 너희들은 그 거둬들인 것의 일부를 가
지고 배고픈 자에게 빵 몇 개 전해 주
면서 그것으로써 백성을 구했으며 나
의 뜻에 의해 행했다 하느니라.
16 그게 아니니라.
17 그들이 영구히 살 수 있는, 영원히 그
허덕임에서 벗어날 수 있는 그 근본의
대책을 세워 주는 것이 나의 뜻이요,
너희들의 형제를 사랑하는 것이며, 내
가 하고자 하는 뜻에 너희들이 하는
행위이니라.
18 그리하여 지금 나의 아들이 5달란트
의 그 역사를 이루는 것처럼, 가진 자
는 가진 자대로 어려운 집단들을 구제
하고 그들이 살아갈 수 있는 길을 영
구히 만들어 주는 것, 그것이 곧 나의
뜻이요, 사랑임을 알아야 될 것이니라.
19 가진 자는 가진 자대로 권력은 권력대
로 남용하며 너희들이 극도의 인간의
향락주의에 빠져 있으니 그를 더 볼

수 없으며,
20 지금 나를 위하여 만백성을 위하는 길
로 인도한다는 종교 지도자 너희들은
어떠한가?
21 너희들 또한 사악하기가 극치에 달했
으니, 더 이상 갈 수도 없으며 물러날
수도 없을 만큼 이 세상에 향락주의
요, 너희들 자신의 즐거움을 위하여
자연의 생태계를 파괴하면서 그저 재
물과 금화를 가지고 있는 것은 제 몸
하나 편안하며 제가 오래 살기 위해,
제 건강을 위하여 모두를 다 투자하는
이와 같이 사악한 시대가 되었으니,
22 온 세상이 너희들 말로 사탄이 들끓으
며 도둑이 들끓으니, 그와 같은 것을
지금의 종교 집단 너희들이 그리 만들
었음이니,
23 그게 너희들이 나와 아무런 관계도 없
는 믿음의 길로 만백성을 인도하며 이
끌어 가며 그와 같이 사악하고 추한
짓을 행하여 왔기에 지금 이와 같은
형국에 이르렀음이니라.
24 차라리 너희들이 지금과 같이 이런 형
국이 아니었더라면, 자연 속에서 얻고
자연 속에서 구하며 자연에 감사하며
아름답게 사는 나의 백성들이 이와 같
이 험악한 세상으로 변하지 아니하였
을 것이니라.
25 그와 같이 너희들이 험하고 험하게 변
하였기에 내가 너희들을 지금 더 이상
말로써, 또는 어떤 기적으로써 이룰
수 없기에,
26 너희들이 버려도, 찢어 버려도, 태워
도 영원히 지워지지 아니하고 버릴 수
없는 책이라는 것을 내가 만들어 이를
나의 법전이라 하여 너희들을 심판하
고 있음이니, 이 심판의 무서움을 너
희들이 알아야 할 것이니라.

3,827 번째 하나님 말씀

2002년 10월 31일 09시 17분

1 사랑하는 나의 아들아!
2 너희들이 하늘에 오르는 길이며, 나에
게 기억되며, 너희들이 그리 갈구하는
천국에 오를 수 있는 길이 무엇이라
내가 말하였느냐?
3 가장 작은 선함이요, 가장 작은 아름
다움을 행하는 그 속에서 참진리요,
하늘에 오를 수 있는 길이 있다 하였
음이니라.
4 이는 곧 무어라 말하였더냐?
5 내가 너에게 누차 가르쳐 주었으니,
목말라 갈증에 허덕이는 자에게 물 한
컵을 주며 배고픈 자에게 밥 한 그릇
을 대접하는 이와 같이 작은 행위를
하는 것이 내가 너희들을 기억하며 너
희들이 하늘에 오르는 길이라 하였음
이니라.
6 그리고 이와 같이 행하고 사는 자가
나의 뜻에 따라 생활하며 나의 뜻을
행하고 사는 백성이라 내가 말하였음
이니, 너희들은 지금 어떻게 살아오는
가?
7 과연 너희들은 나의 뜻에 의하여 작은
사랑을 실천하며 작은 아름다움을 행
하며 살아오는가?
8 그와 같이 실천하지 아니하며 그와 같
이 살지 않는 나의 백성이라면 누구도
나로부터 사랑을 받을 수 없으며, 너

희들이 사랑을 실천하며 만백성을 구
하는 선도자로서, 지도자로서 간다 그
러한 말을 하지 말아야 할 것이니라.
9 지금 너희들은 작은 사랑을 실천하며
그 아름다움을 실천하는 것은 다 접어
두고, 눈물로써 악쓰며 경배하고 소리
지르며 그저 있는 재물을 갖다 바치라
는 대로 바치는 것이 하늘에 그득히
쌓여,
10 너희들이 죽어 그 하늘에 쌓은 재물
앞에 그 창고의 문을 열고 거기에 너
희들의 공이 큰 만큼 비단옷을 입고
나 여호와 앞에 올 것이라는 착각 속
에서 지금 너희 손으로 지은 성전이
요, 잘못 가르치고 나의 뜻이 무엇인
지도 모르는 사악한 자들 앞에 바치고
바침이니,
11 그는 너희들의 무서운 죄가 됨을 알아
야 될 것이니라.
12 너희들이 하늘에 쌓아 놓는 재물에 따
라서 그 앞에 가 비단옷 입고 나에게
칭찬받을 것이며 지금 너희들이 사악
하게 살아온 그 죄를 그것으로써 용서
받을 것이라 생각하나, 너희들이 그리
생각하는 것이 착각이니라.
13 그리 쌓아 놓고자 그리 바치는 자, 지
옥 불로 감이니, 미물만도 못한 형국
으로 그 무서운 벌을 받는다는 것을
너희들은 잊지 말아야 될 것이니라.
14 그와 같이 재물을 쌓아 놓고자 한다
면, 내가 너희들의 성서에 기록하여
가르쳤으며 나의 법전에 가르쳤던 작
은 선한 일을 행하고 사는 너희들이
되어야 될 것이니, 그와 같이 아니 하
는 자, 나와는 아무런 관계도 없는 것
임을 알라.
15 너희들이 아무리 선한 일을 한다고 해
도 사악한 마음을 가지고 그와 같은
행동을 한다거나, 마음만 선한 생각을
가지고 있고 행동으로는 그리하지 아
니할 때, 나는 너희들을 기억하지 아
니한다는 것을 알아야 될 것이니라.
16 이제 너희들은 기억해야 될 것이니라.
17 작은 선한 일이요, 아름다운 사랑을
베풀며 사는 것이 구원의 길이요,
18 그와 같은 것을 행하지 아니하고 사는
자, 이 세상에 악의 근본의 씨앗이며,
그것은 마귀의 가르침이며, 그는 마귀
가 되어 간다는 것을 너희들은 알아야
될 것이니라.
19 작은 사랑을 베풀지 못하는 자, 큰 사
랑을 베풀지 못함이니, 그게 바로 가
진 자가 마귀요, 구원을 받을 수 없는
사탄의 자식으로서 사탄의 행위를 하
는 것임을 너희들은 알아야 될 것이니
라.

3,828 번째 하나님 말씀

2002년 10월 31일 09시 25분

1 사랑하는 나의 아들아!
2 **"네, 아버님! 말씀하옵소서."**
3 너희들에게 생명을 주어 세상에 나가
너희들이 노력하는 만큼 얻고 살며 하
늘의 천국처럼 지상을 만들라 내가 내
려보낸 이 지상이 지금 병들어 썩어져
갔으며,
4 그 썩어져 간 흉악한 냄새가 지금 이
를 말을 수 없는 그와 같은 형국이 지
금의 내가 만든 이 지상이라 하면 너

희들은 어찌하겠는가?
5 이제 좀 더 세월이 지나고 나면 나의
아들 너 하나 세울 자리가 없을 만큼
이 세상이 다 오염되어 그 썩어져 가
는 흉악한 모습으로써 다 덮고 있으며
그 냄새가 진동함이니, 이를 너희들은
어찌 생각하는가?
6 이와 같이 썩어져 가고 병들어 가는
흉악한 모습이니, 그 지구가 덮어져
가며 썩어져 가며 그 지구 스스로 견
딜 수 없는 그와 같은 형국이며 겨자
씨 하나 심을 만한 틈이 없음이니,
7 나의 아들을 내려보낼 그 틈이 없는
그와 같은 형국으로 변하여 이제는 더
이상 볼 수 없기에, 내가 지금 2천 년
만에 나의 아들을 세상에 내려보내 나
의 법전을 지금 내려보내어 너희들을
깨우치고자 함이니라.
8 내가 너희들에게 나의 법전을 읽고 정
독하지 아니하는 자 심판을 받을 수
없다 하였음이니, 지금 바로 너희들의
심판이 시작되었음을 알아야 될 것이
니라.
9 나의 법전을 읽고 깨우쳐 깨달음을 얻
는 자, 너희들이 죽어 하늘에 오르는
그 순간에, 썩고 병들며 흉악한 냄새
가 이 세상을 덮고 있다 하는 것을 너
희들은 볼 것이니라.
10 지금은 너희들이 썩어져 가는 그 냄새
를 맡지도 못하며 그를 보지도 못함이
니,
11 너희들이 그곳에 만연되어 있으며 그
곳에 젖어 있으며 그 생활에 젖어 있
기에 그 썩어져 가는 흉악한 냄새를
맡지도 못하고 썩어져 가는 그 형태를
보지도 못함이니라.
12 그리하여 내가 너희들을 더 이상 볼
수 없어 나의 아들을 내려보내 너희들
을 심판하는 기준의 법전이라 하여 책
을 내려보내며 내가 너희들을 지금 심
판하고 있으니,
13 심판을 받는 자, 너희들은 내가 썩어
져 간 형국이라는 것을 알 것이며, 지
금 그곳에서 벗어나지 못하는 자, 얼
마나 처참하고 비참한 그 대가를 치르
는가를 너희들은 알아야 될 것이니라.
14 지금 심판이 시작되었으니, 그 두려움
과 무서움을 알며,
15 나의 아들이 존재하는 동안에 내가 나
의 아들을 통하여 160권의 대장서를
세상에 내려보내니, 이를 읽고 깨우치
는 백성 너희들이 심판대에 섬을 알라.
16 이 이치를 너희들이 아직도 믿지 못하
고 깨닫지 못한다 하면, 너희들은 정
녕 나의 나라에 올 수 없는 백성임을
알아야 할 것이니라.
17 자식이 어버이의 품에 돌아갈 수 없으
며 자식이 부모의 집에 돌아갈 수 없
다 하면, 자식이 부모를 어버이라 부
르지 못하며 그 어버이의 집에 갈 수
없으며 그 어버이를 만날 수 없으며
그 어버이를 부를 수 없다면,
18 너희 인간 세상에서도 너희들의 삶이
얼마나 잘못 살아온 것이며 얼마나 슬
픈 것인가를 알아야 될 것이니 그리
알라.

3,829 번째 하나님 말씀

2002년 10월 31일 12시 10분

1 사랑하는 나의 아들아!
2 "네, 아버님! 말씀하옵소서."
3 너의 제자들에게 일깨워 깨우쳐 주어
야 될 것이니라.
4 너희들이 말도 되지 않는 그와 같은
억지스러운 이야기를 들을 때 처음에
는 말도 안 되는 소리로 사람을 현혹
한다 그리 말하나,
5 그 말을 듣고 또 듣다 보면 너희들은
스스로 그 말이 귀에 익으니 '이것이
정녕 맞는 말이 아닌가?' 그와 같이
변하게 되는 것이 인간이요, 너희들의
마음의 형태이니라.
6 나의 아들이 기도할 때마다, 나의 법
전을 기록할 때마다 수천수만 번 나의
십계명을 목이 아프도록 암송함이니,
그를 암송하는 그 마음의 형국이 어찌
변하는지 너희들은 알겠는가?
7 그는 그를 암송하면서 그를 지키지 못
함을 후회하며 그를 지키겠다 마음속
으로 굳건히 다짐하니,
8 이 세상 나의 피조물 만백성 중에 내
가 불로 써 내린 그 십계명, 세상에 무
엇보다도 가장 소중한 것을 제일 많이
암송하며 제일 많이 그를 가슴에 안고
사는 자가 또 있는가 너희들은 물어보
라.
9 십계명이 무엇이더냐?
10 너희들의 성서는 기록하여 전했으나,
그를 복음이라는 것을 또한 전했으나
그것은 너희들이 너희 입맛에 맞게 너
희 인간의 계명이요, 너희들이 필요한
대로 변질시켜 사용할 수 있고 수시로
너희들이 고쳐 쓸 수 있으며 변화시킬
수 있는 것이 곧 성서요, 내가 전한 나
의 복음이요, 그와 같은 역사이니라.
11 그리하여 내가 그것이 변형될 것을 알
고 있었으며 그들이 잘못될 것을 알고
있었기에 그를 고치지도 못하고 더 빼
지도 못하도록 내가 불로 써 너희들의
가장 단단한 바위에 기록하였으니, 너
희들은 그 뜻을 모르겠는가?
12 그저 나 여호와가 바위에다 불로써 십
계명을 쓴 것은 기적의 역사를 보이기
위한 것이며 나의 능력을 보여 주기
위하여 십계명을 썼다 그리 깨우쳐서
는 너의 제자들은 아니 되느니라.
13 나의 성전에 고개 숙여 기도하며 나에
게 오르고자 하는 나에게 선택된 사랑
하는 너희들은,
14 그 십계명을 내가 내린 것은 너희들의
성서가 변질되며 내가 어떠한 것으로
써, 말로써 너희들에게 전하며 성령을
전해도 세월이 지나는 동안에 사악한
인간 너희들의 머리를 가지고 이를 변
질시키고 다시 쓸 수 있기에,
15 이를 내가 변할 수 없도록, 또 변질될
수 없도록 그리하여 내가 불로 바위에
쓴 것이 여기에 있음이니라.
16 곧 십계명은 너희들이 지키고 살아 영
혼이 구원받는 것이니 정녕 불변이요,
변할 수 없는 것이요, 나의 성령이요,
나의 복음을 너희들이 변질시키고 변
화된다는 것을 알고 있었기에 내가 변
하지 못하도록 그리 만들었음이니라.
17 인간 너희들도 죽어 가면서 유언할
때, 그를 변질시키지 아니하고 지키는

자식에게는 말로써 전할 수 있으나,
18 그것을 변화시키고 변질되게 제 임의대로 해석하며 제가 유리한 쪽으로 사용하여 제가 모든 것을 챙기고자 하는 자식이 있기에 글로써 남기는 것이 아니더냐?
19 너희들이 글로써 남겨서 그를 지키지 못하는 자식이라는 것을 알면 너희들은 금에다 글로써 박아서 변질되지 못하도록 그리해서 내려보낼 것이며 쇠에다 새겨서 내려보낼 것이니라.
20 바로 그와 같은 이치가 여기에 있으니, 십계명의 그 무서움을 너희들은 알아야 될 것이니라.
21 십계명은 너희들이 지켜서 하늘에 오르는 영광을 위하는 길이요, 영혼의 양식일 뿐만 아니라, 이 모두가 변질될 수 있기에 내가 불로 써 그 역사를 이루었음이니,
22 나의 아들이 지금 성서는 중간 중간에 저희들이 필요한 대로 변질시키고 변하였다 하는 말을 너희들은 믿어 의심치 말라.
23 내가 그리하여 기록해 놓은 것이 바로 나의 십계명이니라.
24 내가 십계명을 세상에 내리고 내가 복음을 내렸을 때는 내가 금과 같은 소중한 말을 전하였으나,
25 흘러오는 세월 속에 너희들에 의해 은으로 변했으며, 또 너희들이 필요한 것을 첨가하여 이물질을 또 넣다 보니 그게 동으로 변했으며, 동에다 또 이물질을 너희들이 첨가시키니 쇠로 변했으며, 그 쇠 속에 이물질이 들어 있어 그 가루가 녹아 떨어졌음이니라.
26 지금 많은 종파들이 그리 가고 있으니 떨어진 가루가 썩어서 냄새가 나듯이 지금 그와 같이 냄새 나며 흉악한 모습으로 서 있는 것이 지금 너희들의 형국이니라.
27 이를 바로잡을 수 있는 것은 나의 뜻밖에 없음이니, 지금의 종교 지도자들이요, 너희들이 차라리 금으로 내린 나의 음성을 그대로 놓아두었더라면 지금 이와 같이는 가지 아니하였을 것이니라.
28 내가 내린 금과 같은 나의 그 가르침을 너희들이 너희 마음대로 이물질을 집어넣어 변질시켜서 오늘의 이와 같이 썩은 세상을 만들었음이니,
29 차라리 너희들이 이 세상에 태어나지 아니하였으며 너희들의 그와 같은 집단이 없었더라면 지금과 같이 썩어져 있는 형국은 없었음을 알 것이니라.
30 내가 나의 뜻을, 하늘의 이치를 너희들에게 깨우쳐 줌이니라.
31 십계명을 내린 것은 내가 기록하여 나의 아들이 목숨까지 바쳐 내린 그 복음서요, 너희들이 글로써 전하는 그 모두가 변질될 수 있고 변질될 것을 알고 있기 때문에,
32 내가 변화되지 아니하고 변화시킬 수 없는 바위에 글을 불로 써 내린 뜻이 거기에 있음이니라.
33 그리하여 지금 내가 나의 아들을 통하여 책에다 글로 기록하여 이 책의 160권의 대장서를 세상에 먼저 뿌리고자 하는 그 역사가 바로 변질되는 자들이요, 변화시키는 자들을 막고자 함이니,
34 너희들이 이미 이루어진 그 역사에 나

여호와의 치밀함이며 나의 계획하에
모든 것은 이루어진다는 것을 알며,
35 성서는 너희들 인간이 스스로 변화시
켜서 변질되었으며, 십계명만이 변질
되지 아니하였으며 변화되지 아니하
였으며 나의 뜻이라 그리 전하라.
36 거기에 기록되지 아니한 행위를 하는
것은 너희들이 나를 거역하는 것이요,
사탄의 자식으로서 나에게 치받는 행
위라는 것을 만백성에게 전하라.

2002년 11월

3,830 번째 하나님 말씀

2002년 11월 1일 06시 31분

1 사랑하는 나의 아들아!
2 "네, 아버님! 말씀하옵소서."
3 내가 너에게 일러 깨우쳐 주지 아니하
였던가?
4 내가 그리 불로 바위에 십계명을 써
너희들에게 내려보낸 것은, 너희들이
이를 지키고 하늘에 오르게 되는 영혼
의 구원의 양식이요, 영혼을 구원하는
빛이요, 생명의 길이라 말하였느니라.
5 그러나 내가 그를 꼭 그리 써야 되는
이유는, 너희들 인간의 마음이 천태만
상이니 나의 아들이 너희들을 위하여
내린 복음이요, 내가 너희들에게 전한
모든 뜻은 다 세월이 지남으로써 변질
되고 또 변질될 수 있기 때문이니라.
6 너희들은 나 여호와를 믿고 하늘에 창
조주인 나 여호와가 있으며 내가 있는
하늘에 오르기 위하여 너희 모두를 바
친다는 그와 같은 믿음을 가지고 있으
며,
7 감히 두려워 나에게 너희들이 함부로
도전할 수 없다 하며 내가 존재함을
그리 무섭게 생각하며,
8 나를 만나는 것이 영광이라 생각하며
그보다 더 두렵고도 더한 영광이 없고
그보다 더 소중한 것이 없다고 말할

수 있느니라.
9 그러나 그래도 그것에 감히 손을 대고
고쳐 변질시킬 수 있는 사악한 인간들
도 또한 있다는 것을 내가 너희들에게
말하지 아니하였으나,
10 내가 오늘에 이와 같이 변질되어 잘못
갈 것을 알았기에 변할 수 없는 바위
에다 불로 써 내렸다 함을 너희들에게
내가 깨우쳐 주었음이니, 이것이 인간
너희들의 사악한 마음이니라.
11 감히 너희들이 내가 존재하며 내가 있
어 이 모두를 내린 것을 알면서도 거
기에다가도 손을 댈 수 있는 것이 인
간 너희들이니,
12 얼마나 너희들이 무섭고 사악한 형태
의 마음을 가진 자들이 있는가?
13 나의 피조물 만백성 너희들은 사악한
마음을 갖고 사악한 짓을 하는 행위를
감당할 수 없는 그와 같이 무서운 자
가 있느니라.
14 그리하여 너희들이 같은 백성이요, 형
제에게 감히 살인을 하며 그를 죽게
하며 금화와 은화 몇 닢에 울분을 참
지 못하여 그 소중한 생명까지 그저
살인하는 그와 같은 형국의 마음을 가
진 자들이니,
15 이것이 너희들의 그와 같이 무서운 마
음이요, 형태이니라.
16 내가 그리하여 그리 변할 수 없는 것
을 기록하였음이니, 그걸 믿고 따르는
것만이 너희들이 하늘에 오르는 길임
을 알아야 될 것이니라.
17 지금 내가 나의 아들을 통하여 내리는
160권의 이 법전도 너희들이 잘못하
면 변질되고 또 뜯어고치는 자가 수없
이 많이 있을 것이며,
18 이를 갖다 읽고 정독하여 이를 베껴
이와 같이 비슷한 것을 나로부터 받았
다 하여 또 만들어 낼 자가 수없이 있
음이니,
19 그리하여 내가 그 법전을 만드는 데
십계명을 암송하도록 하였으며, 내가
가장 쉽게 만들어 만백성이 근거할 수
있도록 하였음이니라.
20 그리고 내가 날짜와 시간을 여기에다
기록하도록 한 이유가 거기에 있음이
니라.
21 내가 연도와 날짜와 시간을 기록하라
함이니, 감히 너희들이 그를 추월할
수 없으며 그를 벗어날 수 없음이니라.
22 그 앞의 날짜로써, 그 앞의 시간으로
써 저희들이 감히 변질할 수 없음이
니, 내가 지금 여기에다가 그리 나누
어서 내림이니라.
23 나의 성서는 날짜와 시간이 기록되어
있지 아니함이니라.
24 그리하여 나의 법전은 연도와 날짜와
시간을 기록하여 그를 추월할 수 없으
며 그가 원본임을 증명하기 위하여 내
가 날짜를 매일같이, 시간을 매일같이
기록하도록 한 것이니 너희들은 알아
야 될 것이니라.
25 그리하여도 이를 변질하여 또 쓸 자가
있을 것이니, 이는 내가 그를 막고자
하여 지금 많은 법전을 세상에 뿌려
아무나 읽고 듣고 깨우쳐 이 내용을
알 수 있도록 그리하고자 함이니라.
26 그리하여 변질하여도 나의 법전에 있
는 내용을 너희들이 다 알고 있으며
누구나 다 읽고 깨우쳐 알고 있음이니

라.
27 성서라는 것은 몇천 년 동안에 너희들
의 상층부요, 특수층에서만 가지고 거
기서 주무르고 반죽해서 그리 만들었
으나,
28 나의 법전은 처음부터 너희들이 알기
쉽고 간단한 언어와 글자로써 기록하
여 만백성에게 전함이니,
29 그리하여 이를 손을 쓰지 못하도록 하
는 뜻이 여기에 또한 내포되어 있음이
니, 미래에 이루어질 것을 미리 예언
하여 준비하는 것이 창조주인 나의 뜻
이며 나 여호와임을 너희들은 알아야
될 것이니라.

3,831 번째 하나님 말씀

2002년 11월 1일 06시 35분

1 사랑하는 나의 아들아!
2 "네, 아버님! 말씀하옵소서."
3 부는 바람 앞에 켜 있는 촛불과 같은
것이 너희들의 인생이거늘, 어찌하여
그를 대비하지 아니하며 준비하지 아
니하고 그리 살아가고자 하는가?
4 언제든 바람 앞에 꺼질 수 있는 촛불
과 같은 것이 너희들 인생의 삶이니라.
5 너희 생명 또한 그러한 것이니, 하늘
에 나 여호와가 존재하며 너희들은 죽
어 와 나로부터 심판을 받음이니, 그
심판에 따라 너희들이 치러야 할 죄의
대가가 있다는 것을 알면서도 너희들
은 어찌하여 그를 대비하는 삶을 살지
아니하는가?
6 너희들은 항상 그와 같은 대비된 삶을
사는 현명함을 잊어서는 아니 될 것이
니라.
7 갑자기 꺼지는 촛불처럼 너희들이 나
에게 갑자기 와 심판을 받는 그와 같
은 일이 생겼을 때 너희들이 과연 어
찌 수습하며 어찌 그를 다 해결하겠는
가?
8 그를 위한 삶을 준비하며 그를 위한
삶을 너희들이 살아야 될 것이니라.
9 그 모든 너희들의 준비된 삶은 마음
한 자리 변화시키고 마음 하나 깨달으
면 그것으로써 모두를 다 이룰 수 있
으며 거기에서 너희들이 영원히 사는
축복과 영광을 다 받을 수 있는 것이
거늘,
10 어찌하여 마음을 변화시키지 못하며
생각을 변화하지 못하며, 그 생각과
변화된 마음에 따라 행동함을 그리도
못 하는가?
11 육의 삶이 무엇이 그리도 위대하며,
육의 삶에 무엇을 그리 연연하는가?
12 백 년도 안 되는 그 삶을 위하여 너희
들이 천 년의 역사가 아니요, 영원히
변하지 않는 그 꺼지지 않는 생명을
얻으며 그 속에서 살아가는 그와 같은
축복된 영광을 모르는 어리석은 자들
이 되었음이니,
13 그와 같이 우매하고 어리석은 것이 바
로 너희들임이니라.
14 그리 살지 말라. 그리 살아서는 아니
됨을 알라.
15 이제 나의 법전이 세상에 나가 이를
읽는 백성 너희들은 나의 법전에 내가
너희들에게 전하는 것을 기억하여 그
대로 행하고 사는 그 삶만이 너희들이
영원히 축복받는 삶이라는 것을 잊지

말라.
16 내가 나의 아들을 통하여 너희들에게
다시 이리 간곡히 전함이니, 이를 잊
지 말라.

3,832 번째 하나님 말씀

2002년 11월 1일 06시 40분

1 사랑하는 나의 아들아!
2 "네, 아버님! 말씀하옵소서."
3 내가 나의 아들 예수를 통하여 내린
그 황금의 말을, 그리고 그 황금의 가
르침을 너희들이 그대로 가슴에 안아
그대로 전하여 오늘의 깨우침에 왔더
라면 세상은 이와 같이 험악하지 아니
할 것이니라.
4 나의 법전이 이제 세상에 내려가 천
년에 걸쳐 하늘에서 이루어진 것같이
이 땅에서 이룰 수 있는 그 백성들이
요, 선택된 자들만이 그곳에 살게 됨
이니,
5 그러나 나의 법전이 변질되고 또 변화
되어 너희들이 손을 써 이것을 너희
인간의 뜻에 맞도록 고친다 하면, 너
희들은 정녕 그를 읽고 구원을 받아
하늘에 오를 수 있는 길이 없음을 알
아야 될 것이니라.
6 그리하여 내가 수없는 나의 법전을 간
단한 단어로써 알기 쉽게, 표현하기
쉬운 동양의 작은 나라의 글자요, 언
어로써 세상에 전하는 것이 다 나에
의해 계획되어 있음을 너희들은 다시
한 번 깨닫고 알아야 될 것이니라.
7 또 너의 제자들과 너를 따르는 자들
중에 내가 성서를 태우라 명한 자 있
으며, 그리고 한국어요, 너희들의 동
양의 작은 나라의 문자가 세상을 덮는
그를 다 내가 미리 깨우쳐 주고 보여
준 자들이 있음이니, 그게 오늘에 실
현됨을 너희는 알아야 될 것이니라.
8 이를 알고 깨닫고, 또한 이와 같이 변
화될 것이라는 것을 아는 자들이 수없
이 있음을 알라.
9 지금 금의 가르침을 그대로 받은 것이
아니라, 너희들이 변질되고 변화되어
은이요, 동이요, 쇠붙이로 되어 그 쇠
붙이가 날아다니는 박테리아와 같이
되어 있음이니,
10 그 박테리아가 지금의 많은 나의 백성
들에게 전염병을 옮기듯이 그리 퍼져
가고 있음이니라.
11 모든 종파들이 썩고 썩어진 그 쇠붙이
와 같이, 날아다니는 박테리아요, 그
병균과 같이 번져 가니,
12 너희들의 지금 모든 종파들이 전염병
이 쉴 새 없이 번져 가는 그와 같은 형
국에 이르렀음이니, 이들을 바로잡을
수는 없는 것이니라.
13 과연 이를 어찌 잡겠는가?
14 누가 한마디의 말로써 그를 잡을 수
있겠는가, 하나의 기적을 이루는 것으
로써 그를 잡을 수 있겠는가?
15 정녕 그를 잡을 수 없음이니라.
16 오로지 그 병균을 치료할 수 있는 약
은, 내가 말했듯이, 그 극약의 처방은
바로 십계명과 지금 내가 너희들에게
내리는 나의 성령을 기록한 법전인 이
책밖에 없음을 너희들은 알아야 될 것
이니라.
17 지금 모든 종파들이 쇠붙이가 녹아서

부서져 병균이 되듯이 그 병균이 지금
전파되고 있음이니,
18 차라리 이 시대의 종교 지도자요, 잘
못 가르치는 이와 같은 종파들이 없었
더라면 오늘과 같이 이렇게 썩고 썩어
진 추한 형국으로 변하지는 아니하였
을 것이니라.
19 이를 더 이상 볼 수 없어, 그 병균이
나의 백성들을 잠식하며 죽게 하며 지
옥으로 이끌어 가는 그 형국을 내가
볼 수 없기에 지금 내가 너를 통하여
이를 내림이니, 너의 제자들이 이 중
요함을 알아야 될 것이니라.
20 사랑하는 나의 아들아!
21 "네, 아버님! 말씀하옵소서."
22 너희들의 인간 세상에 남의 것을 탐하
지 말며 그저 욕심 그득한 마음을 버
리며, 너희들의 욕심 하나 버리며 마
음 하나 다스려 천사와 같은 마음으로
써 산다는 것이 어렵고 힘들다 그리
말하나,
23 너희는 할 수 있고 그리 살아갈 수 있
음이니라.
24 십계명을 지킬 수 없다는 이 많은 수
십억 인구 중에 제자 너희들은 지킬
수 있다며 그리 노력함이니, 그것이
얼마나 아름다워 보이더냐?
25 고사리 같은 어린아이가 아름다운 저
희들의 놀잇감을 가지고 노는 것과 같
이 너희들이 그리 하나하나 변하여 고
치고자 하는 모습이 꼭 아이들이 행하
는 마음과 같이 그리 변하지 아니하던
가?
26 그 속에서 너희들이 하나하나 지켜 가
지 아니하느냐?
27 장난감을 가지고 노는 그 아이의 고사
리 손과 같이 너희들이 변하고자 노력
하는 모습이 내가 보기에 그리 귀엽고
아름다우니라.
28 그를 내가 버리겠는가?
29 너희들을 내가 정녕 버린다 생각하는
가?
30 노력하고 깨우치라.
31 그러면 내가 너희들을 버림이 없음이
니라.
32 천사와 같은 마음으로 변하고자 노력
하라.
33 그러면 너희들이 두려울 것이 없으며
못 변할 것이 없으며, 변할 수 있음을
알라, 사랑하는 나의 백성들아!

3,833 번째 하나님 말씀

2002년 11월 1일 06시 45분

1 사랑하는 나의 아들아!
2 "네, 아버님! 말씀하옵소서."
3 너희들이 세상에 태어날 때는 천사와
같이 곱고 아름다운 마음을 가지고 태
어남이니라.
4 그리하여 너희들이 살아가면서 너희
들의 지금의 형국에 따라 모든 것을
의심하며 의혹하는 삶을 살게 됨이니,
5 너희들은 직접 만져 보고 또 너희 눈
으로 보고도 믿지 못하는 지금의 형국
이 되었음이니, 이와 같은 형국은 누
가 그 책임을 져야만 한다 말할 수 있
는가?
6 너희들은 내가 '거짓 하지 말라.', '간
음하지 말라.', '도적질하지 말라.' 그
리 지키고 살라 내린 그 계명을 지키

지 아니하며 거역하고 살았기에, 남에
게 거짓 하고 또는 남을 거짓 증거하
며 이와 같은 형국 속에서 살아왔으며,
7 나의 계명을 전혀 지키지 않으며 지킬
수 없다 그리 말하고 가르치고 그리
이끈 집단 때문에 오늘에 너희들이 그
리 되었음이니라.
8 나의 계명대로 지키고 살고 그리 살도
록 가르쳤다면 너희들이 보고도, 만져
보고도 믿지 못하는, 남을 의심하는
이와 같은 세상은 되지 아니하였을 것
이니라.
9 여기서 너희들이 알아야 될 것이니라.
10 너희들이 직접 보고 만져 보면서도 믿
지 못하는 그와 같은 불안한 마음을
가지고 있는 것은 과연 너희 마음이
어떠하던가?
11 너희 마음속에 사악한 마음이 도사리
고 있으며, 너희들이 그와 같은 마음
을 가지고 있기에 나의 십계명이요,
나의 뜻을 지키지 않는 근본의 자세의
행위가 거기에 있음이니라.
12 그러니 나의 계명을 지키지 아니하며
나의 십계명을 지키지 아니하며 나의
뜻대로 살지 아니한 그와 같은 삶을
살았음이니,
13 나의 성령이 너희 몸에 임할 수 없으
며 너희들이 나의 성령을 받을 수 없
음이니라.
14 그리고 지금의 모든 종교 집단들이 나
의 성령을 받을 수 있는 마음자리가
없도록 그리 만들었음이니, 그 책임을
누가 져야 한단 말이던가?
15 너희들은 정녕 나와 같이 있고, 내가
있는 장소에 오르고자 하며, 나의 나
라의 천국에 오르고자 하는 것이니,
16 그러나 그와 같은 소원을 가지고 사는
자들이 지금 어느 곳에 가서 기도하고
경배하며 나를 부르짖는가?
17 내가 버린 곳이요, 내가 뿌리 뽑아 버
리고자 한, 내 아름다운 이 성전에 저
희 손으로 지은 두꺼비집이 저희들의
성전이라 하며 재물과 금화를 거둬들
이며 나의 백성들을 이와 같이 험악하
게 사탄이요, 마귀와 같이 만들어 놓
은 그곳에 가서 너희들이 하늘에 오르
고자 기도하고 경배함이니,
18 이는 너희들이 나를 거역하며 나의 뜻
을 거역함이요, 나의 뜻을 순종함이
아니라 나의 뜻과는 전혀 관계도 없는
곳에서 나를 찾으며 기도하고 경배하
는 그와 같은 웃지 못할 형국이 되어
있음이니,
19 그곳에 가 있는 백성, 구원받을 수 없
음이니, 나의 법전을 읽고 깨우쳐 바
른 믿음을 보며 바른 빛을 보며 하늘
에 오르는 영광을 얻도록 그리하라.

3,834 번째 하나님 말씀

2002년 11월 1일 12시 07분

(강론을 마치며)

1 사랑하는 나의 아들아!
2 "네, 아버님! 말씀하옵소서."
3 이제 네 앞에 앉아 있는 너의 제자들
의 믿음이요, 깨우침이요, 생각하는
것이 일반 백성들보다 높이 올라와 있
으며 그 깨달음이 높은 자들이니,
4 내가 너희들에게 너희들이 얼마나 무
지몽매하며 나를 거역하는 것인가를

깨우치고자 함이니라.
5 너희들이 과일나무라는 것을 가꾸기
위하여 거름을 주고 퇴비를 주며 그가
좋아하는 양분을 주며 그 가지를 다듬
어 줌이니,
6 그 과일나무는 준 것만큼 얼마나 건실
하고 튼실하며 또 먹음직하며 영양가
있는 열매를 맺으로써 너희에게 보답
을 하는가?
7 너희들이 관리하고 통제하는 모든 짐
승 또한 너희들이 잘 가꾸고 길렀을
때 그들은 어떠한 방법으로든 그 보답
을 함이니라.
8 그러나 너희들은 어찌하던가?
9 내가 너희들에게 세상에 태어나는 그
생명을 주었음이니, 너희들이 세상에
나와 그 생명이 성장하면서 먹고 쓰고
너희들이 노력하는 만큼 얻을 수 있는
세상 것을 다 주었으니,
10 나 여호와가 너희들에게 내린 그 아름
답고 소중한 모든 동식물이요, 그 모
두를 너희들이 먹고 그것으로써 몸을
지탱하며 살아가느니라.
11 그러나 너희들은 그 아름답고 고운 과
일이요, 내가 내려 준 모든 동식물, 그
모두를 먹고 자라면서 그를 먹어 소화
시킨 다음에 너희들의 입으로 나오는
것은 과연 무엇이 나오는가?
12 너희들의 입에서 나오는 것은 나 여호
와에게 감사하며, 내가 너희에게 준
모든 것을 감사하며, 그리고 사랑하는
마음으로 살아야 될 것이니라.
13 그러나 너희들은 내가 내린 과일이요,
그 좋고 맛있는 음식들을 다 먹으면서
너희 뱃속에 들어가 힘이 생기며 용기
가 생겼을 때 너희 입에서 나오는 것
은 욕을 하는 것이며,
14 시기하고 질투하며, 생각하는 자체도
용서하는 것이 아니라 앞에 가는 자
무너트리며 상상할 수 없는 사악한 말
들을 함부로 하고 있음이니,
15 너희들이 지나가며 많은 백성들이 서
있으면 그들이 대화하며 그들이 하는
행위를 한번 보라.
16 내가 내려 준 소중한 그 과일이요, 음
식이요, 모든 동식물을 취하고 나로부
터 감사하고 경배해도 그 은혜에 보답
할 길이 없거늘,
17 너희들의 말은 아름다운 말이요, 너희
들이 행하는 것은 아름다운 행동만을
하여야 되는 것이거늘, 너희들이 얼마
나 추하고 더러운 짓을 하고 있는가?
18 이것이 너희들이니, 과연 너희들이 은
혜를 아는 사람이며, 은혜를 아는 동
물의 제왕이며, 깨달음이요, 지혜가
있는 자들인가?
19 내가 너희들에게 이 세상을 다 지배하
라 하였으며 가장 높은 지혜를 주었거
늘,
20 아무런 말을 못 하고 있는 그 나무에
게 양분을 주었을 때 그가 너희에게
먹을 수 있는 좋은 과일을 내려 보답
하듯이, 어찌하여 그 지혜로 그 이치
하나도 깨닫지 못하는가?
21 너희들이 먹여서 기르는 그 짐승도 너
희들이 잘 가꾸면 가꾸는 만큼 너희들
에게 보답을 하느니라.
22 그러나 하물며 그들보다도 수백 배의
높은 지혜를 가졌으며 나로부터 모든
영광을 받은 너희들은 그 모두를 다

취하면서, 내려보내 준 나 여호와에게
어찌하는가?
23 계명에 거짓 하지 말며 사기하지 말며
이웃에게 탐하지 말라 그리 말하였거
늘, 너희들은 내가 내린 것을 거부하
고 살아오며,
24 내가 너희들에게 그와 같은 모두를 내
려 준 것을 먹고 힘을 얻어 용기를 얻
으며 너희들이 하는 말은 천사와 같은
말이요, 천사와 같은 삶을 살라 하였
거늘,
25 너희들은 마귀요, 사탄과 같은 그 행
위를 함이니, 너희는 모여 있는 사람
들 속에 귀를 기울여 들어 보라.
26 그들이 과연 내가 내린 아름다운 음식
이요, 내가 내려 준 모든 동식물을 취
하고 거기에 보답하고 감사하는 마음
으로써 살아가며 대화하고 말하는 자
있는가, 그리고 행동하고 있는 자 있
는가 보라.
27 그러면서 너희들이 어찌 구원을 받으
며 나의 나라의 그 천국에 오려 하는
가?
28 너희들은 천국에 오기 전에 지상에서
시험을 받으며 검증을 받는 단계라는
것을 잊지 말라.
29 너희들의 지상의 육의 삶이 무엇인지
아는가?
30 하늘에 오르는 그 역사를 이룰 수 있
는 검증의 단계요, 준비 단계임을 알
라.
31 너희들은 이 준비 단계요, 검증을 받
는 단계에서 내가 내려 준 그 모두를
먹고 사는 것에 감사하고 고마운 마음
이요, 그 은혜조차도 모르며,
32 내가 내려 준 것을 먹고 마귀요, 사탄
들만 할 수 있는 그와 같은 형국으로
변해진 것이 나의 백성 너희들이 지금
가고 있는 형국이며 너희들이 지금 처
해 있는 위치이니라.
33 이러고도 너희들이 구원을 받을 수 있
으며, 어렵고 힘들다 말할 수 있는가?
34 나의 성령을 직접 내려 나의 아들을
통하여 듣고 배우는 너희들은 과연 지
금 어디에 있는가?
35 너희들이 많이 변하고 변했다 하여도,
근본의 뿌리는 아직도 변하지 못하고
있는 것이 또한 너희들이니,
36 너희들이 오늘의 힘들고 어려운 그 속
에서 무엇을 얻고자, 구원을 받고자
하지 말라.
37 너희들의 마음이 먼저 변하지 않은 상
태에서 나에게 육의 행복과 영화를 얻
고자 하거든 너희들은 나의 법전을 덮
고 나의 성전을 떠나라.
38 너희들의 마음이 먼저 변하는 것이 중
요한 것인가, 너희들이 무엇인가를 얻
고자 하는 것이 중요한 것인가?
39 너희들이 먼저 변하지 아니하면 나에
게 영원히 하늘에 오르는 그 영광을
얻을 수 없음이니,
40 너희들을 내가 이리 버리고 저리 버리
는 것은 마찬가지이니, 지금 너희들이
육의 고달픔에 의하여 내가 너희에게
무엇인가를 내려 주지 아니하는 것을
고통스러워하며 견딜 수 없다 하면,
41 일찍이 나의 법전을 놓고 성전을 떠나
너희 육의 삶을 그저 살라.
42 이러나저러나 나의 천국이요, 나의 영
광의 하늘의 문을 들어서지 못하는 것

은 같을진대, 여기서 선택하는 것은
너희들의 자유의지임을 알라.

3,835 번째 하나님 말씀

2002년 11월 2일 09시 07분

1 사랑하는 나의 아들아!
2 "네, 아버님! 말씀하옵소서."
3 이 많은 나의 성령을 받아 책으로 세
상에 내며 네가 나에게 그 많은 경배
의 기도를 하며 살아감이니,
4 그리고 네가 나의 법전을 기록하기 위
하여 나의 성령을 받을 때마다 십계명
을 암송하지 아니하고 한 구절이 없으
며,
5 네가 하루의 일과를 시작하기 전에 나
에게 경배의 절을 드리고 하루의 일과
를 시작함이니,
6 그 정성과 마음이 남들이 보든 보지
아니하든 간에 네가 네 할 일을 다하
는 그 모습이야말로 정녕 그것이 아름
다운 모습인 것이며, 나로부터 선택된
나의 아들이요, 네가 할 수 있는 일이
니라.
7 모든 삶을 그와 같이 하라, 나의 아들
아! 그리고 너의 제자들에게 그리 일
러 주라.
8 네가 나의 십계명을 암송하지 아니하
고 나의 성령을 받은 적이 없으며,
9 네가 하루의 일과를 시작할 때 나에게
큰절로써 경배를 올리지 아니하고 나
의 성령을 받은 적이 없으며 그리 하
루의 일과를 시작하지 아니한 적이 없
으니,
10 그와 같은 마음을 갖고 그리 본받고
따르라 그리 너의 제자들에게 가르치
라.
11 이제 내가 너에게 가르쳤음이니라.
12 너희들이 이 세상의 자연의 아름다운
그 모두를 섭취하면서 어찌하여 너희
들은 추하고 더러운 생각이요, 그와
같은 말을 하고 살 수 있는가 내가 물
었듯이,
13 아름다운 것을 나로부터 얻은 그 모두
를 섭취하고 사는 너희들은, 좋은 음
식이요, 좋은 과일을 섭취하고 너희
자신을 지탱함이니,
14 하나의 받은 것보다도 열 배 이상의
아름다운 언어요, 아름다운 행동으로
써 세상의 모든 백성에게 비치는 그와
같은 마음으로 사는 것이 너희들의 근
본이라 그리 말하라.
15 너희들이 먹고살고 즐기는 것이 얼마
나 아름다우며, 그 아름다움을 누가
주었다 말하였느냐?
16 내가 너희들에게 내려 준 은혜이니라.
17 내가 너희들에게 내려 준 그 아름다움
을 모두 섭취하고 사는 너희들이 어찌
하여 그 취한 것보다 열 배 아름다운
생각이요, 아름다운 말을 가지고 살아
가지 못하는가?
18 그저 너희들은 두 사람만 모이면 남을
음해하며 헐뜯고 시기하며 그저 남들
이 들어서는 안 되는 불쾌한 말들을
하는 것이 보통 일상생활로써 그리 젖
었으니,
19 그 속에서 어찌 바른 삶이 있고 바른
사랑이 있을 수 있으며 이웃을 사랑하
는 마음이 있을 수 있겠는가?
20 그를 가르치라, 나의 아들아! 모든 자

연의 아름다움을 나로부터 받아 섭취
하여 에너지를 얻어 사는 너희들이 정
녕 내 마음과 같은 그리고 나보다도
더 아름다운, 감사하는 마음으로 살
수 있는 그와 같은 은혜 속에서 너희
들의 언어요, 행동을 그리하는 것을
깨우쳐 주며 그들에게 일깨워 주라.
21 나로부터 좋은 그 모든 영양이요, 그
아름다운 것을 취하고 사는 너희들이
그 취한 것보다 열 배 아름답고 고운
마음으로써 살아가는 그와 같은 생각
을 갖고 살아감으로 인하여 너희들의
주변의 삶 그 모두가 다 변할 수 있으
며 너희들이 세상을 아름답게 볼 수
있으며, 세상의 이치를 다 깨닫게 됨
이니,
22 그것부터 너의 제자들에게 이제 머릿
속에 깊이 심어 주도록 그리하라, 사
랑하는 나의 아들아!

3,836 번째 하나님 말씀

2002년 11월 2일 09시 12분

1 사랑하는 나의 아들아!
2 "네, 아버님! 말씀하옵소서."
3 너희들이 과연 무엇을 위하여 사는가?
4 하늘에 오르는 길이요, 구원의 영광과
축복을 받기 위하여 너희들은 살아가
고 있음이니라.
5 그와 같은 길을 오기 위해서는 너희들
이 하늘의 이치를 알아야 할 것이며
나 여호와의 뜻을 먼저 깨닫고 알아야
함을 알라.
6 너희들은 이제 너희 스스로 육의 삶을
마치고 육은 한 줌의 흙으로 돌아가며
너희 영혼은 나에게 와 심판을 받는다
는 그 뜻을, 그 이치는 영원히 변할 수
없으며 돌이킬 수 없으며 피해 갈 수
없다는 것을 깨닫고 살게 된다면,
7 너희들은 과연 심판의 두려움이 얼마
나 무서운 것이며 너희들의 삶에 살아
온 정신적인 삶이요, 육체적인 행함의
삶이요, 그 모두를 심판받는다는 것이
얼마나 무서운 것인가?
8 그 무서움 하나를 깨닫고 산다 하면
너희들은 정녕 오늘과 같은 삶을 살
수가 없는 것이거늘, 너희들은 그것
하나를 인식하지 아니함이니라.
9 너희들은 피해 갈 수도 없고 돌아갈
수도 없으며 중단할 수 없는, 너희들
이 죽어 와 나에게 심판을 받는다는
그 엄연한 사실을 하나 깨달으면,
10 그 두려움과 무서움에 의하여 너희 자
신이 바로 살 수 있고 바로 생각하며
세상을 볼 수 있는 마음의 싹이 너희
몸에서 나올 수 있거늘, 너희들은 그
것 하나를 지키지 아니하고 있음이니
라.
11 그것 하나를 깨우치고 산다면 모든 영
광을 다 얻을 수 있는 것이거늘,
12 지금 수천 년 동안 믿음의 길을 오며
수없이 많은 나의 백성이 살아가면서
도 말로는 그럴 것이라 생각하고 생각
은 또 그럴 것이라 생각하나,
13 너희들이 그를 대비한 삶이요, 진정
그 삶을 위한 삶을 살아가지 아니하였
으니, 너희들은 깨닫고 안다 해도 깨
달음이 아니요, 얻음이 없는 것이니라.
14 지금 너의 제자들이요, 너를 따르는
백성, 그들이야말로 얼마나 위대한 영

광을 얻은 자들인가?
15 너희는 그를 깨우쳐 그대로 행하고 살
아가는 것만이 하늘에 오르는 구원의
길이며, 그를 어기고는 구원을 받을
수 없기에,
16 그를 향하여 구원을 받고자 노력하는
너희들이야말로 얼마나 큰 영광과 축
복 속에 나로부터 선택된 백성인가?
17 그와 같이 영광과 축복 속에서 살아가
는 너희들이 지금도 아직까지 인간 세
속의 삶의 고리를 덮지 못하여 작은
것들에 연연하며 작은 일에 너희 모두
를 다 바치는,
18 그리하여 작은 것을 취하기 위하여,
그리고 작은 욕심이요, 작은 행복이라
는 육의 행복을 위하여 모두를 다 잃
어버리는 그와 같은 삶을 살지 말아야
할 것이니라.
19 너희들의 육의 삶을 위하여 너희들이
해서는 아니 되는 짓, 그리고 남에게
부끄러운 짓, 남에게 누가 되는 짓, 그
와 같은 일을 실행함으로 인하여 작은
것에 연연하여 큰 것을 잃어 버리는
그와 같은 어리석은 삶을 살아서는 아
니 될 것이니라.
20 이제 너희들이 하늘에 있는 심판을 받
으며, 그는 피할 수 없으며, 심판에 의
하여 구원을 받고 못 받는 것을 너의
제자들은 알고 있으며,
21 알고 있는 것뿐만 아니라 그리 행하며
살아가고자, 나의 법전이요, 나의 성
령대로 살아가고자 노력하는 너희들
이 얼마나 축복되고 영광된 백성인가?
22 이제 너희들은 그 모두를 다 받으며
얻은 자들이니, 작은 것에 연연하여
구원을 받는 그 삶을 잃지 아니하도록
그리 잘 깨우쳐 다스리도록 그리하라.

3,837 번째 하나님 말씀

2002년 11월 2일 09시 18분

1 사랑하는 나의 아들아!
2 "네, 아버님! 말씀하옵소서."
3 수천 년 흘러오는 동안 그 만백성이
깨우친 믿음이라는 것이 무엇이더냐?
4 저희들은 행함이 아니요, 그저 말로써
울부짖고 말로써 소원하면 다 이루어
지는 것이며 말로써 천사와 같이 하는
것만이 구원을 받는 것이라 그리 말함
이니라.
5 그리하여 그들은 구원할 줄 모르며 어
려운 자를 돌아다볼 줄 모르며 정녕
배고픈 자의 배고픔을 모르는 것이 지
금까지 믿음의 길을 오고 있는 자들이
니라.
6 그 속에서 저희들만이 위대한 백성이
라 또한 그리 생각하니, 그 오만하고
방자함이 이루 말할 수 없는 것이 지
금의 믿음의 길을 가고 있는 백성이니
라.
7 그러나 너희들은 마음으로 모두를 다
알며 생각으로써 모두를 다 알고 생각
으로써 세상사의 그림을 다 그리나,
그것은 하나의 남는 것이 없으며 그려
짐이 없지 아니하던가?
8 다만, 너희들이 종이 위에 하나의 그
림을 그렸을 때 그것이 존재하며 그것
이 너희들에게 남는 것이 아니던가?
9 그리하여 내가 너희들에게 하늘에 오
르는 길은 행함이요, 행함 속에서 얻

어진다, 너희들의 아름다운 행동으로
하여금 그것이 구원의 길이라 그리 말
하였음이니라.
10 수천 년 흘러오는 동안 수많은 백성이
요, 지금의 백성이 그 행함을 소홀히
하며, 행함을 중히 여기지 아니하나,
11 너희들은 행함만이 구원을 받는 것이
며 하늘에 오르는 것이라는 이치를 깨
닫고 있으니, 과연 너희들이 해야 할
가장 큰 대업이요, 할 일이 무엇인지
알겠는가?
12 너의 제자들에게 전하라.
13 너희 형제를 구하며 이웃을 구하는 것
이 너희들에게 가장 큰 것이며, 그보
다 더 큰 일은 없다는 것을, 너희들에
게 제일 소중한 일이요, 가장 큰 일은
이제 너희 이웃과 형제를 구하는 것이
너희들이 해야 할 일임을 알라 이르라.
14 너희들이 이제 그와 같이 깨달아 행함
이 소중함이요, 행함만이 나에게 심판
을 받으며 행함에 따라 너희들이 구원
을 받고 못 받는다는 것을 알고 있음
이니,
15 이 이치를 깨달은 너희들이 인색해서
도 아니 되며 너희 자신만의 삶을 위
해 사는 그와 같은 삶을 살아서도 아
니 됨이니라.
16 너희들이 깨달아 알고 있는 그 모두를
다 던져서 너희 형제를 구원하는 데
인색하지 말며, 거기에 모두를 다 바
쳐 사는 삶을 살아가도록 그리해야 할
것임을 잊지 말라.

3,838 번째 하나님 말씀

2002년 11월 2일 09시 23분

1 사랑하는 나의 아들아!
2 "네, 아버님! 말씀하옵소서."
3 너희들이 제3의 시대요, 만백성을 구
하는 나의 법전이요, 마지막 심판대의
기준이 되는 이 법전, '하나님! 말씀하
옵소서', '하늘에 오르는 길'의 이 새로
운 성경 책자가 세상에 나오기 전에
너희들은 십계명을 그대로 지키고 십
계명대로 산다면 구원의 길을 올 수
있는 것이니라.
4 그러나 너희들이 그 소중한 십계명을
어찌했는가?
5 너희들이 복음서요, 나의 아들 예수가
전한 그 성서도 너희들의 계명에 맞도
록 뜯어고쳐 너희 마음대로 변질하여
지금과 같이 험악한 세상이 되어,
6 내가 이와 같이 변하여 너희들이 구원
의 길에 오를 수 없는 것을 이미 알았
기에 미리 그를 대비하여 바위에다 글
로 써 십계명이라 하여 내려보내 너희
들이 고치지 못하며 변하지 못하도록
그리 만들어 내려보냈으나,
7 너희들은 그 십계명마저도 어찌하고
있는가?
8 너희들이 그저 늘이고 줄이고 너희 마
음대로 생각하여 그리 만들었음이니,
너희들이 어떻게 생각하고 사는 것인
가?
9 너희들이 그저 그대로 지키고 살면 되
는 그 십계명마저도 해석을 늘이고 줄
이고 너희 마음대로 그리 고치고 너희
생각대로 설교하고 가르치고 있음이

니,
10 그리하여 십계명 그 자체가 어렵게 되
었으며 어렵게 해석이 되며 어렵기에
너희들이 지킬 수 없다 그리 말하는
것이니라.
11 너희들은 지금 정녕 나의 뜻에 의하여
만백성을 깨우치고 가르치는 것이 아
니요,
12 그저 너희 마음대로 법을 만들고 그
법대로 그리 시행하고 지켜 가자는 것
이 너희들의 형국이니라.
13 그리고 남들이 살아가는 것이요, 남들
이 행하는 것은 다 이단이요, 사탄이
요, 사악한 것이며,
14 오로지 너희들이 하는 것만이 구원의
길이요, 천국에 가는 길이라 그리 지
금 광분하여 이성을 잃고 살아가는가
하면, 너희들은 양심마저도 저버린 자
들이니라.
15 너희들이 지키고 행하는 그 제 양심만
이 세상에 옳은 양심이요, 만백성에게
적용되는 양심이며,
16 남이 지키고 있는 양심이요, 남이 지
키고 행하고 있는 그 양심의 근본은
너희들과는 아무런 관계도 없는 것이
며 그것은 들으려 하지도 아니하고 보
려 하지도 아니함이니라.
17 남이 바르고 고운 양심이요, 바르고
깊은 참진리의 뜻을 가르치려 하나 너
희들은 네 양심만이 너희들 것이며 너
희들의 진리만이 너희들 것이기에,
18 그를 들으려 하지 아니하고 그를 보려
하지 아니하며 그를 읽으려 하지 아니
함이니, 이것이 바로 너희들의 지금
처해 있는 형태이니라.
19 이것이 바로 너희들의 이기심이요, 오
만한 마음이요, 자만한 마음이니, 그
리하여 너희들이 지옥으로 가는 열차
를 타고 감을 알아야 할 것이니라.
20 이 세상 살아가는 이치도 한 발짝 물
러나 보면 모두 다 보인다 하였거늘,
너희들은 양보가 없으며 물러남이 없
으며 뒤에서 봄이 없음이니라.
21 그저 너희들 양심만이 양심이요, 너희
들이 만든 법만이 법이요, 그 외의 것
은 아무것도 볼 필요가 없으며 들을
것도 없으며 너희에게 해당되지 아니
한다 그리 아우성을 치고 살아가고 있
으며,
22 그리 악쓰고 아우성치는 속에 참진리
요, 진정한 뜻이 고개를 들지 못하며
그를 깨우치지 못하며 전하지 못하며,
너희들이 만백성까지도 그를 읽고 깨
우치는 길을 막는 사악한 행위를 하고
있음을 이제는 깨우칠 때가 되었음을
알라.
23 이제 내가 다시 한 번 너희들에게 말
하느니라.
24 이제 나의 법전 외에는 너희들이 구원
을 받을 길이 없으며 그것 외에는 너
희들이 보고 깨우쳐 하늘에 오르는 길
이 없음을 알라.
25 내가 구약 시대에 내린 그 십계명 자
체도 너희들의 법대로 만들어 늘이고
줄여 그것을 어렵고 힘들게 나의 피조
물 만백성에게 가르치니,
26 그들이 정녕 그 길을 가지 못하여 지
금 방황하며 참진리를 찾지 못하여 지
옥행 열차를 타고 감이니,
27 이제는 나의 법전만을 그대로 행하며

그대로 해석하며 그대로 깨달으며 그
대로 살아가는 것만이 너희들의 구원
의 길임을 알아야 할 것이니, 이 이치
를 저버리지 말라.

3,839 번째 하나님 말씀

2002년 11월 2일 09시 34분

1 사랑하는 나의 아들아!
2 "네, 아버님! 말씀하옵소서."
3 구약의 시대에 너희들을 다스리는 것
은 양쪽에 칼날이 시퍼렇게 선 칼로써
너희가 닿기만 해도 베일 수 있는 그
와 같은 엄한 방법으로써 너희를 통제
하고 다스려 바로 세우고자 하였으나,
너희들이 과연 어떠한 형태가 되었던
가?
4 그리하여 내가 신약의 시대요, 예수의
시대는 한쪽에 칼날이 선 무딘 칼로써
너희들을 다스리고자 하며 그리 깨우
치고자 하였음이니라.
5 그러나 예수의 시대에, 내가 나의 법
전에 기록하여 전했듯이, 예수에게 기
도하며 예수의 그 시대는 너희들이 꽃
방석에 앉아서 기도하는 그와 같은 형
국이라 하였음이니,
6 너희들은 사랑이 아니요, 사랑으로써
그 깨우침을 그리 가는 것이 아니라,
너희들은 대들고 물고 늘어지며 또한
나의 아들 예수를 그리 처참히 죽어
가도록 한 그와 같은 형국으로써 한
시대의 막을 닫았음이니라.
7 그리하여 2천여 년의 그 암흑의 시대
가 흘렀으며 지금까지 그 세월 속에서
너희는 정녕 하늘에 오르는 길의 인도
자도 없는 그 깨우침 속에서 지금까지
헤매고 살아왔음이니라.
8 그리하여 지금은 양날의 칼날보다도
더 무서운 형국으로써 내가 나의 성령
을 직접 내려보내 슬기로운 자와 슬기
롭지 못한 자를 구분하는 그와 같은
지금의 심판의 시대를 열었음이니,
9 구약의 시대에 양쪽의 날을 세웠던 그
칼의 시대보다도, 예수의 무뎠던 한쪽
의 칼날을 세워 너희들에게 주었던 그
시대보다도 더 무섭고 무서운 방법으
로써 지금 내가 너희들을 다스리며 깨
우치고자 함이니,
10 구약의 법도 이를 따르지 못하며 신약
의 법도 이를 따르지 못하는 것이 제3
의 시대의 나의 법전이니라.
11 너희들이 이와 같이 행하지 아니할
때, 그리 행하지 아니하는 자 구원을
받을 수 없을 것이며,
12 너희들이 나의 법전대로 행하고 산다
는 것이 얼마나 구약의 시대보다도 무
서우며 신약의 시대보다도 더 어렵고
힘든 길인가를 알아야 할 것이니,
13 지금은 그와 같은 삶으로써 너희들을
심판대에 세워 놓은 것이니, 심판대에
서 심판을 받는 자, 그리 변하지 아니
하면 구원을 받을 수 없는 것이니라.
14 다만, 너의 제자들에게 이르라.
15 아무리 구약의 양날의 칼날보다도 더
무서운 지금의 제3의 시대에 나의 법
전이요, 내가 너희들에게 구원하러 내
려간다 하나, 구원의 선별을 하기 위
하여 내가 내려가 직접 심판을 한다
하나,
16 너희들이 남에게 사기 치지 아니하며

거짓 하지 아니하며 남을 이용하여 무
엇인가를 얻으려 하지 않는 마음을 갖
고 산다 하면,
17 그와 같은 무서움은 너희와는 관계가
없는 것이며, 오로지 너희들에게는 축
복과 영광이 있는 것이니라.
18 남에게 너희들이 누를 끼치지 아니하
며, 남의 마음을 상하게 하지 아니하
며, 남을 이용하여 무엇인가를 이루고
자 하는 그 사악한 마음이요, 생각만
이라도 지우고 산다 하면, 너희들은
그 무서움이 무서움이 아님을 알아야
할 것이니라.
19 그리하여 너희들이 이제는 나의 법전
을 지키며 나의 법전 속에서 그대로
행하며 살아가는 것, 그것만이 너희들
이 이룰 수 있는 역사임을 알아야 할
것이며,
20 그 외에는 아무것도 너희들이 구원을
받을 수 없으며 새로운 하늘에 오르는
길을 볼 수 없으며 빛을 볼 수 없음이
니라.
21 이를 명심하여 너희들이 행하도록 하
라.
22 양날을 세워서 너희들을 다스리고자
했던 그 구약의 시대보다도 내가 무딘
한 날의 칼날을 세워 너희들을 다스리
고자 한 예수의 시대에 너희에게 많은
것을 풀어주며 너그러운 마음으로써
너희들을 깨우쳐 하늘에 오르도록 하
였으나,
23 너희들은 나의 사랑에 대들고 거부하
는 것으로써 그리고 나의 아들을 그리
처참히 죽게 하는 그와 같은 사악한
것으로써 나의 뜻에 보답하였음이니
라.
24 내 뜻을 그리 너희들이 거역하였음이
니, 이제는 그보다도 더 무서운 나의
성령으로써, 직접 이 성령이 내려가
너희들을 심판하는 무서운 시대가 열
어짐을 잊어서는 아니 될 것이니라.

부 록

【하나님께서 가르쳐 주신 운동】

천재지변이 일어날 때, 동물이나 미물들은 미리 알고 대피하지만, 인간은 알지 못하고 큰 화를 당합니다. 하나님께서 인간에게 가장 높은 지혜를 주시고 완벽하게 창조해 주셨기에 동물들보다 더 잘 알 수 있지만, 욕심으로 마음이 혼탁해져서 한 치 앞을 보지 못하는 것입니다.

마찬가지로, 인간은 누구나 스스로 필요한 운동을 해서 건강을 지킬 수 있도록 하나님께서 만들어 주셨습니다. 우리의 머리에서 우리 몸에 필요한 동작을 해 달라고 끊임없이 신호를 보내지만, 인간이 혼탁하게 살아서 그 신호를 알아채지 못합니다. 그러니 자연스럽게 자기 몸이 원하는 그 신호를 따라서 운동하는 것이 하나님께서 가르쳐 주신 운동 방법입니다. 바로, 우리의 영이 육을 이끄는 운동입니다.

▶ 하나님 운동법

1. 눈을 감고, 발을 어깨너비로 벌리고 바르게 선다.
2. 몸에 힘을 풀고, 허리를 숙이면서 손과 머리를 아래로 내린다.
3. 허리를 펴고 싶을 때, 천천히 펴면서 하고 싶은 동작을 하면 운동이 시작된다. (사람마다 다르다.)
4. 멈추지 말고, 어떤 동작이든지 자기 몸의 느낌대로 계속 이어서 한다.

▶ 참고 사항

① 눈을 감은 상태로 아무 생각 하지 않고, 자기 몸의 느낌대로 움직입니다.

② 마음을 비우고, 욕심을 버리고, 지난날의 잘못을 반성하면서 몇 차례 시도하다 보면, 자기도 모르게 하고 싶은 동작이 끊임없이 생깁니다.

③ 운동 장소는 방 안이든 운동장이든 관계없으며, 걷거나 달리고 싶을 때는 눈을 떠도 됩니다.

④ 매일 40분 이상, 주 4회 이상, 3개월 이상 하면 음식 조절에 들어갑니다.
- 음식으로 생긴 병은 음식으로 치료하게 되며, 어떤 음식을 먹어야 하는지 스스로 알게 됩니다.
(자기 몸에 필요한 음식만 먹고 싶어집니다.)

⑤ 사랑하는 사람과 함께 운동하면 서로 치료해 주기도 합니다.

⑥ 운동을 하다가 몸의 어느 한 부분을 계속 손으로 자극한다면 그쪽에 이상이 있는 것이니, 의사에게 상담을 받고 적절한 치료를 받으면 됩니다.

⑦ 다이어트 및 기타 건강관리에 효과적입니다.

⑧ 꾸준히 운동하여 영이 맑아지면, 자신의 과거와 미래를 스스로 보게 됩니다.

누구나 스스로 하실 수 있습니다.

간행사

《새로운 성경》은:

· 새로운 성경은, 하나님께서 선량하고 선한 자를 선택하여 십계명을 암송하도록 하시고, 십계명을 암송한 다음에 음성으로써 들려주시는 말씀을 듣고 그대로 카세트테이프에 녹음해서 받아쓴 책입니다.

· 90분짜리 녹음테이프 700여 개에 달하는 말씀으로, 1999년 8월부터 2004년 7월까지 총 160권(권당 288쪽)을 완성하였으며, 그 이후에도 현재까지 계속 말씀을 내려 주고 계십니다.

· 새로운 성경은 "하늘을 두루마리 삼고 바닷물을 먹물 삼아 쓰고 써도 다 못 쓴다"는, 끝없이 방대한 하나님의 말씀이 두루마리로 직접 내려오는 것입니다. 이러한 새로운 성경은 구약과 신약을 폐하려는 것이 아니라 "인봉된 성서의 비유의 뜻"을 상세히 설명하여 완성하고자 하나님께서 직접 내려 주신 말씀입니다.

《새로운 성경》의 구성:

· 제 목: 2013년, 160권 모음집을 발간하면서, 본 도서의 제목을 "하나님! 말씀하옵소서"에서 《새로운 성경》으로 명해 주셨습니다.

· 단행본: 각 권당 288쪽(신국판) 책이 160권까지 시리즈로 출판됩니다.
(모음집은 단행본을 16권씩 묶어서, 총 10부로 구성됩니다.)

《새로운 성경》의 성경적 근거:

· 신약 성경 [요한복음] 16장 13절에 "진리의 성령이 오시면 그가 너희를 모든 진리 가운데로 인도하시리니 그가 자의로 말하지 않고, 오직 듣는 것만을 말하며" 하신 말씀처럼 하나님의 음성을 들은 것만 기록하였으며,

· "장래 일을 너희에게 알리시리라" 하신 말씀과 같이 개인, 나라, 인류의 "장래"일을 하나님께서 알려 주시는 것만 기록하여 책으로 만들었습니다.

《새로운 성경》의 기록 방법:

· 1999년 8월부터 하나님께서 저에게 들려주시는 음성을 기록하였습니다. 처음에는 제가 들은 말씀을 불러 주면 저의 아내가 기록하여, 2000년 1월 29일에 1권 초판이 세상에 나왔습니다. 2000년 4월부터는 주시는 말씀을 받아 녹음기에 기록하여 시리즈로 출간하기 시작하였습니다.

· 녹음을 시작하면서 하나님의 말씀을 받는 데 가속도가 붙었고, 2001년 5월 3일에 1부(1~16권까지)를 인쇄하여 출판하였으며, 2004년 7월까지 총160권 분량의 말씀을 받아 기록하였습니다.

하나님께서 저에게 주신 것은:

· 첫째, 만백성을 상대로 내려 주시는 "기도", 둘째, 수시로 내려 주시는 "묵상", 셋째, 개인의 과거, 현재, 미래를 알려 주시는 "개인 기도", 넷째, 개인의 건강을 위해서 내려 주시는 "음식 처방", 다섯째, 하나님께서 가르쳐 주신 "운동"등이 있습니다. 이 중에 첫 번째, "기도"를 책으로 편찬하였습니다. 사람의 생사, 개인의 미래에 관한 천기는 수록하지 말라 하셨습니다.

강론 안내:

· 하나님께서는 지금도 매일 저에게 새로운 하늘의 비밀의 말씀을 내려 주고 계십니다. 수시로 내려 주시는 말씀을 정리해서 제자를 육성하라는 말씀에 따라 매주 강론을 하고 있습니다. 누구나 무료로 들으실 수 있습니다. (book160.com)

《새로운 성경》을 읽는 분들에게 드리는 선물:

· 개인 기도: 개인의 과거, 현재, 미래에 관하여 말씀을 내려 주십니다.

· 음식 처방: 사람은 음식을 먹고살다가 건강을 잃으니, 음식과 운동으로 건강을 되찾는 방법을 알려 드립니다. 단, 하나님이 계심을 믿고, 십계명을 지키겠다고 진실로 서약하는 분들께 알려드립니다.

《새로운 성경》의 은혜와 기적:

· 새로운 성경 전160권은 16권씩 묶어서 총 10부의 모음집으로 구성됩니다. 모음집 한 부를 읽고 깨우치는 자에게 하나님께서 다음과 같은 기적이 있다고 하셨습니다.

· "첫째, 그가 죽어 하늘에 갔을 때 그의 죄를 묻지 아니하며, 구원을 받는 위대한 은혜가 있으며, 둘째, 그의 소원과 소망이 이루어지고, 셋째, 죽은 자(부모, 형제, 자식, 사랑하고 은혜 입은 분)의 이름으로 구입한 책을 읽고 누군가 한 사람이 깨우칠 때, 그 죽은 자가 지옥에서 천국으로 구원을 받게 되며, 넷째, 유산, 중절 수술 등으로 태어나지 못한 아이를 위하여 구입한 책을 보고 한 명이 깨우쳤을 때, 그 아이가 사람으로 다시 한 번 태어나는 은혜를 받는다."

· "새로운 성경"을 3회 이상 정성을 다해 정독하는 자, 성서의 비밀을 알게 되고, 세상의 이치를 알게 되며, 세상을 지배하고 통제할 수 있는 지혜를 다 얻게 된다고 하셨습니다. 이 책은 만백성이 정독하고 이웃에게 전하여, 평생 가슴에 묻은 슬픔과 고통의 짐을 벗고 미래를 위한 힘찬 삶을 살아가도록 하는 책입니다.

끝으로

· 하나님께서는 흰 눈이 세상을 덮듯이 새로운 성경을 온 세상에 전하라고 하셨습니다. 《새로운 성경》을 각국어로 번역해서 온 인류에게 구원의 길을 깨우쳐 주고, 그 수익으로 가난하고 어려운 백성을 구제하여, 만백성의 영과 육을 함께 구원하는 선지자의 임무를 수행하라고 저에게 명하셨습니다.

· 하늘에서 내려 주신 말씀의 보화를 만백성에게 나누어 주는 것이 선지자의 임무라고 하셨습니다. 새로운 성경을 통해서 얻는 재물을 사용할 곳도 하나님께서 일일이 명해 주십니다. 모든 재물은 저의 자의로 쓸 수 없고, 하나님께서 명하시는 대로만 쓰여집니다.

· 어떤 명분으로든 십일조나 각종 헌금을 거두어들이지 말라 하셨으며, 국내뿐 아니라 각국에 성전과 단독 서점을 운영하며, 한국의 많은 젊은이들을 전 세계에 지도자로 내보내라고 하셨습니다.

· 우리는 세계적으로 새로운 성경을 보급하며 어려운 이들을 돕는 역사를 해 나갈 것입니다. 지금까지 비록 몇 명 안 되는 제자들과 함께 이러한 일을 역사했지만, 앞으로도 계속 하나님께서 기뻐하시는 일들을 해 나갈 것입니다. 부족한 저희에게 여러분들의 지혜와 성원을 보내 주시기를 바랍니다. 많은 분들의 참여와 도움을 간절히 기다립니다. 감사합니다.

한국어로 내려온 《새로운 성경》 단행본을 출간하며
2016년 4월 10일

발행인 **김 용 철**

한국어로 내려온

새로운 **성 경** · 4부 · 제52권

지은이 하나님 말씀
대역자 김용철

초판인쇄 1쇄 2014년 1월 20일
재판인쇄 1쇄 2017년 4월 3일

펴낸 곳 도서출판 하얀마음
등록번호 제 10-2107호 (2001년 2월 14일)
주소 서울시 노원구 덕릉로86길5, 2층
전화번호 02) 313-1114
팩스 02) 393-5554
전자우편 book160@hanmail.net
편집위원 조나영 김미향 이석교
제작지원 김서영 이상빈 김정기 이병우 이순남 서성자 이규숙

도서상담 1600-7527
ISBN 978-89-5875-152-6 (04230)
978-89-5875-100-7 (세 트)

값 10,000원
잘못된 책은 구입하신 곳에서 바꾸어 드립니다.

※이 책은 10부로 제작되며, 각 부 16권씩 총160권으로 구성됩니다.※

1부	2부	3부	**4부**	5부	6부	7부	8부	9부	10부
1권	17권	33권	49권	65권	81권	97권	113권	129권	145권
2권	18권	34권	50권	66권	82권	98권	114권	130권	146권
3권	19권	35권	51권	67권	83권	99권	115권	131권	147권
4권	20권	36권	**52권**	68권	84권	100권	116권	132권	148권
5권	21권	37권	53권	69권	85권	101권	117권	133권	149권
6권	22권	38권	54권	70권	86권	102권	118권	134권	150권
7권	23권	39권	55권	71권	87권	103권	119권	135권	151권
8권	24권	40권	56권	72권	88권	104권	120권	136권	152권
9권	25권	41권	57권	73권	89권	105권	121권	137권	153권
10권	26권	42권	58권	74권	90권	106권	122권	138권	154권
11권	27권	43권	59권	75권	91권	107권	123권	139권	155권
12권	28권	44권	60권	76권	92권	108권	124권	140권	156권
13권	29권	45권	61권	77권	93권	109권	125권	141권	157권
14권	30권	46권	62권	78권	94권	110권	126권	142권	158권
15권	31권	47권	63권	79권	95권	111권	127권	143권	159권
16권	32권	48권	64권	80권	96권	112권	128권	144권	160권